あるくみるきく双書

田村善次郎・宮本千晴【監修】

宮本常一とあるいた昭和の日本

22

けもの風土記

農文協

はじめに

——そこはぼくらの「発見」の場であった——

「私にとって旅は発見であった。私自身の発見であり、日本の発見であった。書物の中で得られないものを得た。歩いてみると、その印象は実にひろく深いものであり、体験はまた多くのことを反省させてくれる。」これは『私の日本地図』の第一巻「天竜川にそって」の付録に書かれた宮本常一の「旅に学ぶ」という文章の一節である。これは宮本先生の持論でもあった。近畿日本ツーリスト・日本観光文化研究所に集まる若者の誰もが幾度となく聞かされ、旅ゆくことを奨められた。そして「どうじゃー、面白かったろうが」というのが旅から帰った者への先生の第一声であった。一生を旅に過ごしたといっても過言ではないほど、旅を続けた宮本先生にとって、旅は面白いものに決まっていた。それは発見があるからであった。発見は人を昂奮させ、魅了する。

この双書に収録された文章の多くは宮本常一に魅せられ、けしかけられて旅に出、旅に学ぶ楽しみと、発見の喜びを知った若者達の旅の記録である。一編一編は限られた村や町の紀行文であるが、こうして地域ごとに集めてみると、期せずして「昭和の風土記日本」と言ってもよいものになっている。

日本観光文化研究所は、宮本常一の私的な大学院みたいなものだといった人がいるが、この大学院は学歴も職歴も年齢も一切を問わない、皆平等で来るものを拒まないところであった。それだけに旺盛な好奇心と情熱をもった多様な性向の若者が出入りしていた。『あるく みる きく』は、この研究所の機関誌的な性格を持った月刊誌であり、所員、同人が写真を撮り、原稿を書き、レイアウトも編集もすることを原則としていた。編集者もデザイナーも筆者もカメラマンも、当時は皆まだ若かったし、素人であった。公刊が前提の原稿を書くのは初めてという人も少なくなかった。発見の喜び、感激を素直に表現し、紙面に定着させるのは容易なことではない。何回も写真を選び直し、原稿を書き改め、練り直す。徹夜は日常であった。素人の手作りからの出発であったが、この初心、発見の喜びと感激を素直に表現しようという姿勢、は最後まで貫かれていた。

月刊誌であるから毎月の刊行は義務である。多少のずれは許されても、欠号は許されない。特集の幾つかに宮本先生の古くからのお仲間や友人の執筆があるし、宮本先生も特集の何本かを執筆されているが、これらは欠号を出さず月刊を維持する苦心を物語るものである。

『あるく みる きく』の各号には、いま改めて読み返してみて、瑞々しい情熱と問題意識を感ずるものが多い。それは、私の贔屓目だけではなく、最後まで持ち続けられた初心、の故であるに違いない。

田村善次郎　宮本千晴

目次

けもの風土記

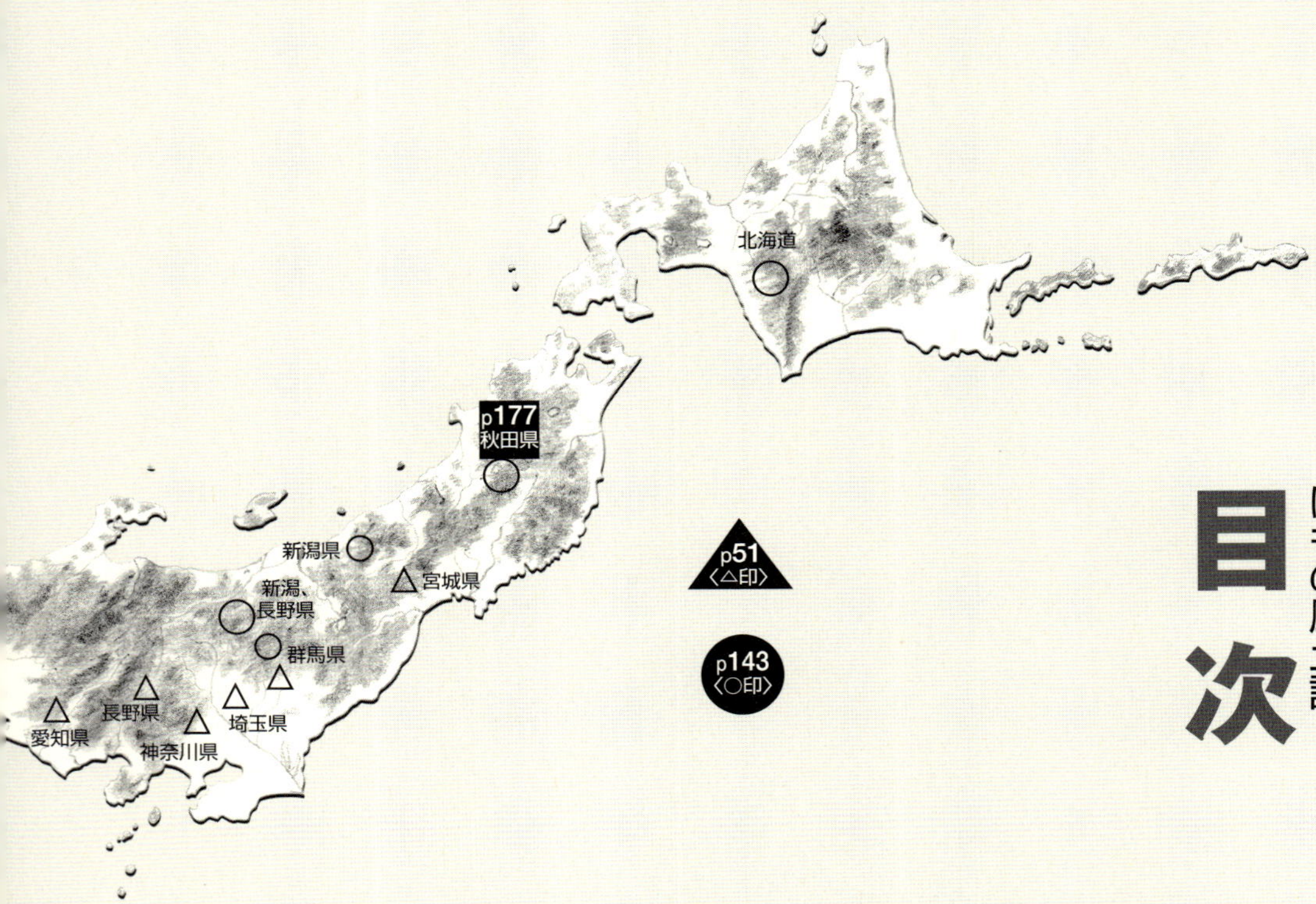

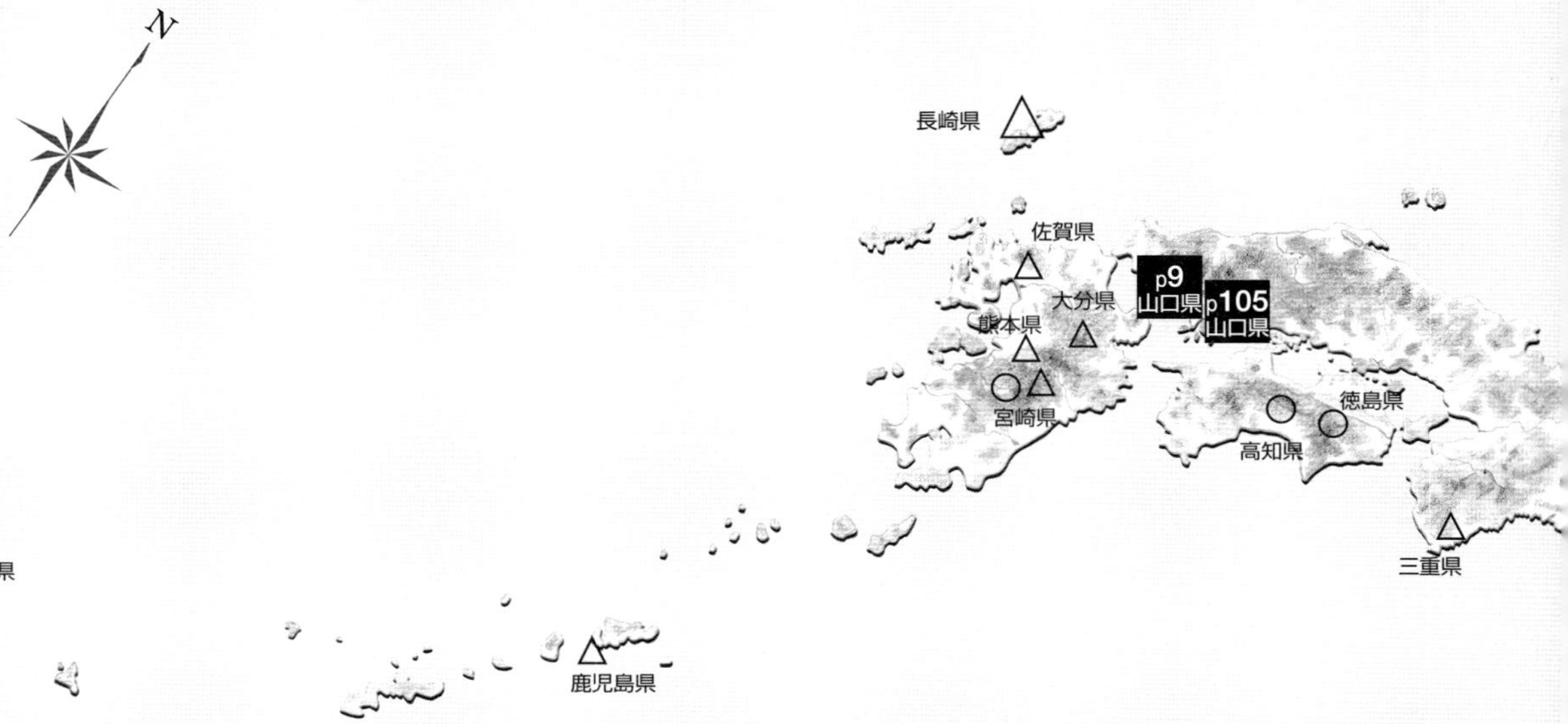
N
長崎県
佐賀県
p9
山口県
p105
山口県
大分県
熊本県
宮崎県
徳島県
高知県
三重県
沖縄県
鹿児島県

凡例

○この双書は『あるくみるきく』全二六三号の中から、日本国内の旅、地方の歴史・文化・祭礼行事などを特集したものを選出し、それを原本として地域および題目ごとに編集し合冊したものである。

○原本の『あるくみるきく』は、近畿日本ツーリストが開設した「日本観光文化研究所」（通称　観文研）の所長、民俗学者の宮本常一監修のもとに編集し昭和四二年（一九六七）三月創刊、昭和六三年（一九八八）一二月に終刊した月刊誌である。

○原本の『あるくみるきく』は一号ごとに特集の形を取り、表紙にその特集名を記した。合冊の中扉はその特集名を表題にした。

○編集にあたり、それぞれの執筆者に原本の原稿に加筆および訂正を入れてもらった。ただし文体は個性を尊重し、使用漢字、数字の記載法、送り仮名などの統一はしていない。

○写真は原本の『あるくみるきく』に掲載のものもあれば、あらたに組み替えたものもある。原本の写真を複写して使用したものもある。

○掲載写真の多くは原本の発行時の少し前に撮られているので、撮影年月は記載していない。

○写真撮影者は原本とは同一でないものもある。

○市町村名は原本の発行時のままで、合併によって市町村名の変わったものもある。また祭日や行事の日の変更もある。

○日本国有鉄道（通称「国鉄」）は民営化によって、昭和六二年（一九八七）四月一日から「ＪＲ」と呼ばれる。『あるくみるきく』はほとんどが国鉄当時の取材なので、鉄道の路線名・駅名など国鉄当時のものが多い。民営化によって廃線や駅名の変更、あるいは第三セクターの経営になった路線もあるが、それらは執筆時のままとし、特に註釈は記していない。

○この巻は須藤功が編集した。

一枚の写真から

宮本常一

—印旛沼のほとり—

千葉県印旛村（本埜村・栄町）。昭和45年（1970）2月　撮影・伊藤碩男

あまり高くない空をとぶのはいいものである。眼下に地上の風景をつぶさに見ることができる。私がはじめて飛行機に乗ったのは昭和三三年（一九五八）七月六日である。

「瀬戸内海の上を是非飛行機でとんでおくとよい」

とのことで、全日空の割引券をもらって、東京から大分までとんだ。しかし東京から小牧までは空がくもっていて地上は見えなかった。

小牧から西は晴れていて木曽川流域の平野は水田の中に村々が点々として島のように浮かんでいたし、淀川右岸は竹藪が実に多かった。そして田の畔が等高線にそうてゆがんでいるのが目についた。讃岐平野の条里制は見事であったが、内海の島の耕地に地割の見られるものも多かった。それらがそのまま島に住んでいる人びとの生活のさまを物語っているように思えた。多くの島のほとんどの名を知っていたのは、私がそれらの島をあるいていたからで、空から見下しつつ、よくあるいたものだと思った。

関東の空を低くとんだことは少ない。羽田からセスナで東京の空を三〇分ほど飛んだことがある。それは低かったので小さな路地まで見えた。そして東京という所は袋小路の実に多いところだと思った。城下町でいざ合戦のときに備えて、こんな町づくりをしたのではなかろうかと思ったが、あるいはもっと別の事情があるかもわからない。

この時以外はすべて高空をとんでいるので地上のこまかな観察はできない。しかし、ここに見る航空写真はそれほど高くないのでいろいろのことを教えてくれる。この写真は印旛沼付近のものである。このあたりは汽車でたびたび通りすぎた。その車窓から見ていつも心にとまったのは田一枚一枚の小さいことであった。どうしてこうも小さいのだろうかと思ったことがある。このあたりはひどい湿田であり、大足（田下駄）などはいて田に入らないと腰あたりまで沈んでしまう。そんなところだから田に牛も犂もはいらない。すべて鍬でおこしたものである。そういうことが田を小さくしたのかもわからない。それが昭和三〇年を境にして基盤整備といって畔をまっすぐにし、また排水をよくして動力耕耘機で田の犂き起しができるようにした。

ところが、この写真を見るとすべての水田が基盤整備をして畦畔は真直ぐになって来たのであるが、左下の水田を見ると一枚一枚が大変狭いのである。小さなゆがんだ田を畦畔を正しはしたが、二枚三枚を合して田をひろげることはなかったのであろう。

それはかりではない、昭和三〇年頃の基盤整備には農道をそれほど広くしなかった。トラックや乗用車が、そこを通るようになるとは考えなかった。精々牛馬のひく荷車の通る程度の道幅を考えた。そのことによって基盤整備のおこなわれた時期を考えることができる。広い道幅を持つものは、村と村をつなぐ道である。白く光り、ややゆがんでいるのがそれであった。基盤整備をしても一般道路はもとのままにしておいたのである。

房総の、利根川に近いあたりは低い丘陵が多い。それは水田の上に島のように浮いている。この丘陵の上は水が乏しいので、そこには畑が多い。畑にはイモ・ムギを作る。千葉のサツマイモはうまいが、大ていこうした丘陵の上で作られたものである。

丘陵の上には民家が少ない。水が少ないから居住に適しなかったのである。

しかし昭和三五年頃から利根川や印旛沼の水をポンプアップしてこの畑を水田にすることがおこなわれるようになっていった。当時はひたすら水田をふやしていった時代であった。水をひけば畑も田にすることができるという教訓は、上水をひけば人もそこに住むことができるという事実を教えた。そしてこのような丘陵の上にこの水田や畑とは関係のない人が家を建てて住むようになるのである。

もともとは丘陵の裾のわずかばかりの乾いたところに家を建て、家のまわりに菜園を作り、家の前にひろがる芦原を鍬一本でひらいて水田にしていったものであろう。みな湿田であったから、水田の中に家を建てるということはほとんどなかった。そこを宅地にしようとするには他所から土を持って来て埋めなければならなかった。それの可能になったのも水田の中の道がよくなり、トラックで土が大量に運べるようになってからのことである。そのような変化はここ十年ほどのことで、この写真のとられた頃には、まだそれほどの条件ができていなかった。だから六月をすぎて水田が青稲でおおわれて来ると、そこは海のような感じを与えた。風が吹くと稲葉がゆれるのが、波のうねっているような感じを与えた。と同時にこの水田を作るものは農作の夢を青田にかけたものである。

　しかし七月から九月へかけて、台風でも来て大雨が降ると、利根川の水がふえ、それは印旛沼に流れこんで来て、沼の湖面を膨張させる。そしてこの青田が泥海になってしまうことがある。すると村と村をつなぐためには船を利用することが多かった。

　印旛沼はもと大きな沼であった。その沼のまわりに住みついている者が少しずつ拓いていったのだから、どこの家にも船はあったし、水田が拓かれた後も沼につづく水路は残されていた。その水路が沼のほとりまでのびているのがわかる。

　また沼と水田との境を仕切っておかないと、沼の水がふくれあがるたびに水田は水につかってしまうので、沼と水田との間に堤防を作った。その堤防の土も他から持って来るのは大変だから水田の縁辺の土を掘って堤を作った。堤防の両側に長い堀が沿うているのはその為である。この堤防を築くことによって沼と陸の境を明らかにしたのであるが、沼はフナ・コイ・ウナギその他の魚がおり、それは重要な蛋白資源でもあったから、沿岸の住民は田の中の水路を通り、堤に設けられた水門をくぐって、沼へ魚をとりに出たのでもある。そのようなのどかさがこの写真の中からはまだうかがうことができるが、今はどうなっているであろうか。同じ位置からもういちど写真をとってみるとずいぶんかわっているであろうと思う。

　だいいち、印旛沼はずいぶん小さいものになっている。写真の左上に見えるのが沼であるが、その沼を埋めたてて水田にするのではなく、宅地にしはじめたのである。

　この付近を今あるいて見ると、実に多くの住宅が建てられており、そこから皆東京や千葉などへ通勤している。ただ一つ共通したものがある。この湿地に小さな水田をひらいた人びととおなじように、この地区にあらたに住みついた人の家はいずれもあまり大きいものがない。小さな田が耕作する人びとを苦しめたように小さな家が生活を圧迫するものでなければ幸である。

麦藁積み。千葉県千葉市桜木町。昭和47年（1972）6月　撮影・須藤　功

寛延4年（1751）奉納「猿回図」。兵庫県高砂市・高砂神社
撮影・須藤　功

仕込み場滞在記

―周防猿まわしの会とともに―

文・写真　小林　淳

嵐をついて

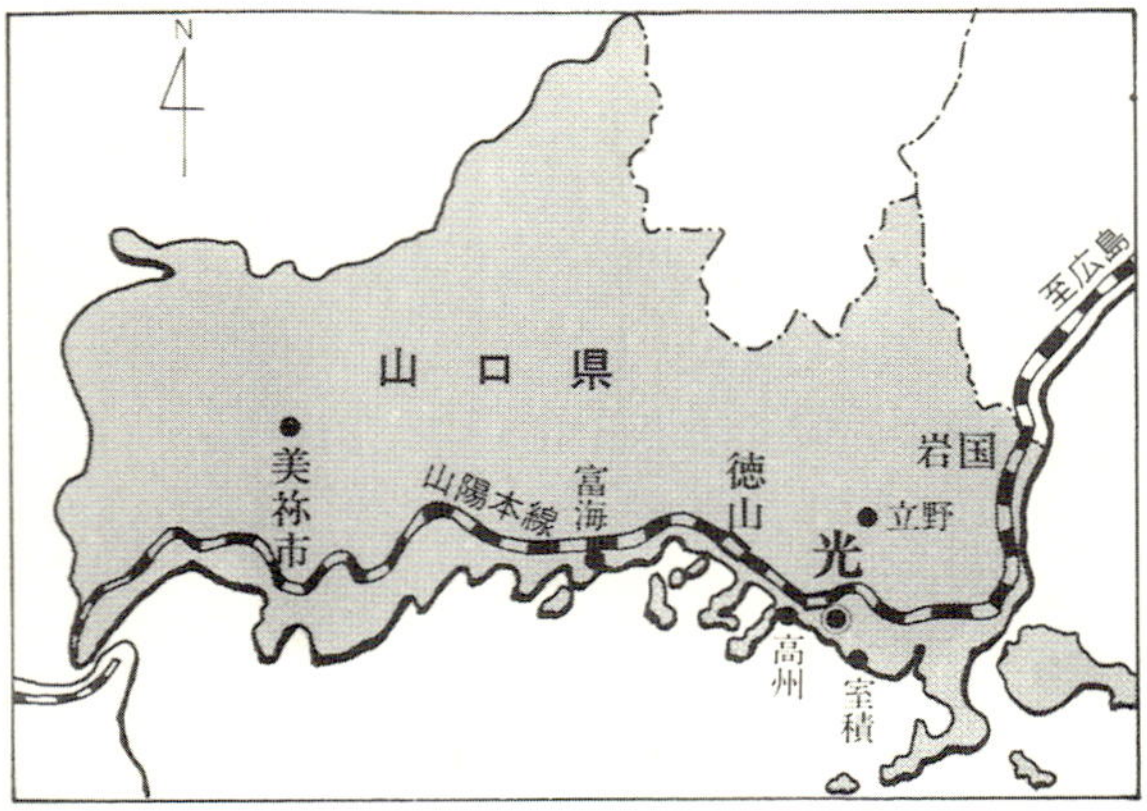

山口県の光市周辺図

昭和五十三年九月十五日（一九七八）。わたしたちは二台の車に分乗して、山口県美祢《みね》市へとむかっていた。ひた走る車は、午後二時すぎ台風一八号の圏内にはいった。道路沿いや林や竹やぶが、暴風を受けて大きくうねりだす。それにつれて、大粒の雨が、激しく窓ガラスを打ちはじめた。一時間後、わたしたちは目的地の上《かみ》領《りょう》八幡宮に到着した。

神社は、美祢市のほぼ中央部にあった。猛烈な風雨のなかで、拝殿にともされた電球のあかりがほのぼのとにじんでいる。車からとびでると、わたしたちは拝殿めがけて走った。

「これは猿まわしどころの騒ぎでないのう」

吹き落とされた木の葉の散在する境内を走りながら、だれかがおどけるように言った。

その日、上領八幡宮は秋祭りだった。わたしたちは祭りに招かれ、境内で猿まわしを披露するためにやってきたのである。わたしたちというのは、周防猿まわしの会のメンバーと、一記録係からいつしか会の一員に同体化していたわたし。あわせて五名と三頭の一行だった。

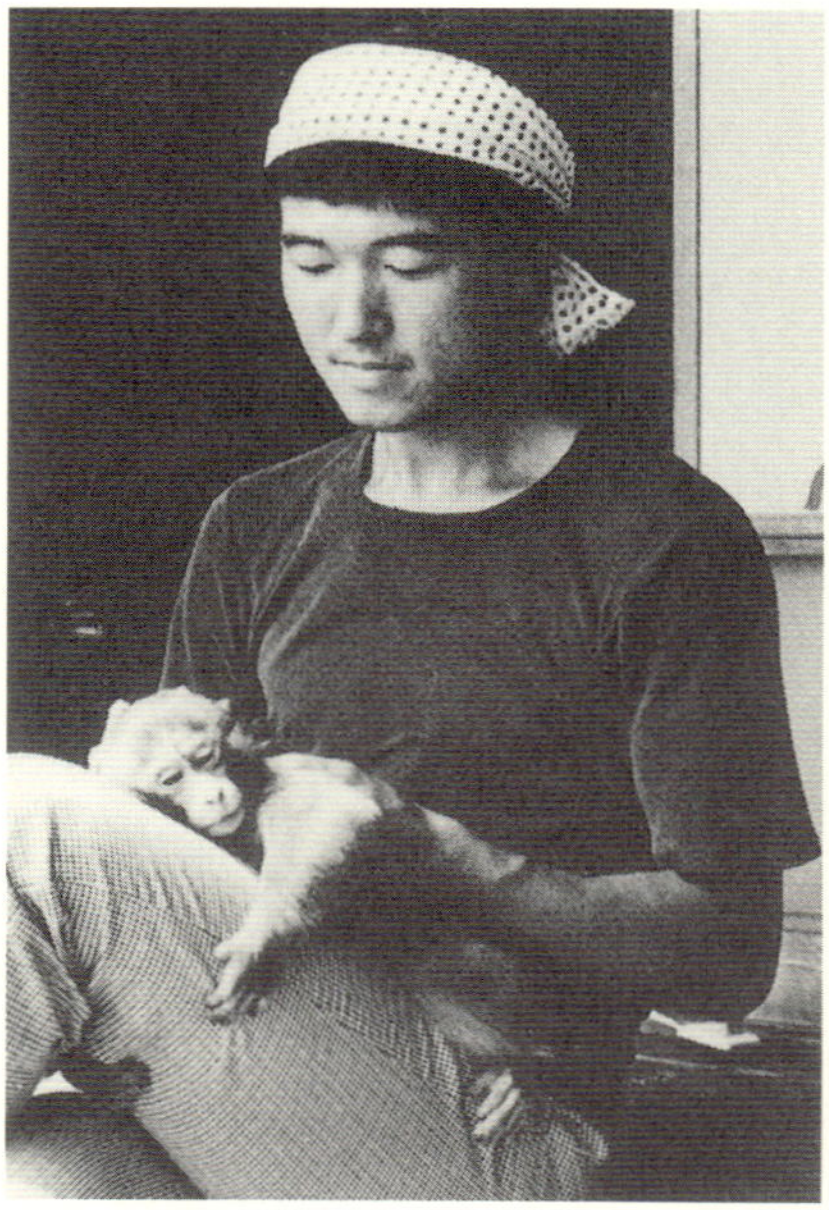
筆者・小林　淳

美祢にむかう直前、わたしたちには多少の躊躇があった。天候を懸念してのためらいである。しかし電話をいれて念を押すと、依頼者の氏子総代さんは、屈託のない声で答えた。

「とにかく、みんなたのしみにして待っていますので、どうか車が走れるかぎりはきてください。子どもたちにもぜひ見せてあげたいので……」

これで、わたしたちのためらいは消えた。見る側の熱意にまさるとも劣らぬ熱意を、演じる側のわたしたちも持っている。車に乗りこんだわたしたちは、明るい気持ちで美祢にむかった。

興行は成功裏におわった。演芸の場に変更された拝殿は、文字どおり満員盛況の状態になり、熱気と笑いが社殿全体にあふれた。わたしたちはサルともども、まだ興行経験が浅く、芸もつたない。しかし、拝殿に集うた人たちは、そのだれもが、新生した猿まわしに惜しみない

10月15日（雨天）、防府市富海の国津姫神社での興行。丸い人垣が、熱気と笑いにつつまれる。

拍手をおくってくれた。

帰り道、台風は山陰方面にぬけ、車は風だけを受けて走った。車窓から見あげると、低くたれこめていた雲が、山並みを波のひくように流れ去っていく。やがて、その雲の切れめから、空は朱墨を溶かしこんだように、異様に明るく染まりはじめた。夕暮れが近かった。

周防猿まわしの会

周防猿まわしの会は、昭和五十二年（一九七七）十二月二日、山口県光市浅江の高州《たかす》に発足した民間団体である。

かつてこの地区は、明治時代以後の近代猿まわしを輩出する根拠地のひとつであった。

最盛期の大正初期、高州には猿まわしの親方が七、八人いて、親方専属の仕込み師（調教師）とともに、総数一五〇頭にもおよぶサルを育成していたという。各親方はまた十数人の子方（ヒコやり）をもち、前金を貸しつけては、一年間かれらにサルをあずけた。

子方たちは、親方からサルと前金を借りると、数人の組をつくって全国を歩きまわった。かれらの前金は、そのほとんどが郷里に残る家族の生活費にあてられた。したがって、かれらの旅先での生活費は、猿まわしで稼ぐしかない。もちろん生活費とは別に、親方に返済する分、家族への仕送り分なども稼いでいかねばならなかった。

猿まわしは、高州および周辺諸地域における生業のひとつとして、大きな位置を占めていた。しかし、昭和五年以降は、しだいに衰亡の道をたどりはじめる。そして、昭和三十年代後半にはいると、ほとんど姿を消してしまうのである。

昭和四十五年（一九七〇）の暮れ、日本の放浪芸に意欲的な姿勢でとりくんでいた小沢昭一さんが、ひょっこりと高州にやってきた。猿まわし取材のためである。これが契機となって、当時二三歳の青年だった村崎修二さんは、自分の郷土が生みだした大道芸猿まわしのことを、かれやかれのまわりに生きる多くの人びとのおいたちと織りまぜながら、真剣に考えはじめる。

高州および周辺諸地域の猿まわしは、昭和三十年代後半でほとんど姿を消していた。しかしそれは、大道芸猿わましという生業がなくなったということであって、サルを仕込んだ人や、サルとともに旅をしたことのある人は、まだ何人も健在であった。

小沢さんと出会った翌年から、村崎青年は仕事のあいまをぬいながら、かつてのそうした野の芸人たちをたずねまわった。それは、ほとんど孤軍奮闘ともいえる地道な記録作業であった。しかし、昭和五十年（一九七五）、小沢さんによって、季刊雑誌『芸能東西』に猿まわしをテーマにした連載の機会を与えられたことから、かれの活動は、先輩の丸岡忠雄さんや、地域部落研の若い仲間たちとの共同作業へと発展していった。そして、猿まわしによせる村崎さんたちの熱意は、しだいに周囲の人たちのあいだにも浸透していったのである。

昭和五十二年（一九七七）、村崎さんたちの活動に展望がひろがりはじめた。

まず、かつての野の芸人たちのなかで、サルと仕込み場さえつごうがつけばもう一度サルを仕込んでもいいと快諾してくれる人がでてきたのである。ここにいたって、村崎さんたちの熱意は、猿まわしの復活、そしてその継承という形で具体的にふくらみだした。

さらに、宮本常一先生が、おりあるごとに示唆に富んだアドバイスを与えてくれるようになった。

猿まわしの復活・継承は、一部の猿まわし経験者や村崎さんたちだけですすめられる問題ではない。だいじなことは、地域に根ざした文化運動としてどう発展させていくかということ、そのためには、同人会のような組織の設立が必要不可欠である。また、芸の復活にいたるまでのヒトとサルとのかかわりは、映像やノートなどできちんと記録していかねばならない。宮本先生のこうしたアドバイスを受けながら、村崎さんたちの構想はしだいに煮つめられていった。

こうして十二月二日、周防猿まわしの会は、前日の朝愛知県犬山市の日本モンキーセンターより届けられたニホンザル、タロウ、ジロウとともに、ついに産ぶ声をあげたのである。

パンフレット『周防の猿まわし』のなかには、会発足の趣意が、つぎのように記されている。

「猿まわしは千年の歴史をもち、日本のあらゆる芸能の中にその影響を及ぼしてきたにもかかわらず、その歴史の実態は、いまだ、闇の中に置き去りにされたままです。（中略）周防猿まわしの会は、猿まわしの復活によって、日本人の生活の中に生きた芸の楽しみをよみがえらせると同時に、記録映画の制作や資料集の発行によって日本の大衆芸能に新しい光をあて、私たちが私たちの文化をより深く認識していこうという趣旨でつくられたものです」

長徳寺山ろう城組

昨夜の強い雨に打たれて、桜がすこし散ったのだろう。二階の仕込み場から見おろすと、雨を吸って柔軟になった地面の上に、花びらが薄衣のように付着している。風は爽快に吹きわたり、九分咲きの梢をゆらす。ときおり散る花びらは、春風のロンドにのっていくつもの輪を描きながら宙を舞う。

四月十三日、午前八時十八分。きょうもタロウの仕込みがはじまった——。

周防猿まわしの会が、光市北部、立野にある廃校に仕込み場を設置したのは、一月十九日の寒い日だった。丘の上に位置した二階建ての校舎は、曹洞宗長徳寺の境内にあった。校舎は、一階を宿舎、二階を仕込み場としてアレンジされた。わたしはそこで、二頭のサル、サルに芸を仕込む老人、記録映画を担当する民族文化映像研究所のスタッフ三名とともに合宿生活にはいった。ノートと写真でサルの仕込みを記録していくのが、わたしの役目だった。

合宿生活がはじまってまもなく、合宿メンバーたちは、みずからを「長徳寺山ろう城組」と名付けた。いささかいかめしすぎるかもしれないが、わたしはこの愛称がとても気にいっていた。

「長徳寺山ろう城組」は、いわば周防猿まわしの会の実戦部隊であった。毎日は、あくまでも、サルとサルを仕込む人を中心に織りなされた。仕込み場に名をかえた空虚な教室のなかで、記録班のわたしたちは、くる日もくる日も、ひたすら二つの対象を追いつづけた。

しかし、仕込みはなかなか進展しなかった。そして、いたずらに時が流れた。いろいろな面で矢玉が尽きはてかけてきた映画のスタッフは、三月いっぱいで撮影に区切りをつけると、やがて山をおりていった。

四月。二人と二頭になった「長徳寺山ろう城組」の〝新学期〟が、ひっそりとはじまった。

日々はあいかわらず淡々と、起伏すくなくすぎてゆく。そして四月十三日。きょうもまた、たいした進展を見せずに暮れようとしていた。

陣痛

昭和五十三年五月二十日。ろう城をつづけたわたしたちも、ついに山をおりた。「長徳寺山ろう城組」は、結局大きな成果を得られぬまま、一〇六日目にして解体した。山をおりてからのわたしたちは、周防猿まわしの会の本拠地、高州に移り、会の事務所に居をかまえた。しかし、サルの仕込みにたずさわっていた人は、まもなく身体上のつごうで徳山の自宅にひきあげ、以来わたしは、タロウとジロウの飼育係として毎日をすごすようになった。

五月二十四日。わたしは友人たちにハガキをしたためた。

「お元気ですか。健康優良児のぼくは、初夏の日ざしをからだいっぱいにあびながら、瀬戸内の岬や島や、田植えの季節をむかえた中国山地の山すそを、毎日足と自転車で歩きまわっています。

五月二十四日。タロウに十七日おくれて、ジロウもきょう三歳の誕生日をむかえました。四月四日から猿まわしの生徒に仲間いりしたジロウですが、結局仕込みは一日しかつづきませんでした。ジロウの素質をおもうと、残念でなりません。でも、サルを仕込む人の年齢や体力、そしていまの周防猿まわしの会の態勢をみると、ジロウという素材は、まだしばらくはオリのなかでくすぶらせなければならないようです。

さて住所を見ておわかりのとおり、ぼくらは五月二十日に引越しました。山と川と田んぼにかこまれた『長徳寺山ろう城組』から、家並みとガレキと車にかこまれた『高州ろう城組』へと、環境は大きく変化しました。

仕込み場にあてられる広場は、まだ廃材とガレキにおおわれたまま。そして、新ろう城組の住まいになる空家（会の事務所）は、電気も水道もガスも不備のままで、まもなく六日目の朝をむかえようとしています。

引越し後のぼくの日課は、六時に起床して、まず、会の人たちと二時間ほど事務所づくり・仕込み場づくりに専心。それがすむと、はじめに記したように、徒歩と自転車で日帰りの旅にでます。そして、初夏の一日が暑さの余韻をのこしながらたそがれるころ、ここちよい疲労につつまれて帰りつきます。

きょうは笠戸島に行ってきました」

新しい環境に順応したわたしは、晴耕雨読ならぬ晴歩雨読の日々をすごした。

五万分の一地図を、光市を中心にしてひろげ、きょう歩くコースをおおざっぱにきめる。そして、昼食がわりのパンやビスケットをナップザックにいれると、友人たちへのハガキに記したように、徒歩か自転車で日帰りの旅にでる。

旅からもどりひとごこちつくと、また地図をひろげ、いま歩いてきた道やたずねた土地に赤線をいれる。そうして、まだ歩いていない道や越えていない峠、たずねていない土地にむけて、ひそかにちっぽけな闘志をいだくのである。

それは、まったく気楽な旅であった。サルの食事を心配しなければならないこと以外には、なんの制約もなかった。

歩いて、ことさらなにかを調べようというのでもなく、ただ歩くことそれ自体を目的にしたような旅。それをいぶかしく思う人もいたかもしれないが、当時のわたしには、それをくりかえすことでしか、自分の存在感を証明できないようなところがあった。そして、それをくりかえすことでしか、一日一日の新鮮さを保てないようなところがあった。

とはいえ、周防猿まわしの会の嘱託的な立場にある人間としては、いささか無責任な行動ではあった。しかしそこのところは、嘱託料を減らしてもらうということで、ひとまず勘弁してもらった。

「晴歩」のほうは、そんなふうにしてすごした。一方、

秩序ある仕込み（調教）は、サルの目をまっすぐに見つめることよりはじまる。

「雨読」のほうは、学生時代に愛読した今西錦司さんや伊谷純一郎さん、河合雅雄さんたちの霊長類、および動物に関する一連の著書をもう一度ひもといた。そしてそれをとおして、僥倖ともいってよいいまのわたしの立場、つまり、毎日サルとヒザつきあわせてすごせるということに、どう対処していったらいいかを考えようとした。

しかし、結局わからなかった。対象はおなじサルでも、そのおかれた環境にはあまりにもへだたりがあった。それになによりも、いまここにいる二頭のサルは、芸の獲得ということをめざしてのヒトのはたらきかけがあってはじめて意味をもつ存在であった。それが中断したいま、金網ごしにかれらの行動を観察してみても、おもしろくもなんともない。精々、かれらとグルーミング（毛づくろい）をしあい、グルーミング・フレンドになりあえたことを確認することくらいが、関の山であった。

結局、サルに関しては、わたしは待つことにした。中断した仕込みが再開されることを。そして、仕込みの成果が着実にサルたちのなかに蓄積される日のくることを——。

長かった、なにも起こらない日々。その日々のなかに、澱《おり》のようにたまっていったうずき。

わたしはいま思う。あのとき、みんながいだいたいらだち、みんながかみしめた痛みは、だれがつくりだしたものでもないと。猿まわしの復活・継承の運動に参加した人たちは、だれもが、それぞれの立場でせいいっぱい努力してきたのだと。

たしかに、「長徳寺山ろう城組」編成以来の記録（相当な量の映画フィルムと写真・一一冊におよぶ百枚綴りの観察ノート・そのノートから抽出した図表やカード）は、ほとんど公的な利用価値のないものになりはした。それ以外にも、多くの労力が報われぬままに流れ去った。しかし、真実を見つけだすということは、結局そういうことなのだろう。多くの試行錯誤があって、はじめてわたしたちは真実の端緒をつかむことができるのだろう。

わたしはいま思う。あれは、周防猿まわしの会の陣痛であったと。復活・継承にむかってはばたこうとする翼に、大いなる命を吹きこむための陣痛であったと。

打開策

七月一日。ラジオのニュースが、中国地方に梅雨明けまもないことを告げた。大好きな季節、盛夏の到来が近い。

このころ、会の若手メンバーである村崎修二、三村悟、形岡瑛《あきら》、わたしの四名は、よく会合をもった。会合といってもほとんど雑談のようなもので、話はいつも、右往左往しながらすすめられた。話題の中心は、言うまでもなく、サルと猿まわしのことである。なかでも周防猿まわしの会の現状については、深刻であるだけに、多くのことばが交わされた。

梅雨はまもなく明ける。だが、周防猿まわしの会の上には、あいかわらず重苦しい雲がおおいつづけている。

いったいどうしたら、この暗雲を吹き飛ばせるのだろう。わたしたちは、暗雲を構成しているひとつひとつの粒子をとりあげながら、ブレーンストーミングをくりかえした。

ここで、この話しあいを詳述することはさけよう。別に秘密会議ではなかったけれど、公表するには多少さしさわりがある。また、ふりかえってみると、机上の空論めいた話しあいもすくなからずあったように思うから。ただし、ブレーンストーミングをとおして四人が見いだした打開策については、二、三ふれておく必要があるだろう。

まず、資金捻出の一手段として、光市および周辺地区（東は岩国、西は宇部まで）の企業をたずね、カンパをあおぐこと。同様に、県庁以下、県内市町村の役所をたずね、行政担当のトップクラスから部課長クラスまでにも援助を願うこと。

つぎに、交流をもてば大きな力になってくれるということで、宮本先生がリストアップしてくれた四〇人あまりの学者、文学者、芸能人たちと、できるだけ接触の機会をもつこと。ただし、いまのところ猿まわし以外の仕事（本業）も押しつまっているので、この件はおいおい実行していけばよい。

それから、サルの仕込みを再開すること。これは、周防猿まわしの会発足と同時に後継者第一号として名のりをあげた村崎太郎君に、まず実践してもらう。具体的な仕込みの方法もまだよくわからず、おそらく暗中模索の状態になるだろうが、一刻もはやくサルと親交を結ぶことがかれには必要だろう。とにかく、仕込み場、後継者、サルの三者を、いつまでも有名無実な状態でくすぶらせるわけにはいかない。

以上が、おもな打開策である。じつは、これらとは別に、もうひとつの打開策がもう一人の人物によってすすめられていたが、わたしたち四人はそれぞれには気づかなかった。しかし、後述するように、それがやがて大きな転換をもたらす原動力になる。

サルを直立させ、頸筋に棒をわたして両手をひっかける。その姿勢を保たせつつ、腰を幾度となくさすりおろす。この一連の動作を、ヤマユキ・サスリコミと呼ぶ。サルに直立二足歩行を獲得させるための、いわば連係基本技である。

さて、打開策の結果はどうなったか。

まず、資金捻出の件は、九月三十日現在（その後は中断したまま）、企業一一社をたずね、約一〇〇万円のカンパを得た。同様に、一四ヶ所の役所をたずね、約六〇万円の協力費を得た。

つぎの、〝宮本リスト〟による学者、文学者、芸能人との接触の件は、霊長類や進化の研究の大御所・今西錦司博士、京都大学霊長類研究所の河合雅雄所長と、いのいちばんにコンタクトしている。これが契機となって、のちに「サルの教育研究グループ」が誕生していく。

そして三番めの、サルの仕込みを再開する件。これは、周防猿まわしの会にとってもっとも実際的な問題であったが、要望どおり、村崎太郎君によってジロウの仕込みが実行にうつされた。

この打開策は会合の初期にだされていたため、太郎君によるジロウの仕込みは、六月上旬からはじまっている。ただ太郎君が高校三年に在学中のため、かならずしもコンスタントな仕込みがおこなわれたわけではない。

ヤマユキだ

ジロウの仕込みが開始されて十数日たった七月八日の夕方、ひとつの事件が起こった。

学期末テストが近づき、数日間仕込みからはなれていた太郎君が、その日、ひさしぶりにジロウをオリからだした。当時のオリは、事務所（わたしが寝泊りする部屋）の軒下に設置されていた。そして、その前面の一五坪ほどの庭が、仕込み場として使用されていた。

オリからだされたジロウは、いつものごとく、太郎君のほうに尾をむけた四つ足姿勢のままでじっとしている。太郎君は、ジロウの首輪に指をあて、タナ（ツナ。当時長さ二・五メートル）を結びつける。つづいて、タナゴツリ防止用のタスキを、首輪から胸部をめぐらして背なかにかける。タナゴツリとは、タナにひっぱられ、首輪でノドをしめつけられたサルが、セキをしたり、ノドを痛めたりすることをいう。タナゴツリになってサルが死ぬこともあるので、仕込み中はもちろん、オリの外で遊ばせるときにも、タスキは欠かせない。

さて、ジロウの身じたくがととのった。いつもなら、仕込み場から路上にでて、二足歩行訓練としての散歩をおこなうはずであった。ところがその日、仕込み場の一角に二人の人物がたたずんでいた。一人は、太郎君の父親、村﨑義正さんであり、もう一人は、近所のご婦人、重岡富士子さんである。

二人は、太郎君が日ごろどのようにジロウを仕込んでいるかを見るために、仕込み場にやってきた。といっても、この二人は単なる見物人ではない。二人のうち、とくに重岡さんのほうは、太郎君にいくつかのアドバイスを与える心づもりがあって、はじめて仕込みの場に足を運んだのである。

だから、ジロウの身じたくがととのったとき、重岡さんはごく自然に太郎君とジロウのそばに近よった。そして、ごく自然にジロウの頭をなでようとした。

そのときである。あっというまもなく、ジロウが重岡さんの右腕をかんだ。瞬間、それまでの和気あいあいとした仕込み場の空気が凝結した。そして、それが音もなく砕け散ったとき、重岡さんはすばやい動作でジロウの両耳タブをつかみ、かれの上体を組みふせ、その顔面を地面に何度もこすりつけた。そこには、もはややさしい笑顔をたたえた重岡さんはいなかった。わたしたちがいま目にしているのは、ひょっとすると、二〇年まえの重岡さんだったかもしれない。

重岡夫妻（夫は故人）の経歴は、高州および周辺諸地域の野の芸人たちの経歴とあわせて、いずれ周防猿まわしの会が詳細にまとめるはずである。したがって、ここで重岡さんの歩みをふりかえることはやめよう。ただ重岡さんという人が、かつて夫とともに一〇年間サルを仕込んでいたということ、そして、それが四〇頭にもおよぶということは、頭にとどめておいてほしい。

重岡さんはいま、ジロウの両耳タブをつかんだまま、かれの小さな背に馬のりになっている。すこし手をゆるめ、ジロウの顔面を地面から解放したが、まだ気をぬいていない。顔つきもいぜんとしてきびしい。

〈グッ、グッ〉。重岡さんの足もとで、ジロウはひきつったようなあえぎ声を発している。その顔面は、土ぼこりにまみれ、額からは血をにじませている。しかし、上目使いのまなざしは、まだするどい。（スキあらば、その腕をはねのけてやろう……）、ジロウの表情のなかには、まだそんな抵抗の意識がかくされているように見える。

「サルっちゅうのはね、毎日かわいがるだけで人間に慣れるような動物じゃないんよ。イヌやネコみたいに、エサを与えているだけで人間を信頼してくれるような動物じゃないんよ。

サルを仕込むときは、ゲジ（折檻のような意）をして、ゲジをして、ゆうことをきかんあいだは徹底的にゲジをすること。わしのほうがボスじゃということを、たえずおしえこまんといけんのよ。これらの世界じゃって、ボスザルになるには、血みどろのケンカの末になるんじゃからね。

でも、どんなに腹が立っても、頭はたたいちゃいけんよ、骨にヒビがはいって、バカになるけえね。いちばんいいのは、いまおばさんがやったみたいに、耳タブをつかんでサルを下におさえつけ、地面に顔をこすりつけること。これが、サルにはいちばんきくけえね。

とにかく、このサルはいまがいちばん仕込みいい年ごろ（当時二歳三ヶ月）じゃね。むかしじゃったら、こんなにいいサルはなかなか手にはいらんかったよ」

ジロウをおさえつけたままの姿勢で、重岡さんは肩を軽くはずませながらひと息つくように言った。そのあと、すこし力がゆるんだのだろうか、ジロウが腕の下でもがいた。しかし、重岡さんには一分のスキもなかった。

ジロウはまた、顔面を地面にこすりつけられた。こんどこそ、グウの音もでないというほどやられたようだ。耳タブをつかんだまま上体を起こし、二足直立の姿勢をとらすと、ジロウは焦点のさだまらぬ目つきをして、フラリとよろけた。

重岡さんの手が、耳タブから首ネッコへとうつった。ジロウはまだよろけている。よろけながら、〈クッ、クッ〉と鳴いている。そのジロウの首のうしろから肩のあたりに、重岡さんは一本のバイ（仕込み中、サルを威嚇したり、方向指示をしたりするときに使う棒。当時長さ約四〇センチ）をあてがった。そして、むだのないてきぱきとした動作で、ジロウの両手にバイをにぎらせた。

「あッ、ヤマユキだ」

わたしはそのとき、心のなかで叫んだ。

重岡さんはいま、ジロウにヤマユキ姿勢をとらせている。ヤマユキ。サルを仕込むときの基本技のひとつとして、話には聞いていたけれど、ほんとうの意味で目にすることのなかったヤマユキ。それを、いまジロウがやっている。

「こうにサルを立たせちょって、両腕を肩にあてたバイの下にとおして、うしろ側からバイをにぎらせて、そのにぎった両手をしっかりおさえながら、腰をしっかりさすっちゃるの。腰の毛が何度もはえかわるくらいさすっちゃること。こうに（ヤマユキで）立たせて腰をさすっちゃれば、腰がのる（のびる）から、だんだん腰に力がはいり、足の裏がペタッと地面についてふんばれるようになるけえね。

ほんとに、毛が何度もはえかわるくらいさすっちゃるんよ。そうすれば、腰にソリ（反り）がはいるようになるけえね。これをみんな大儀がって、最後までようやらんのよね。せんないし、あほらしい仕事じゃからね。でも、これをやらんと、サルが腰にソリのはいらんままおとなになってしまうんよ。そのかわり、腰にソリがはいりさえすれば、サルっちゅうのは一時間でも二時間でも立って歩くようになるけえね」

そうか、ヤマユキとサスリコミ（サルの腰をさすること）とは連係していたのか。しかもそのサスリコミは、サルにとって、くつろぎとはほど遠いきびしいものであったのか。

そのときのわたしには、重岡さんがやってみせてくれたヤマユキ・サスリコミまでの行動に、理路整然とした美しさと厳粛さのようなものを感ずることしかできなかった。まだ、それらが意味する科学性を、ゆっくり吟味できるような時間も、心のゆとりもなかったのだ。しかし、これまでの仕込みのあやまちや、これまでの仕込みに欠けていたものがなんであったかは、手にとるようにわかる気はした。

ヒトとサルとが峠を越える

わたしたちは見た。ジロウにかまれた直後の、すばやい、きびしい、むだのない重岡さんの動きを。そして、それにつづく仕込みの基本技、ヤマユキとサスリコミを。わたしたちはついに、サルの仕込みの真髄にふれることができたのだ。

しかし、まだ楽観してはいけない。それを、こんどはわたしたち自身が体験しなければ、ほんとうに真髄として理解することはできないのだ。

「太郎、やってみい」

その体験者の第一号として、村崎義正さんは、息子の太郎君を指名した。

じつは、義正さんの頭のなかには、最初からそれが計算ずみであった。サルを仕込むということが、どういうことなのか、どれだけきびしいものなのか、それを、義正さんはきょう、猿まわし後継者第一号としての息子に、体当たりしてまなんでほしかったのだ。そのためには、かつてサルを仕込んでいた人の力が、どうしても必要だった。

義正さんの計算どおり、いやかれの計算以上に、重岡さんは全力でジロウと対峙してくれた。しかも、その計算以上の行動は、ほかのだれでもない、ジロウの不意打ちが呼び水となったのだ。

「ジロウのやつ、うまいことかみついてくれよったのう」

重岡さんには失礼だけれど、義正さんとわたしは、あのときのことを述懐するたびに、こう言ってニヤッとほくそえんでしまう。それほど、あのジロウの不意打ちは、重岡さんのもつ力をひきだしてくれたのである。

さあ、ジロウが重岡さんからふたたび太郎君の手にわたされた。太郎君の顔に、緊張の表情がうかんだ。ジロウをオリからだしてから、すでに四〇分以上経過している。夕闇が濃くなった。

その夕闇のなかに、いままさに二つの影がもつれた。もつれた影はひとつにとけあって、地面を右へ左へこ

日課となった早朝仕込み。サルへの叱咤激励の声が、静けさをやぶってするどく響く。

ろがった。

さっきまで、重岡さんにヤマユキの姿勢をとらされ、サスリをいれられるたびに弱々しく〈クッ、クッ〉とあえいでいたジロウが、いまは全身をバネにして抵抗している。すごい体力だ。太郎君もなりふりかまわず、文字どおり体当たりでジロウにいどむが、手さばきは、バネになったジロウよりも数手おくれをとっている。タナでつながれていなければ、おそらくジロウは、太郎君の手中からにげだしたことだろう。

ことばにはならぬ声が、両者の口からもれる。どうやら太郎君は、ジロウをおさえつけたようだ。

そのとき、父親のストップがかかった。

義正さんが、きびしい顔つきで太郎君に言った。

「腹から声をだせ。おまえはまだジロウに甘う見られちょるど。ジロウに負けちょるど。いいか、腹から声をだせ。腹から声をふりしぼってジロウにいどめ」

父親のアドバイスを受けて、ふたたび二つの影がもつれた。

もうこうなったら、わたしたちもなりふりかまっていられない。まず義正さんが口火を切って、太郎君にむかってどなった。

「腹からだせ、腹から！　まだ、ノドからしか声がでとらんじゃないか！　なんでひるむんか、なんで。そこでひるんだら、おまえの人生はだめになるんど！　いいか、サルがだめになるんでないど、おまえの人生がだめになるんど！　やれ！　腹から声をだしてジロウをおさえつけろ！」

わたしもどなった。

「だめだ、もっと腹から声をだせ！　腹から、腹から！」

そして、重岡さんもどなったはずだ。しかし、わたしはそれを思いだせない。義正さんの声が強烈すぎて、わたしの耳は、かれのことばしかひろっていない。

ともかく、わたしたちの、というよりも義正さんの熱い思いは、太郎君に伝わった。もつれあい、ころがりあいながらも、太郎君はしだいに腹から声をふりしぼり、ことばにならない雄叫びをあげるようになった。

やがて、太郎君はジロウの両耳タブをつかむと、全身を地面になげうつようにしてジロウを胸の下におさえつけ、かれの顔面を地面にこすりつけた。そのとき、太郎君の腹の底から、はじめてはっきりしたことばがほとばしりでた。

「うー、まだわからんのかあ！」

すると、突然ジロウが〈キッ、キキキキ、キキーッ、フギャッ、ギャッ、ギャッ〉と鳴きだした。これまで、ただの一度もこんなみじめな鳴き声を発したことのなかったかれが、ついに太郎君に屈服して悲鳴をあげたのだ。

やった。とうとうやった。とうとう太郎君がジロウを鳴かした。ここまでくれば、もうジロウの抵抗も小さなものだ。仕込み場のなかには、まだはりつめた空気が充満している。しかし、おごそかな儀式をおえたあとの安心感のようなものが、しだいにわたしたちのなかに流れはじめた。


その夜、わたしたちは義正さんの家で、心からうまいと思う酒を酌み交わした。

その席で、わたしははじめて、もう一人の人物によるもうひとつの打開策がすすめられていたことを知った。すなわち、義正さんによる重岡さんへのはたらきかけである。

「ねえさん（重岡さんのこと）、なんぼやってもサルがひとりでよう歩かんのじゃ。これまでの仕込みには、だいじなことがきっとぬけとるはずじゃ。どうか、それをおしえてくれませんか。息子の太郎は、大学進学をやめて、高校を卒業したら猿まわしでめしを食おうと、いまいっしょうけんめいジロウにとりくんどる。その息子のためにも、猿まわしの会のためにも、どうかねえさん、力を貸してくれませんか」

数日まえ、重岡さんの家に足を運んだ義正さんは、こう言って援助を願ったという。

その願いはみごとに叶い、重岡さんの指導のもと、太郎君はきょうついにジロウの上に立ったのである。

太郎君がジロウに屈服の悲鳴をあげさせ、そのあとでまなんだばかりのヤマユキとサスリコミをおこなったとき、重岡さんはほっとしたように言った。

「サルをしばく（折檻する）ところは、おばさんだって人のまえではやりとうないんよ。だれだって、こんなつらいことは人のまえでは見せとうないんよ。でも、太郎君がこれから猿まわしをやるっちゅうからね、おばさんはその熱意に打たれて力を貸したんよ。

ジロウちゃんごめんね。でも仕込みのときは、甘やかしが二分、たたくのが八分、半々じゃないんよ。ジロウちゃんにはすまんけれど、いくら仕込んでも芸がすすまんときにゃ、たたいて一回ギャフンといわさにゃだめなんよ。そうせんとぜったいに芸がすすまんからね……」

祝いの宴は、まだつづいている。

満面に笑みをたたえて湯のみ茶碗をかたむけた義正さんが、ふと、口もとをひきしめて言った。

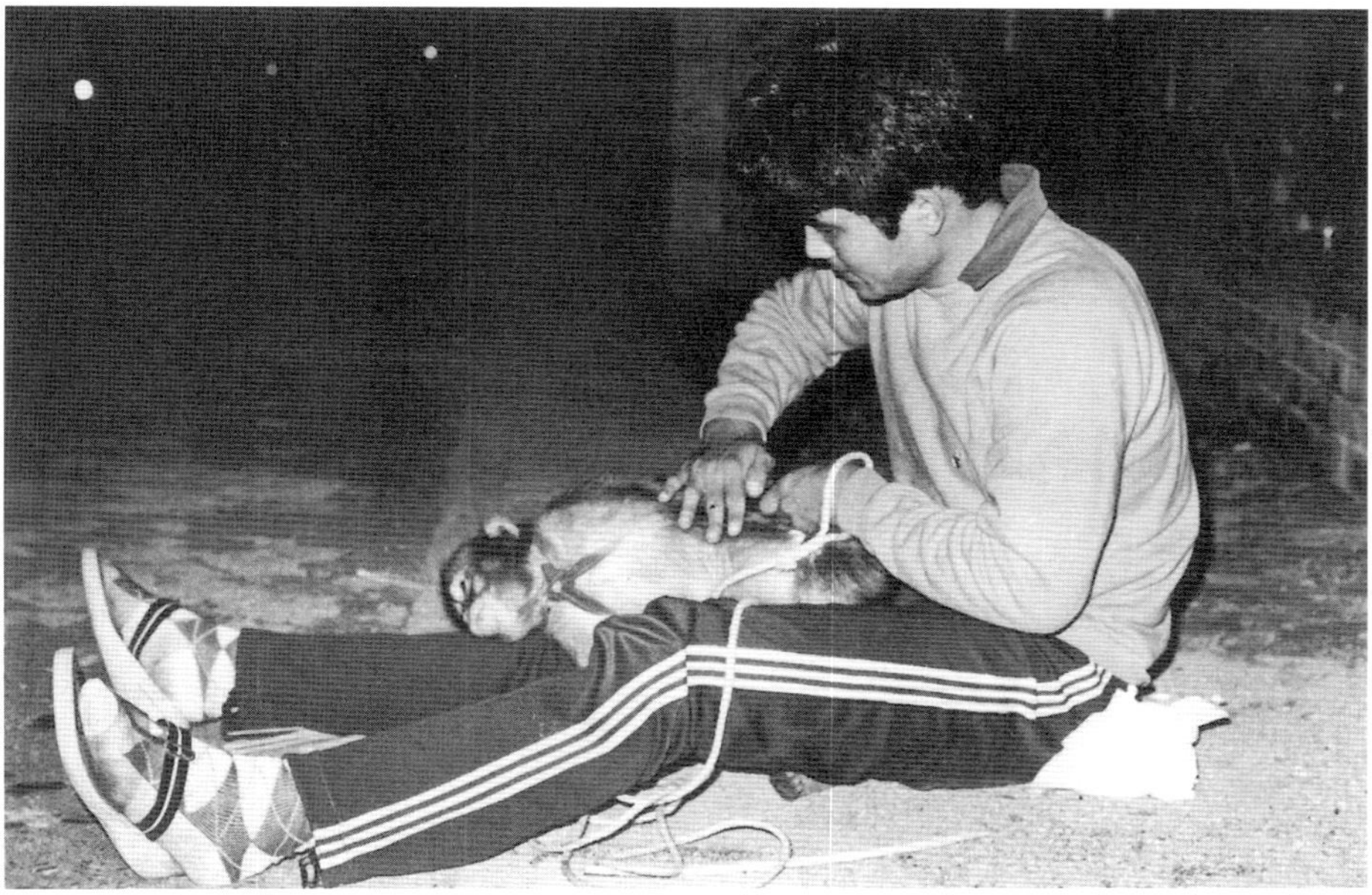
仕込み終了後、温水にひたしたタオルでサルのからだをマッサージする。ヒトとサルとの、くつろぎのひととき

「人間ちゅうのは、成長していくなかで、何度もこころとからだの高まるときがある。そのときにはの、そこで出会う人やものごとに、とことんとりくまねばいけん。とことんとりくんで、そしてひとつの峠を越えていくんじゃないんかの。
太郎よ、あのときとうちゃんはおまえに言うたろ、『腹から声をだせ。ひるむんでないんど。そこでひるんだら、おまえの人生はだめになるんど』
と。なんでとうちゃんは、あんな近所迷惑の大声をあげておまえにどなったかわかるか。それはの、あのときおまえが、越えねばならん峠のまえに立っちょったからだ。そしてその峠は、おまえとジロウとがともに越えていかねばならん峠じゃった。
太郎よ、おまえはきょうはじめてジロウの目を見つめたの。ジロウという生きものの目を、おまえはまっすぐに見た。そしてそれはの、ジロウにとってもおんなじじゃった。ジロウもきょう、おまえという生きものの目を、まっすぐに見た。そして、おまえとジロウとは、あのときいっしょに峠を越えたんじゃ。人間とサルとが、きょうはいっしょに峠を越えていったんじゃ」

ボスザルになれ

サルという生きものの目を、まっすぐに見よう。試練をのりこえていくのは、けっしてサルだけの問題ではないのだ。ヒトとサルとが、いつもいっしょになって峠を越えていくような、そんな仕込みの場を、そんな学習の場を、わたしたちはこれからつくっていこう。

陣痛に耐え、復活と継承への道標を見いだした周防猿まわしの会は、いま、こうしたスローガンのもとに、はばたきを開始した。

まず、はばたいてからのわたしたちが発見したこと、というよりも確認したことをさきに述べよう。

サルの仕込みの金言に、「サルを仕込むときはサルになれ」、というのがあった。この金言は、だいたいにおいて正しい。しかし、わたしたちはこれをもっと正確に把握するために、「ボスザルになれ」、と訂正した。

わたしたちはいまでは、サルがペットにならないことを知っている。サルをペット的にあつかうことが、いかにサルを冒瀆することであるかを知っている。サルは、ひじょうに人間に近い動物だ。しかし、逆にひじょうに人間とは遠いところで自我を確立している。かれらはけっして人間に追従しない。〝陣痛時代〟、わたしたちはそのへんを誤解していた。そして、サルをあくまでも人間の世界にひきいれようとあえいでいた。

さきのスローガンをかかげたとき、わたしたちは、そうした点をまず第一に反省した。その反省のもとに、わたしたちは過去の金言、「サルを仕込むときはサルになれ」、を推敲し、「ボスザルになれ」、とあらためたのである。

そのへんの事情を、もっと具体的に述べよう。

サルに芸を獲得させる、ということをめざしてのわたしたちのはたらきかけは、基本的には、サルの行動のあとづけから出発する。すなわち、サル本来のしぐさを観察し、そこから、芸のヒントを見いだしたり、仕込みの方法を模索したりするわけである。とはいえ、はたらきかけられる側のサルからすれば、それは強制と苦痛以外のなにものでもない。その痛みを十分に承知のうえで、わたしたちはけんめいになってかれらに要求する。それができるのは、端的に言えば、わたしたちがサルを信頼しているからである。直立二足歩行することからはじまって、竹馬、宙がえりなど、さまざまな動作（芸）をおこなえるだけの力を、かれらははじめから潜在能力としてもっている。わたしたちの教育しだいで、かれらはその潜在能力をどんどんひきだしていくことができる。わたしたちは、そういうふうにサルを信頼しているのである。

ところで、その信頼のもとに、かれらにさまざまな動作（芸）を要求しようとしたとき、わたしたちには、どうしても無視することのできないものがある。それは、かれら（わたしたちが接しているのはすべてオスザルなので、このばあいもオスのみをさす）の社会の秩序原理を律している順位制である。もちろん、ここでいう順位制とは、せいぜい個体間の秩序づけに役立つ程度のもので、一般的なニホンザル社会のそれほどは複雑でない。しかし、この個体間の秩序づけに役立つということこそが、わたしたちにはとても重要なのだ。

サルを仕込むとき、仕込む側と仕込まれる側との力関係があいまいだったら、いったいどうなるだろう。いくら仕込む側がサルにあつい信頼をよせていても、それはまったくのからぶりにおわるはずだ。一方的に信頼をよ

夕闇がせまる、仕込み終了まぎわ

せられる側のサルからすれば、逆に不信感がつのるばかりだろう。いや、サルというのはなかなか賢い動物だから、一方的に信頼されるのをいいことに、楽なほうへ楽なほうへと身をかわしていくかもしれない。

　とにかく、これでは仕込みとはいえない。仕込みは、もっと秩序をもってなされなければいけない。

　では、どうしたら秩序のある仕込みになるだろう。それは、まずなによりも両者の力関係をはっきりさせることだ。もちろん、仕込む側が強い力とイニシアチブを握らなくてはいけない。これが逆だと、仕込みはますます無秩序に、それこそ目もあてられぬ状態になる。

　力関係をはっきりさせるということは、いうまでもなく、順位をはっきりさせるということである。順位がはっきりすれば、わたしたちとサルとのあいだには、おのずと緊張関係が結ばれる。そして、おのずと秩序のある仕込みをおこなうことができるようになる。すなわち、わたしたちのサルによせる信頼が、かならずサルにつたわるようになるし、サルもまた、わたしたちを信頼してくれるようになるのである。

さて、順位制をめぐるこうしたことは、別段いまにはじまったことではない。「わしのほうがボスじゃということを、たえずおしえこまんといけんのよ」、という重岡さんのことばが示すように、かつてサルの仕込みにたずさわっていた人たちは、みな体験をとおして知っていた。子母澤寛さんの随筆『愛猿記』のなかでも、栃木の奥からでてきたという「猿飼いの名人」とやらが、ほぼ同じようなことを言っている。また、サルの研究者や、動物園でサルの飼育を担当する人たちは、さらに科学的な視点でそれを理解している。いわば、わたしたちもおくればせながらサルと対面し、そしてようやく、サルという生きものの世界に足を踏みいれたところなのである。

わたしたちは、サルに対してまだまだ未熟だ。にもかかわらずわたしたちは、「ボスザルになれ」、と謳う。それはしかし、たんにサルたちの権力者になれ、ということではなく、サルたちのよきリーダーになりたい、という願望からでたことばなのだ。

七月八日以降のわたしたちは、ときに、サルにかみつかねばならない状況をむかえることがある。順位制にのっとって、仕込む側と仕込まれる側という個体間（仕込みは通常一対一でなされる）の秩序づけを有効におこなっていこうとするとき、それがもっとも簡明直截な方法だと判断されたばあい、わたしたちは、敢然とサルにかみつく。

このときも、いやこのときこそ、わたしたちはボスザル（リーダー）でなければならない。感情に走ってめちゃくちゃにかんだりするのはだめだ。群れを統率するボスザルのごとく、威厳とするどい状況判断力をもって、冷静にかまなくてはいけない。冷静にといっても、動作は、できるだけ大仰にふるまう。かみつき行動にでるまえのオーバーなしぐさ、そしていったんかみついたら、じっとかんでいるのでなく、さながら肉をひきさくかのように顔をふりまわす。これらの所作を、腹から発声しておこなうのである。

『愛猿記』のなかの子母澤さんは、サルに三分間かみついている。しかしわたしたちは、こんなに〝長時間〟はかみつかない。だいたい三、四秒、長くても七、八秒というところだ。そもそも、サルというのは熱しやすくさめやすく、熱したときにはかなり大仰なしぐさをとるようだから、わたしたちのかみつきかたは、かなりかれらのパーソナリティーに合致した流儀のように思う。

以上、「ボスザルになれ」、と謳いながらサルにかみつくときのこころおぼえを、二、三記した。これらはいずれも、日本モンキーセンター学芸部長の広瀬鎮さんとの交流のなかからまなび、実践していったものである。

なお、誤解をさけるためにひとことつけくわえておくと、サルにかみつくというのは、あくまでもひとつの方法にしかすぎない。それがすべてでもないし、絶対でもない。重岡さんからまなんだ方法や、わたしたち自身が開発していった方法など、わたしたちは、いくつかの方法を臨機応変に使いわけている。そしてそれをとおして、より効率のいい、秩序だった仕込みを探究しているのである。

実践する者が歴史をつくる

　前節「ボスザルになれ」のなかで述べたことは、いまでは周防猿まわしの会全員が実践をとおして身につけて

村﨑修二さん宅の縁側にて、夕方の団らん。サルを話題に話がはずむ。

いる。しかし、その必要性が全員にしっかりと把握されるようになるまでには、じつは一ヶ月ほどの日数を要した。短時日のうちに、だれもが「ボスザルになれ」と謳いだしたわけではない。むしろサルの仕込みに関しては、太郎君に一任し、若手メンバーたちは、ひきつづき会の地盤がためとしての資金集め等に専念しようという考えのほうが強かった。

　もしこの考えのままに周防猿まわしの会がすすんでいたとしたら、復活・継承の運動は、もっとスケールの小さなものになっていたろう。しかし、きわめてさいわいなことに、わたしたちにはよきリーダーがいた。リーダーは、つね日ごろ、「ここ一番、頼れる男村﨑義正」をキャッチフレーズにしていた。そのかれが、七月一〇日、突如サルの仕込みをはじめたのである。

　義正さんがサルの仕込みに手を染めだしたとき、だれもがそれを冗談だと受けとめた。かれをもっとも理解しているはずの奥さんでさえ、「またおとうさんのものずきがはじまったか」くらいにしか思わなかったという。とにかく、（できるわけがないのに……）というのが、おおかたの冷ややかな見解だった。

　当時、会にはタロウ、ジロウ、ゴロウ、ツネキチ、ショウスケの五頭のサルたちがいた。このうち、ほんとうの意味で仕込みがおこなわれていたのは、太郎君によるジロウただ一頭だけである。タロウはちょっと事情があって徳山にあずけられていたし、ツネキチとショウスケは、まだ一歳三ヶ月の幼な児だという理由で、ただ遊ばせるだけの毎日だった。そしてゴロウは、……そうゴ

ロウは、あのときもうすこしで日本モンキーセンターに送られるところだったのだ。

　ほかのサルたちが、すべて日本モンキーセンター出身のニホンザルであるのに対し、ゴロウだけは出身も入手経路も異色だった。かれは、インドネシアのスラウェシ（セレベス島）産のムーアモンキー（ニホンザル同様、狭鼻猿に属し、このなかのマカカ属の一種。マカカ属には、ニホンザル、ムーアモンキーのほかに、カニクイザル、アカゲザルなど、合計一二種類がいる）だった。二年半ほどまえ、かれは日本の船員につれられて、徳山港にやってきた。そしてそこから、徳山在のある老人の手にわたり、ペットとしてかわいがられた。

　そのかれが、六月二日、突然わたしたちのもとにころがりこんだ。飼い主のおじいさんが、ペットとして飼うことに限界をおぼえ、かれの幸福を祈りつつ会に寄贈してくれたのである。しかしひきとったほうのわたしたちは、かれをわたしたちの力で幸福にしてやろうと思ったろうか。どうもそのへんはあいまいだった。そしてあいまいな気持ちのままに、かれをペットの延長のような形で遇した。

　だれも、かれの能力を信頼していなかった。仕込みという教育をとおして、かれの潜在能力をひきだそうなどとは、だれも思いつかなかった。それをしなければ、じつはかれの幸福はなかったのに、わたしたちは逆にかれを偏見の目でながめた。そして、ここにいてもペットにしかならないのだから、いっそのこと日本モンキーセンターにプレゼントしたほうがいいのではないか、そのほうが、かれにとって幸福なんじゃないだろうかとさえ考えるようになった。

　そんないきさつがあったから、義正さんがゴロウの仕込みをはじめたとき、わたしたちはそれを不信の目で受けとめ、相手がわるいと、一方的に見くだしたのである。

　しかし、義正さんは真剣だった。かれだけは、最初からゴロウを信頼していた。かれはそれまで、サルの仕込みはおろか、イヌに「お手」をおしえたことすらない。にもかかわらず、かれはするどい状況判断力で仕込みのポイントをつかみだし、みごとな総合力でポイントとポイントとを連結していった。そして七月二五日、仕込みを開始してからわずか一一日目（実質仕込み日数）にして、かれはゴロウに直立二足歩行を獲得させたのである。

　ゴロウが自力で直立二足歩行をおこなうようになったとき、義正さんはわたしに言った。

「しかしおれ自身が、これだけサルを仕込む能力をもっちょるとは思わんかったよ。おれは、どっちかっちゅうたら動物はにがてじゃったからの。ただおれは、すでに人間の教育をとおして育てることの本質を知っていた。おれがゴロウの能力をひきだすためにやったようなことは、修二（末弟）や洋一（長男）や龍雄（次男）らに対して、すでに実践ずみだったわけよ。だから、最初からこの道のシロウトではなかったんよ」

「ゆうちゃあなんだが、サルを仕込むよりは、人間の子を育てるほうがずっとたいへんよ。人間にくらべりゃ、

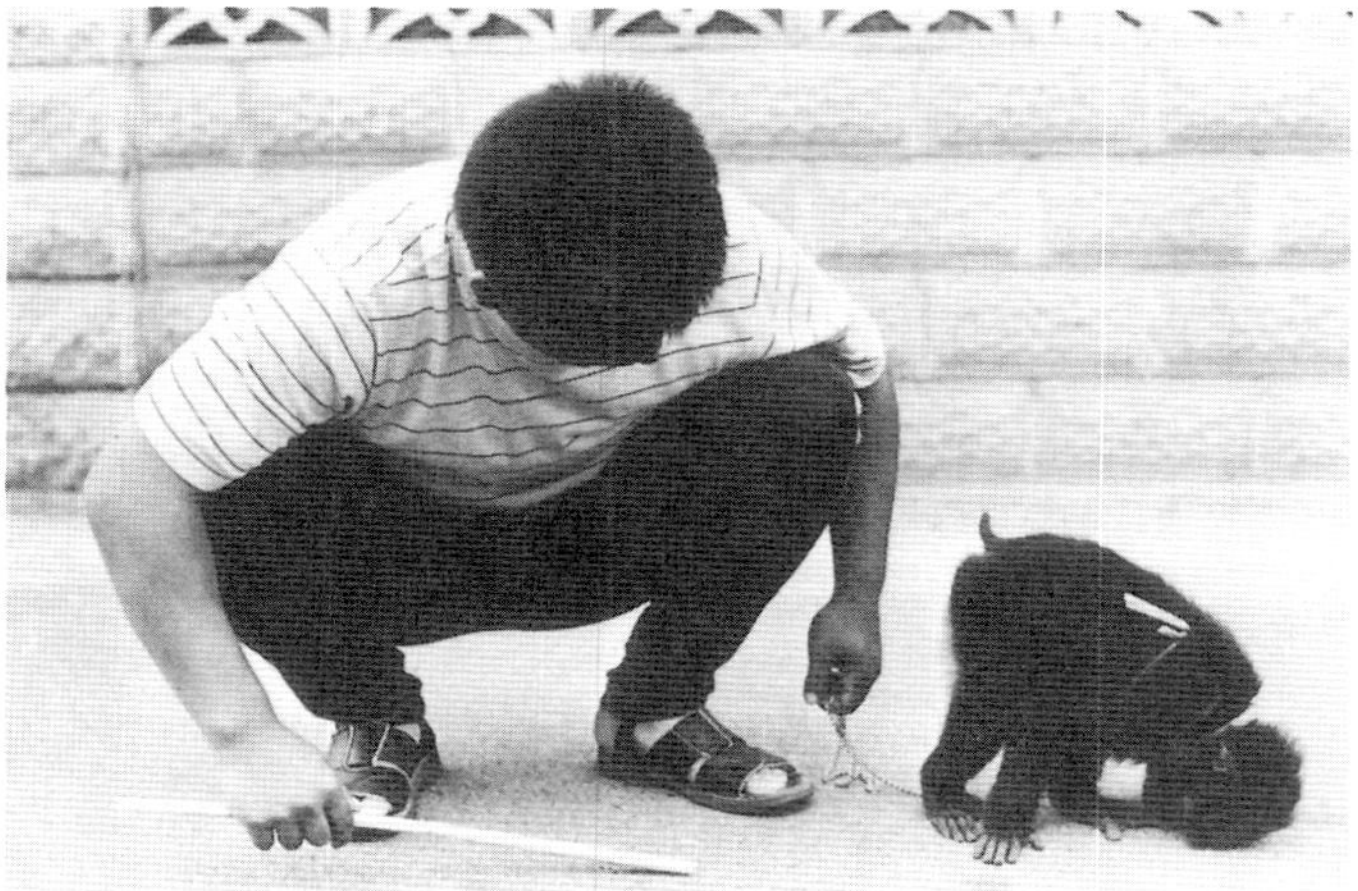
おじぎ。「ゴロウでございます。どうぞよろしく」

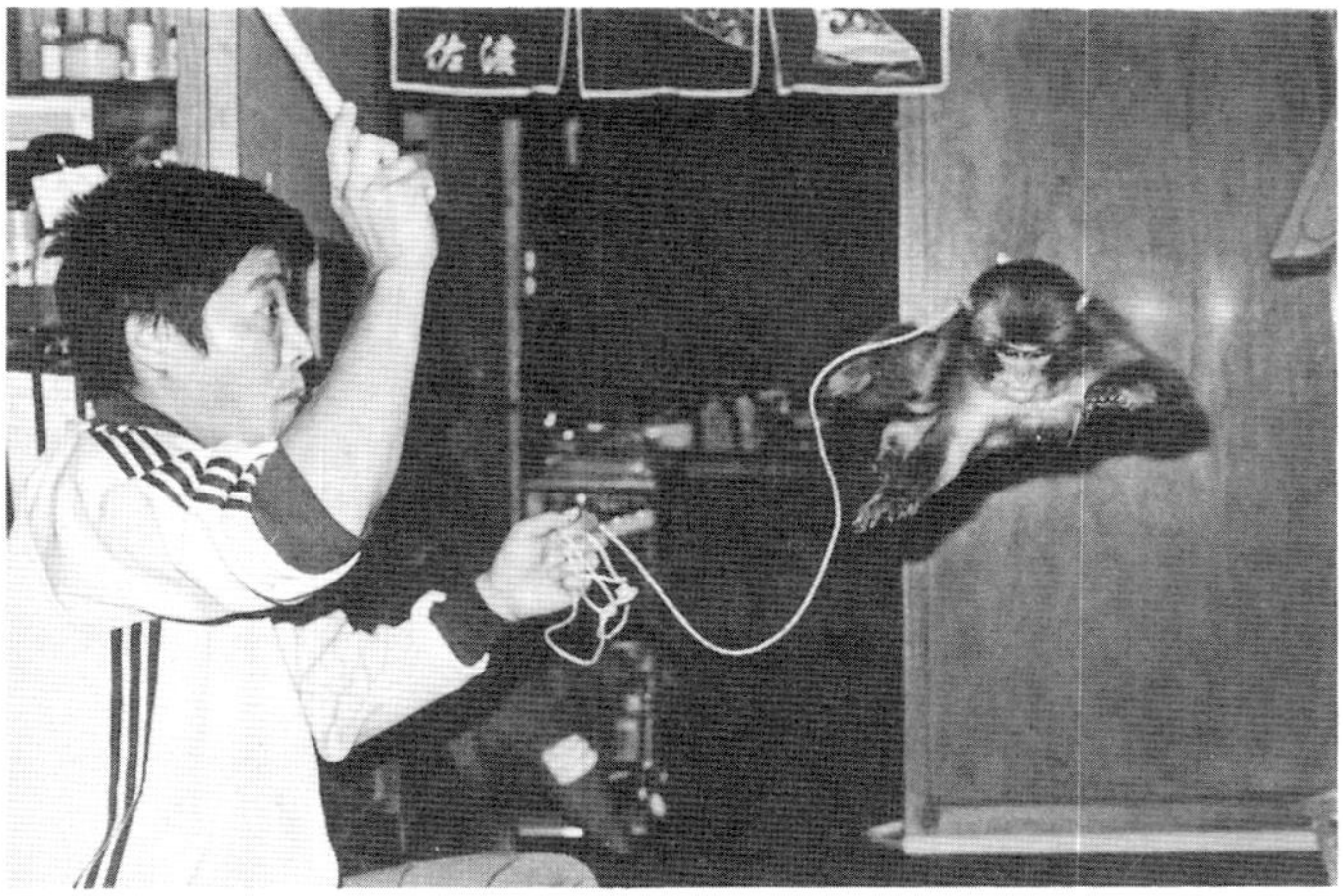
ツネキチ得意のハイジャンプ

自転車のりの練習

竹馬にのって朝の散歩

逆立ちの練習

サルのほうがまだまだすなおじゃからの。サルは泣きごとを言わんと、教育効果をごく短時間でしめしてくれるが、人間じゃったらこうはいかんよ。まあ、サルを相手にするまえからだいたい感じとってはいたが、人間のほうがだいぶ甘うできちょるの。こんど実際に自分でサルを仕込んでみて、ますますその思いが強うなった」

「とにかく、人間でもサルでも、たたきあげ、きたえあげなければホンモノにはなれん。そのホンモノを生みだすためには、人間の教育にも、サルの仕込みにも、かぎりないやさしさとかぎりないきびしさが要求される。そしてその根底には、かならず相手を信頼するっちゅう気持ちが必要なんよの」

そして、かれはこうも言った。

「おれがゴロウを仕込みはじめたとき、みんなは、どうせ道楽にすぎんくらいにしか思わんかったようじゃが、歴史っちゅうのは、いつだって実践する者がつくってきたんじゃ。実践する者は、つまずきもする、道を踏みまちがえたりもする、そうしていつも矢面に身をさらしている。しかし、そういう者がおったから、歴史がつくられてきたんじゃ。評論家が歴史をつくるんでないんど。かれらはつくられた歴史に口をはさむだけで、かれら自身はけっして歴史をつくらん」

「おれが仕込みをはじめたとき、まわりはみんな評論家じゃった。しかし、その評論家の考えにしたがっていたらゴロウはどうなっていたかの。周防猿まわしの会にとって必要な歴史が、こんなにはやく誕生していたかの」

ゴロウの仕込みがまだひっそりとおこなわれていたころ、義正さんはよく、

「小林君、これから歴史が生まれるぞ。歴史が生まれるところを見にこんかの」

と言って、わたしを呼びにきてくれた。あのときのわたしは、それを聞くたびに（なんとオーバーな……）と思ったものだが、いまがちがう。いまはあのことばの意味する重みを、虚心坦懐に受けとめることができる。そして、歴史の誕生する場面に立ちあわせてもらえたことに、あらためて感謝の念をおぼえるのである。

立て！ゴエモン

義正さんがゴロウの仕込みをとおして発見していった仕込み法は、太郎君によるジロウの仕込みにも踏襲された。ジロウに対し、ちょうどひとつの壁にぶつかっていった太郎君は、義正式仕込み法を採用することで、みごとに壁を打ちやぶった。このへんの経緯は、いずれ別な機会に詳述することにしよう。

義正さんと太郎君は、父子でよきライバルとなった。二人は、サルとともにひとつの大きな峠を越えて以来、ひたすら実践することでいくつかの小さな峠を越えていった。それと同時に、サルを信頼することと、サルに体当たりでぶつかっていける覚悟さえあれば、だれにでもサルは仕込めることも証明していった。

こうして、やがて全員がサルの仕込みにたずさわるようになった。もはや仕込みを、神秘化したり秘伝化したりする必要はない。ママゴト遊びをする子どもたちの横

で、車が往来する道路のわきで、仕込みは、ひたすら信頼と覚悟だけを胸にすすめられた。そして、その成果は、着実にサルたちのなかに蓄積されていった。

さて、明るい材料がつぎつぎと生まれていくなかで、ひとつ気がかりな問題があった。それは、記録映画のことである。「長徳寺山ろう城組」が解体して以来、映画の撮影はずっと中断したままだった。当初の予定では、仕込みの成果が具体的な形であらわれるごとに撮影にくるということになっていたが、それもできないままになっていた。

八月にはいり、映画の演出を担当する姫田忠義さん（民映研所長）と猿まわしの会とのあいだで、数回の話しあいがもたれた。

こまかい経緯はぬきにして、結論だけ述べよう。記録映画は、あらためてゼロからとりなおすことになった。撮影開始は八月二十九日。サルは、その前日、あらたに日本モンキーセンターで選ぶこととする。そしてそのサルを仕込むのは、やはり名実ともに会のリーダーである義正さんが適任だろう。

撮影方針がつぎつぎと確認され、わたしたちは、潮の満つる時をむかえるように、八月二十九日に照準をあわせていった。

ここに記すのは、わたしの観察ノートのうちの、八月二十九日から九月九日までの抜き書きである。題して、「立て！　ゴエモン」という。ゴエモンとは、映画の撮影にあわせて、あらたに選ばれたニホンザルの名まえである。

そのゴエモンに対して、義正さんはいかにはたらきかけていったか。そしてゴエモンは、それにどう応じていったか。わたしはノートのなかで、それを分単位で追っている。もとより、ここでは紙数にかぎりがあり、抜粋のさらに抜粋のような形でしかのせられないが、いずれ別な機会にかならず詳述したいと思う。

なお、本文中にでてくる（　）は、概略や注釈をあらわしている。また、「ゴン」はゴエモンの略称。

四季農耕図に描かれた猿まわし。新潟県燕市粟生津・赤坂諏訪神社。文政2年（1819）奉納。撮影・須藤　功

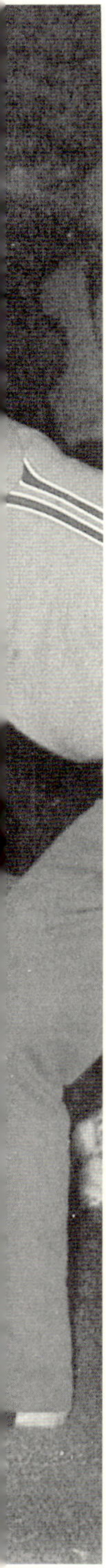

「この猿に何かいいものを喰わしてやって下さい」ちゅうてね、五百円も千円もつつんでくれるお客がおりよった。牛乳やら、ジュースをわざわざ買うて来てくれる人もおったし。時にゃ、猿の方が調子が良うて、朝から晩まで乗りに乗っちょる時がありよった。大抵、こっちが浮かれちょる時じゃないとメッタにないがねえ。そりゃ、独楽が廻るほど、浮いて浮いて浮きあがる。まあ仕込んだこっちの方がたまげる程調子に乗る時があるいね。

丸岡忠雄著『周防じょうげゆき・考』(『芸能東西』連載4)より、昭和三十年ころの話。

ツネキチの魚売り

9月15日、美祢市の上領八幡宮での興行。ジロウの輪ぬけ

八月二十九日　一日目

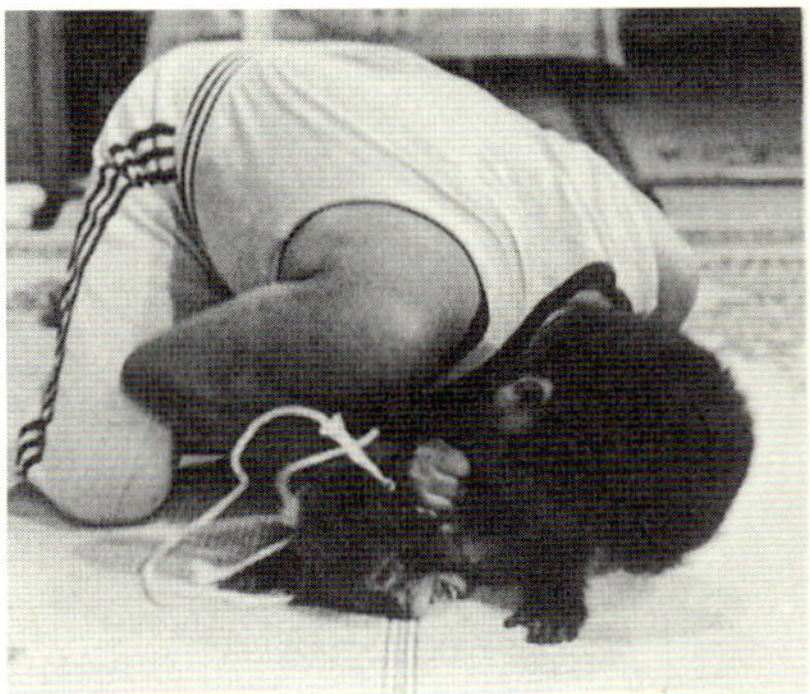
8月29日　16：03

〈ゴエモンは、前日の午後日本モンキーセンターより鉄道便で発送され、早朝高州に到着した〉

9・47 義正、ケージに腕をつっこみゴンをひっぱりだす。いよいよ義正とゴンの対決開始。〈フギー、ギャッ、ギャーギャー〉、ゴン猛烈に鳴きわめく。義正すぐにゴンをおさえこみ、肩にかみつく。「どうだ、まいったか、どうだ、まだかあ……」

9・50 義正ゴンの首に臨時のタナを結ぶ。「おまえ、わりともろかったの」ゴン脱糞。

9・52 ゴンにタスキをかけおわる。ゴン抵抗弱まる。顔を床にくっつけ、尻を高くあげる。

9・55 「すわれ！」ゴンにまず腰カケにすわることを強要。1、2、3、……10、11回、義正ゴンの首ネッコをつかみ、「すわれ」と言いながらゴンの尻を腰カケにのせる。

9・59 〈フギュー、フギー、キキッ〉、ゴン鳴きわめきもがく。すぐにつかまり、また腰カケに尻をおさえつけられる。

10・09 ゴンうなだれたまま腰カケにすわっている。そのうちに、左スネにくっついたノコクズ（ゲージの底に敷かれていた）をつまんで口に運びはじめた。見物人（一四名）苦笑。

10・31 「すわっちょけって言われたらここにすわるんど」義正ゴンの頭をなでながら、やさしく声をかける。

10・38 ゴンついに自分から腰カケにすわった。自力ですわった。しかしそのすぐあとに、また尻をはずした。

10・40 「ちゃんとすわらんと許さんぞ」、義正、三回ゴンの腰にかみつく。

10・47 ゴンのからだをおさえつけ、二回肩にかみつく。「すわれったらすわれ。ぜったいにおまえの意志はとおさせんぞ」

10・50 休憩。

12・25 再開。また腰カケにすわることを要求。このとき、ゴン義正のスネにかみついた。

12・32 ゴン、床におちたイモクズを、右手で拾って口に運ぶ。そのたびに、クチビルの音がパクパクと響く。まのぬけた音。緊張感の充満した空気のなかに、かよわく響く。

12・39 義正ゴンにイモを与えながら、「すわりのネが切れた（腰カケにすわる動作が定着した）」とひとこと。ゴンはトローンとした表情。

12・41 義正ひざまずいてゴンをおさえ、ヤマユキを強要。

（このあと、仕込みは一転して、ゴンに直立を要求していく）

12・54「待て、待たんか、待てえ！」ゴンの両手を万歳姿勢にさせ、頭上でバイを握らせる。バイを握ったゴンの両手をしっかりおさえ、歩かす。一周。立ちどまり、直立さす。

13・00 昼休み。

（昼食後、夕方まで二時間一六分仕込む。直立強要の連続）

19・20 夕食時、義正言う。「あれだけやっつけたらねえ、今晩からずっと、ゴエモンに対して責任を持たにゃいけんちゅう気持ちがわいてくるんよ。不思議なもんよのう。あれだけ痛めつけておきながら……、ゴエモンの食事や体調が気になりはじめ、ゴエモンに対する責任がわいてくるんじゃ」

八月三十日
二日目

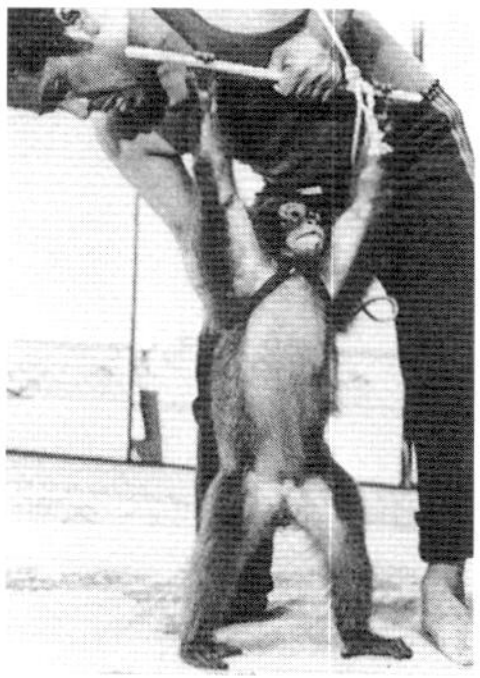
8月30日　09：02

（早朝六時まえから、村﨑本家まえの路上にて二時間仕込む。頭上ヤマユキ――両手を万歳姿勢にさせ、頭上でバイを握らせる方式を、ここではこう仮称する――で路上を往復さす。腰カケにすわって休憩させるときは、ヤマユキでバイを握らす。とにかく、かたときもゴエモンの両手を自由にさせない。この段階でのヤマユキの効用は、サルの両手の自由を奪うということにあるようだ。連係しておこなわれるべきサスリコミは、ゴエモンがすぐ腰くだけになるので、まだ不可能）

8・35 前日の仕込み場、村﨑本家の下座敷にて、再開。

8・55「おまえらに対する同情はなんにもならん」腰カケにすわらせたまま、ゴンにヤマユキ。

8・59 ゴンを頭上ヤマユキで立たせ、腰にサスリをいれる。「よしよし、そうじゃそうじゃ、だいぶ力がはいりだした」ゴン、腰にぐっとサスリがはいっても腰くだけにならず。両足をひろげて、畳を踏みしめている。

9・07 ゴンを頭上ヤマユキで立たせ、腰をさする。「ヤマユキ・サスリコミじゃ、喜べ。おまえの腰を強うしてやるんじゃ。立てよ、立てるじゃないか、なんで立たんのか、ちゃんとやれえよ」ゴン〈キーヨ、キーヨ〉と鳴く。

9・15 義正のみ、おそい朝食。ムスビをほおばる。ゴン、腰カケにすわったままうなだれている。「やれよ」、義正ゴンの腰をときどきたたく。そのたびに、ゴンは隣室で見守る節子さん（義正さんの奥さん）のほうに顔をあげて、威嚇的なするどい眼光で節子さんを見すえる。代償攻撃か？

9・23 頭上ヤマユキ中、ゴン右手をバイからはなす。「やれ！　持たんか！」義正、即座にゴンの右手にバイのムチをあびせる。ゴン鳴く。〈キキーッ〉

9・29「やらんのか！」ヤマユキをしないゴンを、一回畳にたたきつけ、肩にかみつく。ゴン脱糞。

9・37 立ちあがらせ、頭上ヤマユキで旋回。ゴン腰をつっぱりつつ、足をドタドタと運ぶ。

9・49「おい、こっち向いて、すこし会話をしよう。ちっと犬山の話をしてくれ。こっち向いて、おまえが犬山の商店街荒らしをしていたころの話を、ひとくさりやってくれ」ゴンけっして義正に顔を向けない。義正に眼をあわさない。

9・58「なんで怒られるんか、理由がわからんのじゃろうの」

10・00「よし、帰ろう」退場。オリにもどる。

15・50 きょう三回目の仕込み、開始。

16・24「立って歩くための基礎であるサスリコミは、まだやることはできんし、やらん。サスリコミをやらんと、足腰は強うならん。しかし、すわったままでのヤマユキはやるから、立って歩くための半分の条件はかなっているので、進歩といえば進歩といえる」

16・30「えろうなったか、自分の力で立つか。どうするか。まあへっぴり腰でもええ、自分で立っちょけ。おら、えろうなってきたか、こういうときはどうするんか、どうするんかゴエモン。そうやって立っちょくよりも、まっすぐ立っちょくほうが楽なんじゃがの。そら、それは親方が許さんと言ったろう。おまえは、その二本の足で立つ以外はぜったいに許されんのじゃからな。おまえには手はないんぞ、どうしたらえろうないんか、自分で考えてみい。立っちょけ、立っちょけ、自分で立っちょけ。なんぼでも立っちょけ」義正ひたすらゴンを頭上ヤマユキで立たす。

16・40 ゴン頭上ヤマユキ中バイから手をはなす。すばやく両手にバイのムチがとぶ。〈ビュッ〉、空気を切って、バイが走る。〈ビシッ〉、するどく、的確に、そして冷徹に、バイがゴンのてのひらにきまる。〈キャー、キャー〉、ゴン鳴く。

8月30日　16：21

8月30日　17：12

17・15 ゴンはじめてセルフグルーミング。右足ももを自分で毛づくろいする。

17・23 ゴン頭上ヤマユキの手をはなす。〈ビシッ〉、バイのムチがとぶ。「どうか！」尻にムチ。「なんで逃げるんか、どこまで逃げるんかきさま！」二回畳にたたきつけ、かみつく。ゴン脱糞。

17・35「よし、きょうはこれでおえるか。合計何分立っちょったことになるかね？」小林、「六六分です」「いいか、あしたは歩けよ。ばかばかしいくりかえしはすんなよ」終了。バナナ、ブドウを与えたあと、オリへ。

八月三十一日・三日目

（午前二回、午後一回、合計四時間半近く仕込む。停滞気味。まだ「ヤマユキ・サスリコミの統一」ができん」という）

九月一日・四日目

（朝夕各一回、合計五時間余り仕込む。「ヤマユキって

のが、立ってやるもんだということがわかりかけてきた」ようだ）

九月二日・五日目

（午前二回・夕方一回、合計六時間近く仕込む。バイに両手をしばりつけ、頭上ヤマユキでサスリコミをくりかえす。後半は、叱咤激励しながら、直立二足歩行を促す。しかし、タナでたえず上体を吊らないと、すぐ姿勢がくずれる）

九月三日・六日目

（早朝一時間余り仕込む。頭上ヤマユキで路上を歩かす）

九月四日・七日目

（朝夕各一回、合計二時間近く仕込む。前日同様、ひたすら路上を歩かす。サスリコミは、「腰に力がはいりだしたよ」）

九月五日・八日目

（朝夕各一回、合計四時間余り仕込む。義正さん、三村さん、小林の三人、交代交代でひたすら路上を歩かす。ゴエモンの足どり、しだいに地を踏みしめるようになってきた）

9月4日　07：10

9月6日　07：23

九月六日・九日目

（早朝二時間余り仕込む。ヤマユキ・サスリコミが定着。両足でしっかりと地を踏みしめ、サスリコミに耐えている。自立直立を要求すると、両ヒザに手をあてがってひとり立ち）

九月七日・一〇日目

7・15　路上にて仕込み開始。

7・18　ゴン義正の尻をかむ。義正、ゴンをアスファルトの上におさえつけ、激しく肩にかみつく。

7・19　直立さす。ゴン両手をヒザにあてがって自立。（このヒザあて姿勢は、「ひとり立ちすることがだいじだということで、きのうは容認された。しかしきょうの義正さんは、もはやこれを、ゴエモンのひとり立ちとは認めてない）

7・35　両手をヒザにあてることを、徹底的に叱る。ゴンがヒザから手をはなすまで、手の甲をバイで何度もたたく。

7・51　ヤマユキで立たす。ゴンの首のうしろでタナを持ち、ゴンの上体が前傾しそうになるのを牽制しながらサスリコミ。

8・32　頭上ヤマユキで、高州町内を歩かす。

8・43　朝の仕込み終了。

15・50　村﨑本家まえにて仕込み開始。

15・54　「立ってみいちゃあんと、楽になるけえ」ヤマユキで立たせ、サスリコミ。手の甲で軽く腰をさすりおろす。

15・56　ヤマユキ・サスリコミつづく。ゴン義正によりかかり気味で立っている。ときどきバランスをとるように、ツマサキがあがる。
15・59　ゴンを依存物ゼロで直立さす。ゴン両手をすぐヒザにあてがう。義正、間髪をいれず、ゴンの手の甲にバイのムチ。「おまえのその手と、きょうは徹底的なたたかいじゃ」
16・00　〈キョッ、キョッ〉、ゴン手を打たれみじかい悲鳴。
16・01　ゴン、ヒザに手をあててはいけないことがわかってきたか。こんどは、両手を軽く組んで腹部にあてる。
16・06　右手がヒザに。すかさずバイのムチ、〈ビシッ〉
16・07　タナを持って上体を支え、サスリコミ。ゴン両手を軽く組んで、腹のまえにダラリとさげる。
16・12　小休止。「ようやったら、こうして再々休ましちゃる」ゴン義正にぜったい顔を向けない。義正がむりやり顔をあわせようとすると、上体をくるりとまわし、顔をそらす。
16・31　「どうかどうか、立て、ちゃんと。のうくれても（さぼっても）助かりゃせんのよ。そうよそうよ、そうやって腰をのうて空を見い。そうやってまっすぐ立てば、おまえはいっぺんで楽になるんじゃ。立て！　ゴエモン。ちゃんと立て！」　ヤマユキ・サスリコミつづく。
16・57　ゴン突然ヒステリックに暴れる。バイのムチが腰、肩にとぶ。義正タナでゴンを吊るようにして立たす。

17・27　ゴン、ヤマユキをくずし、地面に腹ばう。にっくき敵、バイにかみつく。代償攻撃か？
17・40　「いま自分で立っちょるからの、尾っぽがピッと立っちょる。これがだんだん長うなればええんじゃが、ゴエモンのばあいは、長うならない。いままでのサルじゃったら、くりかえすうちにだんだん長うなったんじゃが」
17・42　「こんな往生ぎわのわるいサルははじめてじゃ。しかし野猿なんてのは、みんなこんなんかもしれんの。これがほんとうなのかもしれんの。人間のきれいがようないと、サルが理解できんの。それと強制力の。絶対的な強制力。きわめてファッショ的な強制力もないとの。ぬるっといくとだめ」
18・08　ヤマユキ・サスリコミつづく。「ソリがはいりだした。若干ではあるが、ソリがはいりだした」
18・13　重岡さん、仕事帰りに立ちより、ひとこと。「このサルは大きいかわりに、むりがきく」
18・34　「はい立って。バタバタせんにゃあ、おまえはええ男なんじゃがなあ。いたらん抵抗をしてエネルギー

9月8日　07：26

を消耗さすな」 ヤマユキ、手の甲でサスリコミ。
18・52 終了。

九月八日・一一日

（朝夕各一回、合計三時間半余り仕込む。徹底して静止直立を要求。その無防備な姿勢を拒否するかのように、ゴエモンは両手に力をいれ、胸のまえで組みつづける）

九月九日・一二日目

5・40 村﨑本家まえにて仕込み開始。
6・28 「立てや、立てや、立て！ 立て！」 ゴンおとなしく静止直立。両手をにぎりこぶしにして、胸のまえで組む。両こぶしに力がはいっている。二足直立という無防備な姿勢に追いこまれたことに対する、ゴンのせいいっぱいの抵抗が、このにぎりこぶしにあらわれている。
6・39 ヤマユキをはずし、地にはい、バイをかむ。「つまらんおまえは、ゆうことをきかんからだめじゃ」義正ゴンをゴザの上におさえこみ、肩に五回かみつく。その後、ヒザガシラでゴンの背を押す。〈キァ、グッ、キァァ、グッ〉

9月9日　07：44

6・43 「さあ、ヤマユキじゃ。立っちょけ」 ヤマユキ。腰をぐっぐっとさする。
7・09 「ガクちゃん（義正さんとときどき交代してゴンを仕込む三村悟さんのこと）、少々吊ってでもいいからの、腰にブチ（バイのムチ）をあてながら、うしろ歩きでも横歩きでもいいから歩かせえ」
7・18 ガクちゃんから義正に交代。義正ゴンの腰にバイのムチ。何度もたたく。「立てよ、立て、歩け！」 ゴンうしろ歩き。
7・20 本家まえの路上をまえ歩きで行ったりきたり、ゴン腰をかがめているが、タナで吊ってまえ歩きさす。頭上ヤマユキにし、うしろから押すようにしてもどってくる。またタナで吊ってまえ歩きさす。最後は前傾姿勢で小走り。
7・27 ガクちゃんに交代。ゴン前傾姿勢でまえ歩き。顔はうつむき、両手はまるで腹部をおさえるよう。
7・32 ゴン地に腹ばう。ガクちゃん、かみつくまねをして威嚇。すると、すかさず義正が叫ぶ。「かぶりつけ、かぶりつけ。まねだけじゃだめど」
7・35 路上往復。うつむきかげんで二足歩行。オリの方角にむかうときは、帰れると思うのか、足どりが確か。しかし、Uターンしてこっちにもどってくるときは、足どりがおぼつかない。差が極端。
7・40 「OK、OK、やったやった。だんだん姿勢がようなる」 ガクちゃん、ゴンを歩かせながら喜ぶ。
7・41 ゴン歩きはじめは姿勢もわりとのびる。しかし歩きつづけるにつれて、小走り、ヌスット歩き、前かがみ。
7・45「歩かにゃかぶれかぶれ、もうかぶる以外にない」義正ガクちゃんに指示。ガクちゃんゴンの肩にかみつく。
8・14 朝の仕込み終了。
16・04 夕方の仕込み開始。
16・14 腰カケから立たせ、路上にでる。ゴン朝のもっともよかったときの姿勢で、みごとに歩く。両手を腹のまえで組み、四つ足にならない。みごと、みごと。思わず拍手。
16・16「さあ、かけるぞ。ホイホイホイ」ゴン小走り、四つ足になった。あせりは禁物。しかし、義正がゴンとともに走りたい気持ちがわかる。いいぞ、ゴエモン！
16・30 ガクちゃんに交代。ゴンをつれ、路上往復。あいかわらず、オリの方角にむかうときには足どりがよい。こっちにもどってくるときは、足どりくずれる。しかし、姿勢は朝よりもよくなった気がする。ガクちゃんも大喜び。周囲に握手を求める。
17・47 義正気のぬけたような笑顔。ガクちゃん、その義正の顔を見つめてひとこと。「これが峠を越えた男の顔ど」
18・08 終了。

9月14日　18：15

芸猿とボスザルたち

周防猿まわしの会には、現在五頭のサルがいる。芸の獲得度にはかなり差があるが、サルの芸人という意味で、ここではかれらを芸猿と呼ぶことにする。また、その芸猿たちの仕込みや興行にたずさわっている人間が、現在七人いる。五頭のサルたちのリーダーという意味で、ここではかれらをボスザルと呼ぶことにする。

では、芸猿とボスザルたちのプロフィールを紹介しよう。

ジロウと村﨑太郎君

ジロウ。昭和五十年（一九七五）五月二十四日生れ。太郎君とともに大きな峠を越えて以来、つねに芸猿たちのトップをあゆむ。貴公子然とした表情でもくもくと特訓に耐える様は、さながら芸猿の鑑。ヤマユキ・サスリコミと朝夕の二足ランニングによってきたえられた下半身は、筋骨隆々としてたくましい。

得意芸は、輪ぬけ、流しのギターひき、竹馬、おじぎ。衆人環視のなかでも、臆することなく芸を披露するが、流しのギターひきのときは要注意。ギターをかかえて、人垣のまえを神妙そうに歩きまわりながら、どんぐりまなこはたえず子どもたちの菓子をねらっている。小さな手から菓子を奪いとる電光石火のはやわざは、ただただみごとの一語に尽きる。

村崎太郎君。村崎家四男、光高校三年在学中の一七歳。高石ともやとザ・ナターシャーセブンを信奉し、かれらの歌や演奏を徹底的にコピー。それをふまえたうえで、目下、仲間とともにオリジナリティーの研鑽を積んでいる。高校卒業後は本格的に猿まわしととりくむが、猿まわしの会からもらう初任給で、マーチン・D28（ギター）を買うのが夢。

ジロウとともに大きな峠を越えて以来、仕込みにのぞむかれのまなざしには、しだいにするどいものがそなわってきた。しかし、サルたちの身辺の世話に関しては、まだ甘さがめだつ。

ゴロウと村崎知雄君

ゴロウ。前述したように、スラウェシ出身のムーアモンキー。推定二、三歳。立てば黒ユリ、すわればタドン、歩く姿はチャップリン。当座きっての三枚目で、なにをやってもおかしく、いつでもどこでもだれにでも、天真爛漫にふるまう。また、ニホンザルがボスザル（仕込む人間）から顔をそらすのとは反対に、ゴロウだけはつねに顔をあわせ、リップムーブメントをくりかえす。ゴロウのこうした解放性を、わたしたちはいまのところ、ムーアモンキーという種のパーソナリティーから発したものと解している。

おじぎ、死んだまね、輪ぬけ、前転、後方宙がえりが得意。

村崎知雄君。村崎家三男、光水道工務店勤務の二〇歳。すなおでおおらかな好青年。仕事のかたわら、うたごえグループ「タンポポ」の三代目会長をつとめ、フォークソングのグループ「凪の座」で、ギターとボーカルを担当する。かれのつややかでのびのある歌唱は、聞く人の胸を打つ。ことに、「労務者とはいえ」と「人々

猿舎の掃除。ジロウが外から興味深げにのぞきこむ。

ンテ。

が平和に」は絶品。人呼んで、高州のハリー・ベラフォ

また、家出癖あり。人呼んで、高州の寅さん。

ゴロウの仕込みと身辺の世話は、九月八日から担当。

ツネキチと村﨑修二さん

ツネキチ。昭和五十二年（一九七七）四月四日生れ。一年三ヶ月後の七月はじめ、同輩のショウスケとともに高州にやってきた。宮本先生のお名まえを一字頂戴している。あとで知ったが、日本モンキーセンターではアトムと呼ばれていたという。

「アトムのほうが賢そうな名まえじゃのう」

という後悔（？）の意見もあったが、いまはツネさんの愛称で、子どもや女性の人気をあつめている。

直立二足歩行は四日で獲得。輪ぬけ、逆立ち、魚売り、おじぎ、死んだまねが得意芸。

なお、小沢昭一さんのお名まえを一字頂戴したショウスケは、将来を期待されながらも、事故で急逝した。冥福を祈りたい。

村﨑修二さん。三一歳、一児の父。通称修ちゃん。周防猿まわしの会事務局専従。

一九歳から二一歳まで、東京の舞台芸術学院で演劇をまなんだ。在学中は、うたごえ喫茶「どん底」（新宿）、「ともしび」（亀戸）などで、歌手のアルバイト。反戦歌やロシア民謡をこのんで歌った。

卒業後は高州に帰り、家業手伝いや、部落解放運動、劇団「もっこ」での演劇活動などに専心。その一方で、多くの若者たちの相談役となる。「獏」、「民族文化研究所」、「蟹の会」、「小林兵六とそのグループ」、「ミツバチの会」、「春駒座」など、さまざまな同人グループがかれを中心に誕生していく。なお、小林兵六というのはかれの芸名。

前述したように、周防猿まわしの会は、修ちゃんや丸岡忠雄さん（会の副会長）、地域部落研の地道な活動を母体として発足している。

わたしは高州にきて、多くの人びとと知りあい、多くのことをまなんだ。とりわけ、修ちゃんからまなび、おしえられたことは大きい。しかし非力なわたしは、それをまだじゅうぶんに消化しきっていない。

タロウと形岡瑛《あきら》さん

タロウ。昭和五十年（一九七五）五月七日生れ。ジロウと同輩。しかし、紆余曲折があって、ジロウにだいぶおくれをとった。一時は「フニャタロウ」なる汚名をあびせられたが、特訓のかいあって、現在はほぼ直立二足歩行を獲得。いわば、やっと夜明けをむかえたところ。りりしさ、たくましさを身につけた芸猿になるまでには、もうしばらく時間がかかりそうだ。

形岡瑛さん。三二歳、会の事務局長。徳山市中須出身。高州で生涯の伴侶とめぐりあい、最近一児の父となる。亮太郎と命名。草創期の事務局長として苦労も並みたいていでないが、ふたりの太郎をりっぱに育てあげようと、意気ごみあらたに深呼吸したところ。

猿まわし興行に際しては、口上と歌を担当。ツネキチ、ゴロウ、ジロウの順に、「かわいい魚屋さん」、「さらばラバウル」、「船頭小唄」の三曲を披露している。場

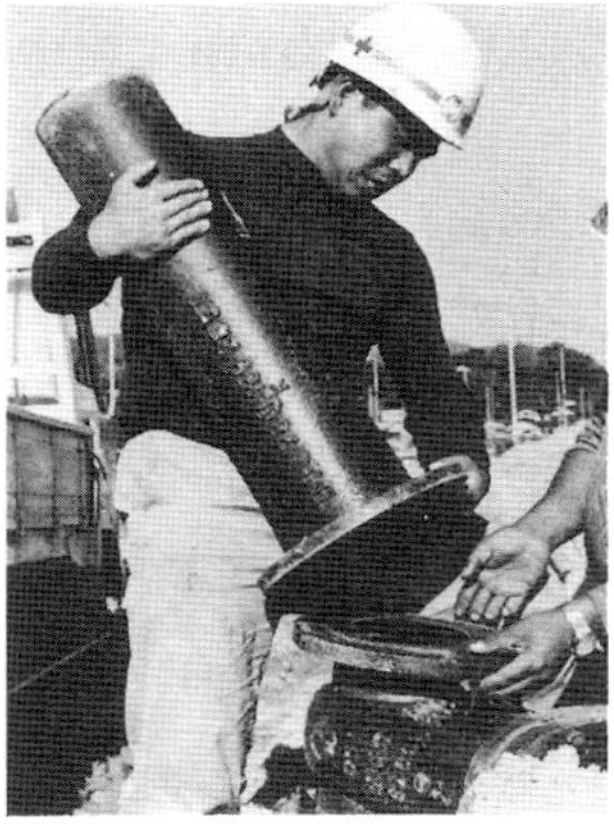
村﨑知雄君

形岡瑛さん

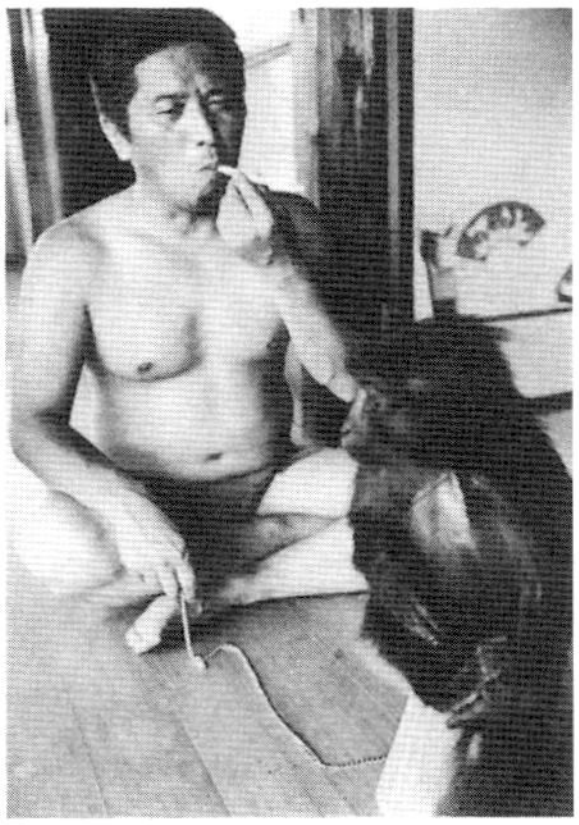
村﨑義正さん

三村悟さん

村﨑太郎君

村﨑洋一君

村﨑修二さん

大西百合子さんと愛孫耕平君

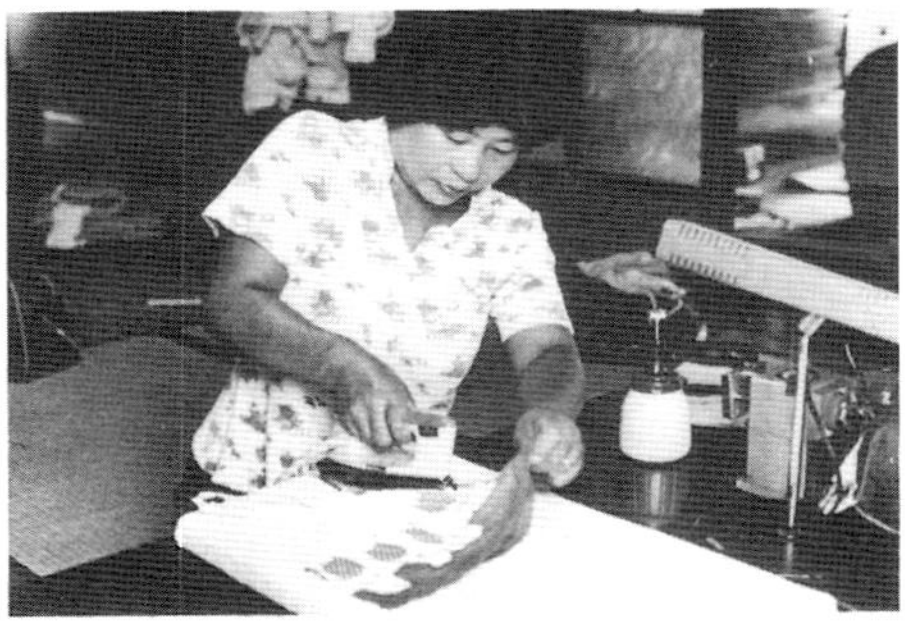
村﨑節子さん

数をふむごとに、口上も歌も、めきめき上達中。

ゴエモンと三村悟さん

ゴエモン。昭和五十年（一九七五）四月三日生れ。犬山野猿公苑出身のヤクニホンザル（屋久島原産）。公苑にいたころは、みやげもの店専門に盗みをはたらく。わたしたちがはじめてかれ（当時はサメという名）に会ったときは、ヤクザなヤクザルたちのはいるケージのなかで、すでにとらわれの身となっていた。

ごぞんじ、「立て！　ゴエモン」の主人公のかたわれ。仕込み開始後一二日目にして直立二足歩行をおこないだしたわけだが、まだその獲得までにはいたっていない。かれは、野猿の群れ社会のなかで、サルとしての学習を三年数ヶ月にわたって経験している。その事実をじゅうぶん認識したうえで、かれとはじっくりとりくむ必要がありそうだ。

たいへん残念なことに、かれの体毛は九月末からぬけはじめた。急激な環境変化と抑圧から、ディプレッション（意気消沈）のような状態におちいったのだろうか。かれはときどき、己が体毛を引きぬきさえする。たしかに、ジロウ、ゴロウ、ツネキチたちは、じつに短期間で直立二足歩行を獲得した。しかしわたしたちは、それで勝ち誇ってはいけない。ゴエモンの体毛を失った白い肌は、わたしたちをそう戒めているようだ。

三村悟さん。三三歳、二児の父。国鉄・徳山機関区勤務。通称ガクちゃん。

独身時代は、孤独癖が強く、ひとりで山を散策したり、寮の個室にとじこもりがち。しかし、修ちゃんと出会い、劇団「もっこ」で演劇活動にたずさわりはじめてから、明朗闊達な読書家へと変革した。ガクちゃんという通称は、かれの芸名、北山岳によっている。

九月十日以降、ゴエモンの仕込みを担当。勤務をおえると、毎夕徳山からかけつけてくる。体毛のぬけた姿に胸を痛めながらも、ひたすらゴエモンに語りかけ、仕込み終了後も、いっしょにオリにはいって対話を求める。かれの真摯なおもいは、しかし、まだその数分の一しかゴエモンに解されていない。

村﨑洋一君

村﨑洋一君。村﨑家長男、二三歳。大学で経済学をまなんでいる。明晰な論理の持ち主。卒業後は教員志望。非常勤のボスザルとして、帰省のおりは、大いに力を発揮する。

村﨑義正さんと母と妻

村﨑義正さん。四五歳、五男の父。市会議員。周防猿まわしの会会長。大ボスザル。……かれについては、書くことが多すぎる。いたらぬことを記すよりも、かれの著書『怒りの砂』や、かれが目下、雑誌『部落』に連載中の『子育て繁昌記』を読んでもらったほうが、てっとりばやい。

ここでは、むしろ二人の女性に登場していただくことにする。

大西百合子さん。義正さんの母堂。孫二〇人、曾孫二人をもつ六八歳の愉快なバアちゃん。大のプロレスファン。テレビのニュースで力道山の死を聞いて以来、ショックで一二年間も声がかれた。リングサイドでの観戦歴は、三〇〇回を越す。

お月様今晩は
銀の舟、小舟
ぎっちら、ぎっちら
こいで
夢のお国へまいりましょう

この歌を、母はくりかえし、まきかえし唄ってくれた。母が唄ってくれる唄は、この唄だけなのであるが、何百回、何千回と聞いて、聞くたびに新鮮であった。

悲惨な嫁の座にあっても、いとしい子と一緒に道行きができるこの馬車引きが、母にとって、かけがえのない幸福な時だったのであろう。母と子が、銀の舟に乗って、夢の国へ行きたい、と願う母の気持が、今の私の胸を締めつける。

（『子育て繁昌記・その4』より）

村﨑節子さん。義正さんの奥さん。裏方に徹してきた人。苦労は、いつも笑顔のなかに包みこんでしまう。義正さんはこの偉大な女性に、「セツコの青春《はる》」という詩を捧げた。この詩は、岡田京子さん（作曲家）によって作曲され、多くの人に歌われている。

セツコの青春

セツコは小さなふろしきもって嫁にきた
ポチャッとしたかわいいむすめだった
親のないおさない弟たちが六人いて
セツコはたちまち母親がわり
俺らはしがないゴンドウで
おまんまもろくにくわせてやれなかった
セツコは魔法使いのように
おまんまを運んできては弟たちにくわせてくれた
だけんどセツコはやせほそり
みるみるうちにしぼんでしまう　みるかげもなく
太郎を背負ってボロ買いに
つらいとぐちったことは一度もない
あれから一五年すぎていった
セツコの青春《はる》はもどってこない

ゴエモン

ジロウ

タロウ
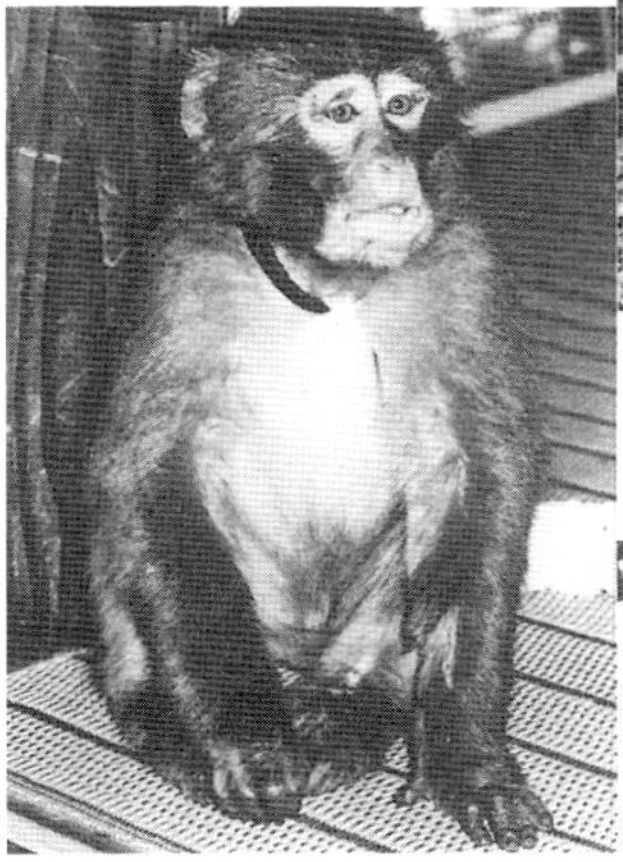

ゴロウ

ツネキチ

せめてもと感謝をこめて
弟たちが晴れ着をみんなでつくっておくってくれた

輪の芸能

九月三日、周防猿まわしの会は、光市主催の「虹の祭典」でデビューを飾った。まもなく、デビュー三ヶ月目をむかえるが、この間に、山口県を中心とした西日本二五ヶ所余りで、七〇回ほどの興行をおこなってきた。冒頭「嵐をついて」のような、むかしながらの祭礼に招かれることもあれば、デパートや展示会のアトラクション、商店街の景気づけ、敬老会や文化祭、保育園での交歓など、興行場所はバラエティーに富んでいる。

興行場所によって、わたしたちは、猿まわし復活・継承の資金カンパをおこなうことがある。本来は、サルが箱をもって〝集金〟にまわるのだが、まだそこまで芸がすすんでいないので、わたしたち自身がザルをかかえてカンパに歩く。すると、子どもからお年よりまで、みな快くカンパに応じてくれる。ザルがまわってこなかったからと、興行終了後にお金を持ってくる人もいれば、お金がないのでこれをおサルさんにあげてくださいといって、菓子袋を手わたす子どももいる。

こうした現象は、わたしたちが予想していた以上に大きなものだ。資金カンパを訴えると、だすほうは花のようなつもりで、みなじつにリラックスした雰囲気で財布をひろげる。花ということばを知らない子どもたちでさえ、心情的にはそれとかわらぬところで、ザルがまわってくるのを待っている。たのしいことにお金をはらう、それを当然なこととする気風が、一時的にせよ、猿まわしをとりかこんだ丸い人垣のなかに脈打つのである。

わたしたちは、この関係をたいせつにしたいと思う。猿まわし復活・継承の意義のひとつも、この関係のなかで見つめたいと思う。

かつて宮本先生は、猿まわしの復活をとおして、現代社会に、輪の芸能のよさを再認識させよう、と激励してくれたことがある。人びとが、猿まわしを媒介にして同じ地面に輪をつくる。そして、その輪のなかに見る者と演ずる者とがひとつにとけあった、たのしい交流が生みだされる。そこから、現代社会に必要な文化が培養されはじめたら、これはすばらしいことではないか。そのすばらしさを、猿まわしは小刀のような切れあじで、こつこつと証明していくのではないだろうか。

宮本先生のこうした激励を、デビュー後の周防猿まわしの会は、現実の体験としてかみしめつつある。猿まわしの行くところ、人の輪はすぐに生まれるし、あの、上領八幡宮での興行のように、同一平面でたのしさを共有しあうことも、いくたびか経験してきた。しかし、わたしたちはまだ、サルにおんぶしすぎている。猿まわしが、「輪の芸能」の真価を発揮するためには、サル以上に人間が問題なのだ。

人間が問題だ——このきわめて当然なことを、興行の場に立ちはじめた周防猿まわしの会は、いまそれぞれの胸のなかに、それぞれの課題として意識しはじめている。各自が、この課題をどう具体化し、どんな姿勢でとりくんでいくか、それについては、いずれまた機会をあらためて報告しよう。

夢物語

机にむかうわたしのうしろで、ゴロウはいま、小さな寝息をたてて眠っている。〈扉をあけてよ、まだ遊びたいよ……〉と、さっきまでケージをゆさぶっていたやんちゃ坊主が、いまは深い眠りにおちている。ゴロウも夢を見るだろうか。夢のなかでも、ゴロウは天真爛漫にふるまっているだろうか。

寒い季節がおとずれてから、ゴロウだけは特別あつかいの夜をすごしている。南国生まれのかれには、日本の冬はきびしすぎるだろう。風邪などひいたら、それこそ「当座きっての三枚目」もかたなしになってしまう。少々ふまじめでもいいから、大いにわんぱくでもいいから、日本の冬にだけは負けないでくれよ……。そんなわたしたちの願いが、あたたかな毛布とともに、いまのゴロウを包んでいる。

そのゴロウの、〈スー、スー〉という規則正しい寝息を聞きながら、わたしは夢を描く。いつかスラウェシでゴロウの弟を手にいれ、かれとふたりで世界の旅にでよう。旅をしながらかれに芸を仕込み、旅をしながらかれと日銭を稼いでみよう。そんな夢を、わたしは少年のように描く。それが夢物語であることを、わたしは知っている。知っていながら、わたしはもう何度もこの夢を描いてきた。

わたしのこの夢は、猿まわしの興行にむかう車のなかで萌芽した。わたしは高州に、一記録係としてやってきた。しかし、滞在が長びくうちに、わたしはいつしか周防猿まわしの会の一員になっていた。もちろん、むりやり一員にさせられたわけではない。ともに悩み、ともに笑い、そして、ともにサルの目をまっすぐに見ようと努めはじめたとき、わたしは、ごく自然に周防猿まわしの会のなかにいた。とおりいっぺんの滞在だったら、わたしのなかに、そんな少年のような夢はわかなかったろう。

ある距離をおいて対象を見ることもたいせつだが、対象自体になってしまうことも、ときにはたいせつだ。しかし、そんなチャンスは、めったにないと思う。そのめったにないことを、周防猿まわしの会の人たちとサルたちは、わたしに体験させてくれた。そうした貴重な体験の、いわばモニュメントのひとつとして、わたしはこの夢を胸にしまっておきたい。

わたしはまもなく高州をはなれる。そして、広大無辺な、つかみどころのない対象にむかうために、わたしはまもなく日本をはなれる。

周防猿まわしの会は、これからますます、大小さまざまな峠を越えていくことだろう。わたしもまた、わたしのめざすいくつもの峠を、わたしなりに越えていこうと思う。

夜がふけてきた。冴えた空に、星が冷たくきらめいている。

ゴロウはコトッと寝がえりをうって、また小さな寝息をたてはじめた。

伝統の強さ

村﨑義正

私は、昭和三十五年（一九六〇）部落解放運動に身を投じた。私達のふるさと「高州《たかす》」があまりにも貧しく、部落差別にさいなまされていたからである。私の同級生は高州に十二人いたが、自殺、のたれ死に、社会からの落伍者などが続出し、なんとか生き残ったのは、私をふくめ、わずか三名である。それだけに、部落差別を残してきた行政に対する怒りはすさまじく、闘争は、ようしゃのない激烈なものであった。

当時、猿まわしは、まだ残っていた。重岡武寿・博美の兄弟である。特に武寿の妻・みえこは、私の従妹であったし、近所に住んでいた関係もあって、毎日のように出入りしていたから、私が猿まわし芸保存の重要性を自覚していたら、それなりの手を打って保存につとめたに違いない。だが、残念かな、見えなかった。強大な権力を相手に、しのぎをけずって、せり勝ち、高州の要求をのませることだけにのめりこんでいたのである。

昭和三十七年（一九六二）重岡武寿・博美の兄弟が、猿まわしをやめて、おしくも千年の伝統芸は消滅した。

私が猿まわし芸の重要性に気付いたのは、昭和四十年（一九六五）である。部落解放運動を発展させるために、高州がどんな理由によって差別をされるようになったのか、解明する必要に迫られ、差別のルーツを具体的に調査しはじめてからであった。

高州は、瀬戸内海沿岸で唯一、青松白砂が弓なりになった美しい浜辺、虹ヶ浜の一角にある。私達はこの浜辺のほとりで生れ育ったことを誇りにしていたが、よく調べてみると、この浜辺は実に悲惨な歴史を秘めていた。

かつて、この浜辺は高級魚の宝庫であったが、高州の者には漁業権が与えられなかった。後背地にある田畑の耕作権も与えられなかった。こうなると、美しい浜辺も不毛の砂っ原でしかなく、毛利藩政時代すら、七十戸、二百五十人もいた人々の生活を維持してゆくことは、容易なことではない。

人の嫌がる長吏（岡っ引き）、死牛馬の処理、遊芸などを主体に、原始的な手法で、野山、河川、磯辺などで、食物になるものを採取して、辛うじて子孫を残した。ここで、幾百もの食物の種類、その採取法を紹介することができないのは残念であるが、高州の猿まわしは、こうした極限的な地理的条件と生活実体のなかから生れてきた芸能である。

毛利藩政時代、猿まわしは高州でほそぼそと息づいてきたのであろうが、明治

『温古年中行事』の猿回図。
鎌倉時代。（織田紘二）

四年に、部落の解放令が出て、活発になった。それまでは、居住地から、みだりに外出することを禁止されていたのであるが、外出が自由になった。解放令が出ても、解放のための具体的な施策が何一つほどこされなかっただけに、外出が解禁になっただけでも、小躍りするほどの喜びであった。こうして、有名な、伊豆大島の椿油売りと、猿まわしは、高州を拠点に、全国津々浦々へ、出廻るようになったのである。

近代猿まわしの分布図

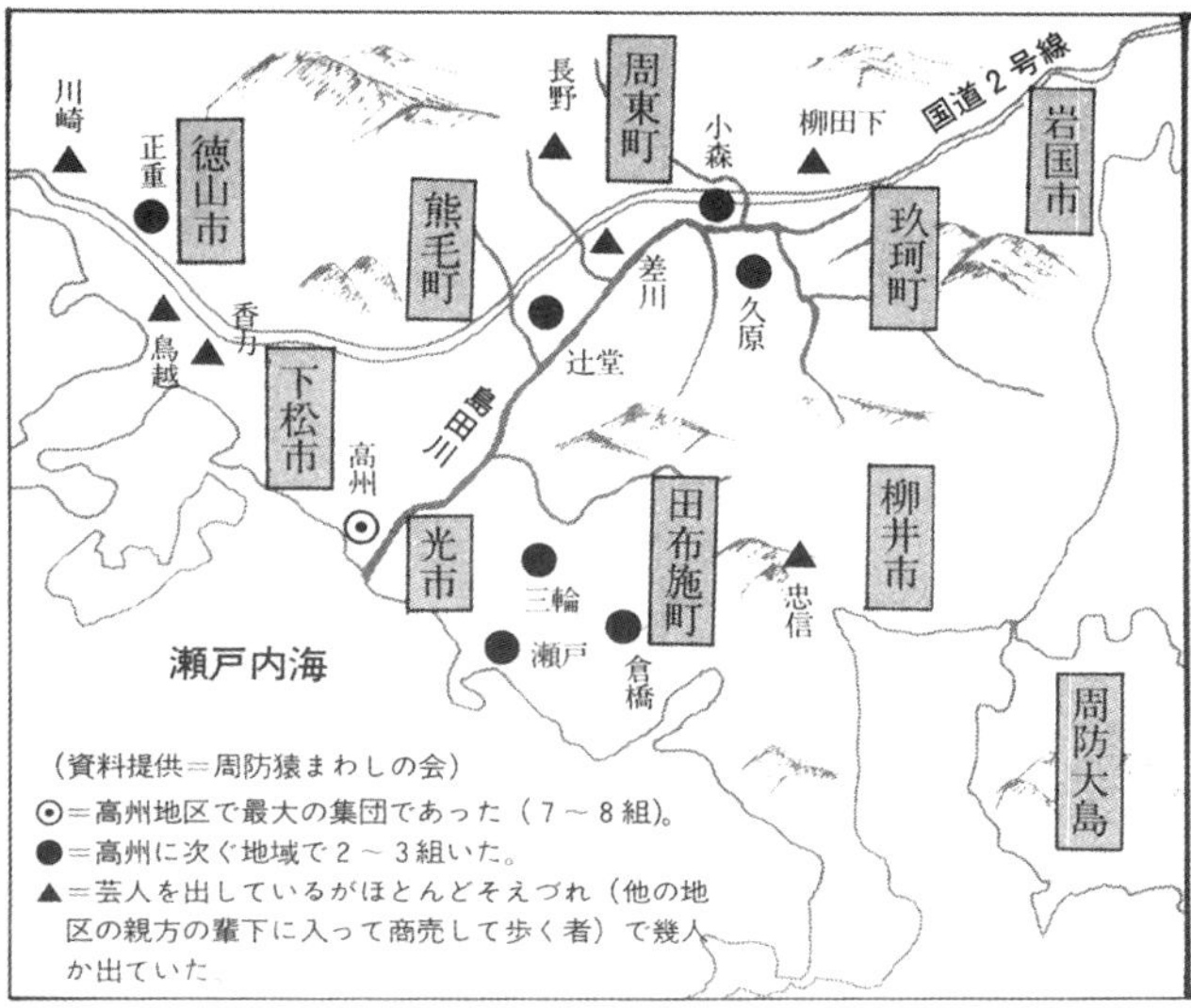

高州では、これらの旅歩きを「上下《じょうげ》ゆき」と呼んでいた。北は北海道、南は鹿児島まで、上《かみ》にのぼり、下《しも》にくだるからである。親方に引率された十人、二十人の子方が、集団で稼いで歩いた。高州には、七、八人の親方がいて、その親方連中は専門の調教師を雇っていた。猿は百五十頭もいた。したがって、猿まわし芸人も、百五十人いたことになる。これだけの人間が、五月の十四日、十五日におこなわれる普賢《ふげん》祭り(光市室積)が終ると、いっせいに旅に出て、翌年の四月なかばまで、十一ヶ月間、全国を稼ぎ歩くのであるから、国民の肌にふれる身近かな芸能として親しまれたのは当然である。

高州の猿まわしは、猿と芸人の力量によって、バタウチ(大道芸)と門付《かどづけ》芸とにわけられた。どちらも、猿の可憐さ、珍妙な芸、猿まわし芸人の面白おかしいせりふが、絶対主義的天皇制政府の抑圧のもとで、暗い、みじめな生活をしいられた多くの国民に、ほのかな喜びとうるおいをもたらした。

ところが、暗い日々に、喜びとうるおいを与えた猿まわし芸人のくらしは悲惨なものであった。一年間五十円、百円という金を、親方に前借りして旅に出、体を束縛され、一日最低二円稼ぐノルマを課せられ、もし、ノルマが果たせなかったら、ひどいリンチがくわえられた。だから、面白おかしいせりふをふりまく芸人達の姿のなかに、自然にあわれさもただよい、国民の同情も寄せられた。暗い日々を、みじめに生きる国民同士の、それとはない連帯感があった。

反面、封建思想が根強く残された社会だけに、差別もきびしく、石をもて追わ

高州・虹ヶ浜。撮影・小林　淳

5月と10月に行なわれる、日光東照宮の千人武者行列の猿まわしの親方。栃木県日光市。撮影・須藤　功

れることもしばしばで、親方の残酷な仕打ちとのはさみ打ちにあって、高州に生まれたことを嘆く日々であった。こうして、明治、大正、昭和の初期、全盛をきわめた猿まわしは、消滅へ歩を速めた。ふるさとで、なんとか生計の道が立てば、誰が悲惨な道を歩もう。

　昭和四十五年（一九七〇）冬、俳優の小沢昭一氏が、突然、私の家を訪ねて来られた。『日本の放浪芸』取材のためである。私は、こころの中で、猿まわしをあたためていたから、たちまち、意気投合し、私の先輩、丸岡忠雄さんや、弟の修二も賛同してくれ、猿まわしの復活へ夢がふくらみだした。昭和四十九年（一九七四）、『周防じょうげゆき・考』と題して、丸岡忠雄さん、修二の共著によって、小沢昭一氏の主宰する季刊雑誌『芸能東西』に、十回にわたって、かつて猿まわしをしていた人達からの聞き書きを連載した。この研究発表によって、上下ゆきや猿の調教の実態が浮かびあがってきた。

　昭和五十二年（一九七七）夏、猿を調教してやろうという人が現れた。この頃、宮本常一先生のご指導も得られるようになった。民映研の姫田さんの協力で、調教の記録映画も制作することになり、十二月、念願の猿まわしの会を結成することができた。

　昭和五十三年（一九七八）一月から七月まで、かつての芸人によって必死に猿の調教がおこなわれたが、猿は遂に立って歩かなかった。九月三日、光市五万人虹の祭典で、デビューすることを公表していたので、猿まわしの会は追い詰められた。残りの期日は二ヶ月ないのである。

　高州の最後の猿の調教師、故・重岡博美の未亡人富士子さんに調教の手ほどきを、私は頼んだ。彼女は、「二度とやらない」と言っていたのであるが、こちらは必死である。彼女にことわられたら、猿まわしの復活運動は失敗に終る。彼女は、こちらのねばりに根負けして、手ほどきを約束してくれた。

　猿まわしの後継者になることを決意している、息子の太郎と私は、七月八日、彼女から手ほどきを受けた。ちょっとしたアドバイスだったのであるが、私は、調教のすべてを、その時、会得した。九月三日、デビューは成功した。二ヶ月たらずの期間に、五頭の猿を立って歩かせ、いくつかの芸ができるようになったのである。その奇蹟とも言える驚異的な飛躍について、デビュー後、私なりに科学的な分析をおこなっているが、要因の最たるものは、人間の生存をきびしく拒否する、不毛の砂っ原・高州で、生存をかちとった先祖の底知れぬバイタリティーが、幸運にも、私の体の中に、ちゃんと受け継がれていたことであろう。

　動物の調教など、まったく無縁であった私が、わずか二ヶ月で、どんなにむつかしい調教でもやれるという確信をつかんだ。

　伝統は強い、とつくづく思う。同時に、伝統を無視したら、未来はないとも思い、高州の砂っ原で苦闘し、私達を残してくれた先祖に、ただただ、頭が下がるのである。

（周防猿まわしの会会長）

けもの風土記1　猪

文・写真　須藤　功

海神祭《ウンジャミ》に演じられる猪狩り。沖縄県国頭村塩谷比地。昭和56年（1981）

絵馬によく描かれている「仁田四郎猪退治図」。猪に後向きにまたがって、刀で猪の息の根を止める。絵馬はその勇気を讃え、その勇気にあやかろうとするものだが、誇張された描写には滑稽味がある。山形県中山町土橋・月山神社。安政5年（1858）奉納

仁田四郎の猪退治は、建久4年（1193）5月に源頼朝が催した富士巻狩りで発生した物語のひとつ。この図にも後向きにまたがった仁田四郎が描かれている。京都府京都市南区南久世・蔵王堂光福寺。延宝8年（1680）奉納

◆なぜ、イノシシなのか

イノシシというけものがいる。

まだ見たことのない人には、豚に茶色の毛皮を着せ、牙を生やさせたような、といえばほぼ間違いない。というのは、イノシシは豚と同種、いや、種を明かせば豚はイノシシの家畜化されたものである。だからイノシシと豚との掛け合わせはいとも簡単である。夜、豚小屋に侵入したオスのイノシシが、オス豚を蹴散らしてメス豚を征服していったという話もまれではない。結果、そのメス豚はやがてイノブタを生む。

そのようにイノシシと豚は同種だが、賢さの点では、野性の智恵を失っていないイノシシに豚はかなわない。

天井画の猪。目をむき、鼻先をあげていかにも勇猛な図だが、実際に走るときは鼻先を下に脇目もふらずという感じになる。佐賀県武雄市・天満宮

私がこの豚の先祖であるイノシシに関心を持っているのは、私の研究課題である日本のまつりや民俗芸能と結びついているからである。といっても直接ではなく、その課題から派生したもう一つの課題の、さらにそこから派生した課題である。というのは、日本のまつりや民俗芸能を研究している私は、その根源の一つはもしかしたら狩のまつりにあるのではないかと思いあたり、さらに、その狩のまつりを研究するためには、どうしても日本人とけものの関わりをやらなければならないと気づいた中から出てきたものだからである。

日本の狩に関わるけものには、熊、猪、鹿、羚羊《かもしか》、狐、狸、貂《てん》、兎、猿などがいる。その中で私が一番にイノシシに関心を持ったのは、原始時代から現代にいたるまで、このけものほど日本人と強く結びついたけものはいないと知ったからである。食肉や毛皮の利用、あるいは干支や昔話、また神話の中で。しかし、何よりも田畑を荒すけものとして、イノシシは、日本人とは切っても切れないつながりを持ってきた。

◆よく鼻の利くけもの

まずその生態である。

豚と同種のイノシシは、だから異常なときに発する鳴き声もよく似ている。イノシシも豚も「ブギャー」というような声をあげる。正面から見たとき目が寄り目のように見えるのも同じだ。もっとも、そのイノシシの目はあまりよくないといわれる。遠くや高いところは見えない。夜行性の動物だから、色彩感覚がなく、白黒でしか見えていないのではないかともいわれる。その目は、小回りのきかない、いわゆる猪首の上についている。

目はよくない代りに、鼻はいい。一キロほど先の匂い

までかぎわけるといわれる。その鼻で食物を探しあて、危険な匂いを早めに察知して身を隠す。いうならば、イノシシにとって鼻は自分の命を守る体で一番大切なところである。

大昔、日本にいたイノシシはかなり大形のものだったらしい。現在は大きいので二五、六貫（一〇〇キロ）前後、普通は一三〜一六貫（六〇キロ前後）のもので、食ってうまいのは一二、三貫（約五〇キロ）のものだという。ただこれは九州以北の標準で、沖縄のイノシシはこれより少し小さい。リュウキュウイノシシといわれるもので、この沖縄のイノシシは、逆に豚が野性化してイノシシになったものではないかといわれる。

そのイノシシの体の大きさだけからいうと、この日本列島に棲む野獣の中では熊に次いで二番目になる。だが、風格の点ではどう見ても二番目とはいい難い。熊の持つ王者の風格も、また鹿の持つ気品や可愛らしさのようなものもどこを探しても見つからない。それは豚と同種だということからも大方の想像がつくに違いない。ただ、肉のうまさの点ではけものの中で一番で、さっぱりしたその味には豚肉もかなわない。

イノシシは、暖かい地方の栗・椎・樫・栃などの木の実、あるいは自然薯《じねんじょ》（山イモ）や竹の子の豊富な山地に棲む。日本列島がいまより暖かかった縄文時代には北から南まで満遍なくいたらしいが、現在は東北地方の阿武隈山地南端を北限として（福島付近まで北上しているともいわれるが）、あとは南は沖縄地方まで棲息している。といっても雪の多い地方にはむろんいないし、暖かいところでも棲息しない地方もある。木の実の成る樹が伐り倒されて食い物がなくなったり、山が杉や檜の森になって棲めなくなったりというのが理由だが、獲り過ぎていなくなったというところも近年見受けられる。いまなお多い地域は、紀伊半島、兵庫県、山口県、九州全域で、沖縄では八重山地方の西表《いりおもて》島に特に多い。

かつてはいたが、いまはいないという群馬県の場合は、明治の初めに流行した病気（豚コレラだったろうと

ちょっと毛が汚れているが、洗うと真っ白になる白猪。100頭に1頭の割合でいるという。山中で出会う陽を受けた白猪は、銀色に輝いて美しく、また神秘感があるという。大分県佐伯市

いわれる）以後、見られなくなったという。

豚コレラでイノシシがいなくなった話は、南の請島《うけじま》でも聞いたことがある。その島は奄美大島本島南端の古仁《こに》屋《や》から、船でさらに二時間ほどのところにある長さ六・五キロの小さな島である。豚コレラがはいってきたのは昭和五十年（一九七五）ころで、以後、島にイノシシは見られなくなったというのである。

話は変るが、その請島の北にある加計呂麻島《かけろま》では、イノシシが奄美本島から海を泳いで渡ってきて、島に棲むようになった。その海は海といっても大海原ではなく、両島の間に横たわる大島海峡のことで、奄美本島から望む加計呂麻島はつい目と鼻の間の距離である。青緑色の海と、緑濃い島、その島の向うにわきあがる入道雲の美しい波静かな海峡である。

あるとき、その海峡を航行していた漁船が、頭だけ出して泳いでいるおかしなものを見た。近寄って見るとそれはイノシシだった。そこで櫂を振りあげたら、船に向ってくる様子を見せたという。しかし、陸の暴れん坊も海の中ではどうにもならない。ほどなく捕えられたのはいうまでもない。

両島の間の一番狭い皆津崎と安脚場《あんきゃば》の間を、泳いで往復しているイノシシを見た漁師もいる。漁網に引掛かって曳きあげられたイノシシの話もある。しかし、それらは二、三のイノシシで、漁師に見つからず、網にも掛からずに首尾よく海峡を泳ぎきったイノシシもいた。そうしたイノシシが、もとは一頭もいなかった加計呂麻島にひそむようになり、やがて田畑を荒すようになる。

◆ハブを求めて海を渡る

この話は昔々というほど古い話ではない。奄美本島の樹木が開発の名のもとに伐り払われた後の昭和三十五年（一九六〇）ごろのことである。樹木が伐られ木の実の少なくなったことが、イノシシを泳がせることになったのではないかと思われる。イノシシに泳ぎの能力のあることはあちこちで聞く。しかし、能力があるからといって、たとえ目と鼻の距離でも泳ぎわたるということは勇気のいることだと思うのだが、それだけ食い物が不足していたのだろう。そしてそれを決心させたのは、あるいはよく利く鼻だったかもしれない。加計呂麻島にはイノシシの好物の毒蛇、ハブが多い。その上イモ畑もあった。人間の鼻ではとてもかぎわけられないが、潮風に乗って流れてきたであろうハブやイモのかすかな匂いを

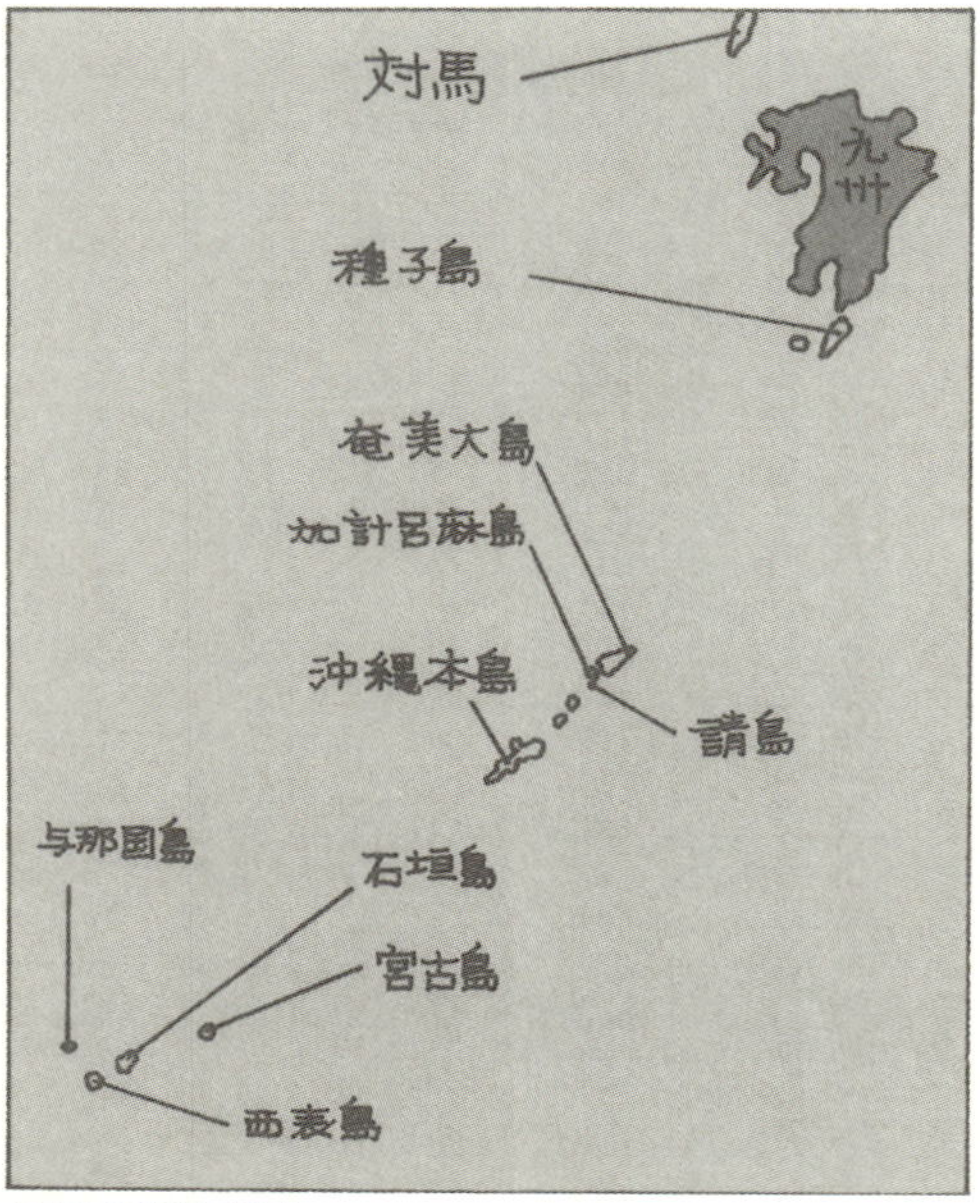

南西諸島概略図

猪除けの古着が林立する加計呂麻島の畑

瀬戸内町の古仁屋港から加計呂麻島への渡船

かぎわけて、イノシシは海に飛びこむ決心をしたに違いない、と私は推測するのである。

この海を泳ぐイノシシの生態で、私にわからないものはけもの道のことである。けもの道とはけものの通る専用路のことで、山地に棲むけものはほぼきちんとその道を歩く。そのことについては後でもう一度ふれるが、不思議に思ったのは、海にもその道があるのだろうか、ということである。

それはさておいて、こうしてイノシシが島に棲むようになって、島のハブは少なくなったが、それまではほとんどなかった田畑が荒されるようになった。

ハブが少なくなったのはイノシシが食うからだが、少なくなったといっても以前にくらべてのことで、他の島にくらべたら加計呂麻島のハブはまだずっと多い。だから島では夜道を歩くとき、また、薄暗い風呂場の五右衛門風呂にはいるときにも必ず懐中電灯を灯しておくようにといわれる。便所にはいるときには戸の隙間に気をつけるし、長靴をはくときにはまず逆さに振って中にハブがいないことを確かめる。ハブが潜んでいるから、石積みの垣根にはうっかりでも手をおいてはいけない。生垣のところどころには、「自由にお使い下さい」と記された長さ二メートルほどの棒が立て掛けてある。ハブを見たら打ち殺すための棒である。

　それほどまで用心するのは、ハブが猛毒を持っているからで、人間など咬まれてから一時間以内に血清をうたないと命を失なってしまう。

　そうしたハブを見つけると、イノシシはまず「フー」と鼻息を吹きかけ、ほんの一瞬ハブがひるんだすきに、柴をかぶせ、咬まれないようにして捕え、食うという。誤って咬まれた場合、イノシシもその毒で死ぬのかどうかは知らないが、犬の場合は舌で傷口をなめただけで、命に別状はないという。

　ハブの猛毒は歯のところから出る。だから山ではイノシシの糞に気をつけろという。ハブを食うイノシシの糞の中には消化しない歯が混っていたりするからで、その歯を踏むと、命に関わらないまでも、足が腐るというのである。

ハブが出たときに使う棒。〈ご自由にお使いください〉と書いてある。

◆見事に畑を荒す

　ハブとはかぎらず、イノシシはマムシのたぐいが好きだ。逆にいうと、イノシシのいる山にはマムシもいるということになる。だがしかし、いくら好物だからといってイノシシがいつもマムシを食っているわけではない。

　秋、人間にとっても実り豊かな秋は、イノシシにとってもまた木の実の豊富な、食い物にはことかかない季節である。栗の実、椎の実、樫の実、栃の実、といつでも腹を一杯にすることができる。ただ、結実する前に台風がきたりすると、未成熟な実は地上に落ちてしまうから、山も不作ということになる。大分県が昨年（昭和五十五年）その例であった。そのころ通った二度の台風で、椎の実などは全くだめだった。だから大分県のイノシシは、数少ない椎の実などを探し食った後に、イノシシにとってもまずい実らしいハザコ（コナラ）の実を食っている。それでもむろん十分ではない。だから肉がつかず太らない。狩人にしてみると、今年のイノシシはやせていて小さい、ということになる。

　自然薯をふくめたイモ類は、イノシシにとってマムシに勝るとも劣ることのない好物である。自然薯は山の土中深く伸びていて、人間でもそうたやすく掘れるものではないが、イノシシは例の鼻をたくみに使って、上の方五〇センチほどを見事に掘り出し、腹に納めるという。

猪が夏に潜むカモ。宮崎県西都市銀鏡

竹の子も地上に頭を出す前に掘り出して食う。

山も実り豊かであれば、イノシシも大きくなって、人間にとってはうまい肉になる。それは他のけものにもあてはまる。日本の狩猟期が十一月十五日から翌年の二月十五日までというのは、そうしたけものの一番うまい時期にあててあるということである。

秋が過ぎ、秋の残りの食い物でどうにか冬も越した春近いころ、イノシシにとってのうまい食い物はほとんどなくなってしまう。といって食わずにはいられない。葛の根や蕨《わらび》の根を掘り、あるいはミミズや沢ガニで飢えをしのぐ。

春から夏にかけては、木の実こそないがさまざまな小動物がいる。好物のマムシも多い。ただ、そうしたものはあまり肉とはならないらしく、夏のイノシシはやせていて、肉もまずいという。

その暑い夏、イノシシは山奥に自分のねぐらを造ってそこに潜み、暑さをしのいでいる。カモとかカリマとかいわれるそのねぐらは、茅や柴木を六〇～七〇センチほどに積み重ねてその下をトンネル状にしたもので、そこに鼻だけ出してもぐりこんでいる。茅や柴木は牙で折り、積み重ねは口と鼻を使ってやるらしい。

メスのイノシシはそのねぐらで仔を生むこともある。産期は五月ころで、一度に五、六頭、ときには一〇～一二頭も生んだりする。しかしそれが全部育つことはない。トビやタカ、あるいはキツネやタヌキの天敵にやられたり、乳にありつけなかったりして大きく育つのはその内せいぜい一、二頭だけである。この仔イノシシには縞があることから「瓜坊《うりぼう》」という。古くは「甜瓜猪《まくわじし》」ともいったらしい。大分ではシマゴという。

冬にもそのねぐらを使うが、岩穴などを利用することもある。昼はそこにねそべっている。そして、夜行動する。そうした生態から、人間はその種のけものを夜行性の動物としているが、イノシシは昼だってまったく行動しないというわけではない。イノシシの側からいわせると、昼に動くと鉄砲を持った人間に見つかってしまうから、人前に出るのは夜だけにしているんだ、ということになる。

人前に出るといっても、人間が

瓜坊と呼ぶ猪の仔の剥製。大分県佐伯市

まだ起きているうちにぬうっと、というような馬鹿なことはしない。人が寝静まるのを待って、まるで忍者のごとくやってきて田畑を荒していく。

かつて山村で盛んだった焼畑では、その農耕のきつさに劣らぬほど、イノシシ追いも大変な仕事だった。秋の作物が実るころには一晩中起きていて番をしていなくてはならなかった。ちょっとでも気をゆるめて居眠りでもしようものなら、そのほんのわずかな間に苦労して育てた作物を根こそぎやられた。いうならば、イノシシの番をしている人間を、イノシシがまた見張っているということになる。しかもその荒し方が実に巧みである。サツマイモなど土中のイモだけきれいに食べて、茎や葉はまだ生きているかのようにそっとしておく。だから、朝起きて「やられなかった」と安心していると、夕方になって葉が枯れて、「しまった」ということになる。

江戸時代に編まれた『新編武蔵風土記稿』の秩父の記事には、昼はサルのために番人をおき、夜は猪鹿《しし》追いのために一晩中、叫び声をあげたり鳴子板を鳴らしていな

竹や木枝を半円形にして両端を土に差したカジメ。これに猪鹿が触れると土から抜けてピシッと伸び立つので、猪鹿は驚いて退散する。宮崎県西米良村

石積みの猪垣にさらに古着のシャツをおいて、猪が近よらないようにしている。三重県鳥羽市河内（つぎ頁も同じ）

風で揺れて鳴る猪威《ししおど》し。効果はいかに。

田のまわりに延々とめぐらした猪垣。伊勢神宮とその山、そして猪と農家の人々の不思議なつながりを物語る。

猪が川をのぼらないようにした柵。くぐろうとすると吊るした棒が体を叩いたり、音を出したりする。

ければならないと記されている。それが村ごとにといってよいほどで、大変だったことがよくわかる。イノシシはサツマイモのほか、陸稲や豆類も食ったが、小豆は見向きもしない。イモでもサトイモは食わない（三河）というところと、やられてしまう（石垣島）というところがある。

◆また、稲田にもはいる

イモ類が実る前には山地の稲田が荒される。ちょうど稲籾をつぶすと白い乳状となるころで、籾も柔かく、その上ちょっと甘みがあるからイノシシには馳走らしい。その籾をちょっとだけ食って逃げていくならそれでもまだ可愛げがあるが、イノシシはその上その稲田でヌタウチをしていく。少し水の残った稲田に体をゴロンゴロンとしていくもので、それで稲田はめちゃくちゃになってしまう。ヌタウチは「のたうちまわる」という言葉の語源である。

イノシシは別に稲田とはかぎらず、湿地でよくそのヌタウチをする。清水の湧き出るところとか、崖の下の湿り気のあるところなどがその場である。ヌタウツのは体についているダニで体がほてるため、そうして体を冷やすのだろうといわれる。ついでに記すと、イノシシの体の中にはジストマがいる。マムシやカニやカエルなどの動物を食うからで、だからイノシシの生肉は決して食ってはならないという。臓腑などは特に気をつけなければならない。ところが新しいその臓腑をちょっと酢につけたものは、イノシシの肉のどの部分よりもうまい。一〇年ほど前、日向（宮崎県）の山地で私もその臓腑を味わったことがある。それこそ血のしたたるようなやつで、「食え」と目の前につき出されたときには私もさすがにたじろいだが、勇気を出して口に入れてみると、とろけるようにうまかった。ジストマについてはそのときまだ知らなかったが、たぶん私の体にははいっていないだろう。

話はもう一度、稲田のイノシシのことにもどって昨年（昭和五十五年）の盆に私は志摩（三重県）でこんな体験をした。

志摩というと一般には〝海〟と〝海の幸〟ということになるが、その体験は、伊勢神宮の御料山につづく鳥羽市松尾でのことである。

その松尾では盆の十五日の夜（正しくは十六日の零時過ぎだが）に、土地の人々が「火柱」と呼んでいる魂送りの行事がある。墓地の広場に高さ七メートルほどの柱

猪のヌタウチ場。山肌の崩れた湿地で、猪はダニによる体のほてりを取るため、こうしたところに体を転がす。大分県佐伯市

を立て、その上部に設けた籠の中に下から松明を放り投げて火を燃やす。

その火柱に先立って、その松尾の新盆の家では、自分の家の墓に盆飾りをつけ、手を合せてくれた人には酒などの接待をする。夜十時ころになると、その墓のまわりを太鼓、鉦などを打ち鳴らしながらの念仏踊りがあって、零時を過ぎてから松明投げになる。若者達がやるのだが、高さが七メートル近くもあるとなかなかはいらない。ようやく数十個の松明がはいって夏の夜空を赤くこがしたのは、もう午前二時近かった。その火の煙に乗って、盆にこの世に帰ってきていた祖先の霊が再び天国に帰られるのだろう。

行事が終ると、そこに集まっていた大勢の人達は潮が引くように帰って行った。残されたのは真暗な墓地に私ただひとりだけ、それからではむろん泊めてくれる宿もない。仕方がないからまだ祖霊のウロウロしていそうな墓地に野宿することにした。ところが静まり返ってみると、それまではにぎやかでまったく耳にはいらなかった「ダーン」、「ダーン」という音が聞える。イノシシを追うためのガス銃の音である。遠く近く聞えるその音のおかげで、墓地にひとりいながら、それほど心細い思いをしなくてすんだのである。

暖かい志摩では盆と前後してもう稲刈りになる。イノシシは柔らかい籾も好むが、実った稲も食う。ガス銃はその稲を食われないようにするためのおどしである。

海の志摩という一般の知識からは、志摩にイノシシというのはあまりなじみではないかもしれない。だが、殺生禁断の広大な伊勢神宮の御料山はけものの楽園で、イノシシも日本有数の棲息地になっている。だからその周囲に住む人々のイノシシとの戦いは、いまもなお大変なものである。

◆猪垣《ししがき》を築いて

その戦いを目の当りにするのは、イノシシを田畑に入れないために築かれた猪垣である。

志摩賢島への特急に乗ったときにでもよく気をつけてほしい。宇治山田を過ぎたあたりから、沿線の棚田の上部にトタン板を横に並べたものを見たりするはずである。古タイヤを並べたところ、あるいは漁網をめぐらしたところもある。それらはみな猪垣の一種である。宇治山田から鳥羽の間では賢島に向って車窓の左側に、鳥羽を過ぎてからは右側に多く見られる。さらに、もし志摩の旅で時間に余裕があったなら、無人の沓掛《くつかけ》駅で下車し、山の手にちょっとはいってみてほしい。稲田を囲む形で高さ二メートルほどの石積の垣がつづいている。その垣が昔からの古い形の猪垣である。そこの垣には重ねて漁網がめぐらされ、さらに古い下着などの古布もぶらさげてある。

そうした石積の猪垣の圧巻は、先の鳥羽市松尾からさらに山にはいった河内というところの猪垣である。石積の高さは一メートルほどだから沓掛のものにくらべると低いが、稲田に沿って延々とつづく猪垣は小型の万里の長城のようでもある。また、垣内《かいと》という古い集落の形を

棚田と林の間にも猪垣が延びている。三重県鳥羽市河内

見るようでもある。そこでも漁網や古布が見られるほか、バケツやナベのフタをぶらさげたりしている。バケツやナベブタは叩いたり、風で音が出たりするようになっている。トタン板も重なり合った部分が風でぶつかって音が出る。その音に警戒してイノシシが近寄らないという寸法である。また、大分県で聞いた話では、たとえ垣を造っても、その先に稲田やイモ畑のあるのが見えたりするものは役立たないという。イノシシは何がなんでもその垣を破ってはいってくるので、その点では先の見えないトタン板はいいという。また、漁網は磯のにおいが強く残っているものほどよいという。古布にも油を染み込ませたり、焼きこがしてにおいが出るようにしてある。そうしたにおいを嫌うからで、自分の体臭もすさまじいのに、そうしたにおいを嫌うというのもおかしなことだが、とにかく自分のにおいは感じないらしい。イノシシのよく利く鼻を逆に利用した猪除けである。

臭いを利用した猪除け（けもの除け）には獣肉を焼いたものもあった。それを鹿驚《かがし》といい、焼きこがすことからヤキカガシなどともいった。

話は余談になるが、そうした臭いによる魔除けは節分にも見られる。イワシなどの小魚の頭にツバをつけて焼いたもので、それをヤイカガシというところもある。そのヤイカガシと一緒に葉にトゲのある柊《ひいらぎ》の小枝を門口に差しておくと、鬼が近づかないというのである。もう一つ、この鹿驚から出たものといわれるものに案山子《かかし》がある。

志摩のように、石積のほかに漁網や古布、はては鳴物までぶらさげているのは、それだけ御料山のイノシシが多いことを物語っている。しかしイノシシが多いと、それほど万全に防備しても破られる。ほんのちょっと手を抜いたところを見つけて田畑にはいりこむ。イノシシはそうした賢さを持っている。

イノシシとの戦いはむろん志摩だけではない。イノシシがいる、あるいはいたというところには、多かれ少なかれイノシシとの戦いがあり、またイノシシが田畑にはいるのを防ぐための策が講じられている。古いものでは、いまはその多くが埋もれかかっているが、土塁のたぐいもあった。おそらくこの土塁の方が石積の垣より古いだろう。盛土をした外側は、イノシシが飛び越せないように溝状に深く掘りさげてある。現代のガス銃に相当するものには猪威《ししおど》しがあった。竹筒に水をたくわえ、その水の落ちる勢いで板木を叩いて音を出すもので、筧《かけい》などともいい、このごろは家の庭の風流としておかれてあったりする。ごく現代風なものでは、細い柱を立て電線を張り、弱い電流を流してイノシシがさわるとピリッとくるものもある。

秩父に見られた鳴子板や叫び声による猪鹿追いも、秩父とはかぎらず各地に見られたものであった。この鳴子板や叫び声による猪鹿追いの方法は効果はあったが、大変な重労働だった。しかし、集落の戸数が少なく、猪垣を築くほどの力がないと、重労働でもそうして作物を守るよりほかなかった。丹沢山麓（神奈川県）のある山村のように、一四戸の家の畑が一つにまとまって、共同でイノシシの害を防ごうとしたところもある。また、この丹沢山麓の民家には、猪窓《ししまど》を持ち、さらに長押に槍を用意した家もあった。イノシシが家の中に飛び込んでこないように見張り、もし飛び込んできたなら一突きに、というための槍である。

そうまでしても、イノシシの方が多くなってくると、やがては人間の方がその土地から逃げ出さなければならなくなる。私はまだ訪れていないが、中国山地や南信濃（長野県）の山村にはイノシシのために離村し、過疎になったというところも近年なおある。

八重山地方の中心の島である石垣島では、昨年、県が猪垣の予算を渋ったことが新聞種になっていた。県のいい分は、いまごろそんな後進的なことに予算を組むときではない、というものであった。

猪や狼が屋敷にはいってこないように監視した猪窓。神奈川県川崎市の西北の金程にあった280年ほど前の名主の家で、現在は川崎民家園に移築されている。

その島の猪垣は金網を張りめぐらすもので、島民がその予算を陳情したのは、島の主産物であるパイン畑を守るためである。イノシシは実ったパインを食い散らすばかりでなく、これから実をつける芯をちぎりとってその先の柔らかいところを食ってしまう。結果は先に話したサツマイモ畑の例と似たようなことになり、待てど暮せどそのパインの株は実をつけないことになる。昨年暮れの新聞記事では、どうにか予算はついたが工事は延期という内容だったから、おそらくこの三月ごろまで石垣のイノシシはパインを食っていたのではないだろうか。

猪が食ったパイン。沖縄県石垣市

◆対馬のイノシシ駆除

落し罠、仕掛罠、弓矢、槍、鉄砲などといったものによるイノシシの捕殺、いわゆる狩を積極的なものとするなら、これまでに記した猪垣などによるものは消極的なものということができる。イノシシの方からいわせると、猪垣などは命にはかかわらないもの、ということになるだろう。しかし、猪垣も使いようによっては積極的なものになり得る。その例が対馬（長崎県）にある。

晴れた日には朝鮮半島が望めるという対馬は、幅一八キロ、南北の長さ七二キロという細長い島で、ほとんどが山地で農地はごくわずかしかなく、江戸時代にはただでさえ食糧が不足がちだった。ところが、そのわずかな農地も万を数える猪鹿に荒されて惨憺たるものだった。その上、朝鮮に最も近いために朝鮮との密貿易を企てようとする者が大勢はいりこみ、食糧不足にさらに拍車をかけていた。そこで対馬藩ではよそ者を島から追い出し、合せて猪鹿を全滅させる計画をたてた。その任にあたったのは、島に生まれ若いときから島の猪鹿の害のひどさを見てきた郡奉行の陶山鈍翁《すやまどんおう》である。

対馬位置図

鈍翁は島を南北に六つに区切る線をひき、そこに東西に猪垣を築き、北の方から南に次第に猪鹿を追いつめていく計画をたてた。東西の猪垣を大垣とし、その中にさらに内垣を築き、その中で狩をして猪鹿を捕殺していった。その計画は綿密なもので、狩の日には猪鹿が海に逃げないよう浦々に船を出して見張らせ、小さな道にも番人をおくなどしてイノシシに裏をかかれないようにしている。

そうして島の猪鹿を全滅させるのだが、その猪垣を築くために要した人夫は延一二万人以上、猪垣の長さは大垣、内垣合せて一五〇里（一里を四キロとすると六〇〇

陶山鈍翁の猪垣と伝えられるが、牧の柵ではないかといわれている。長崎県対馬市

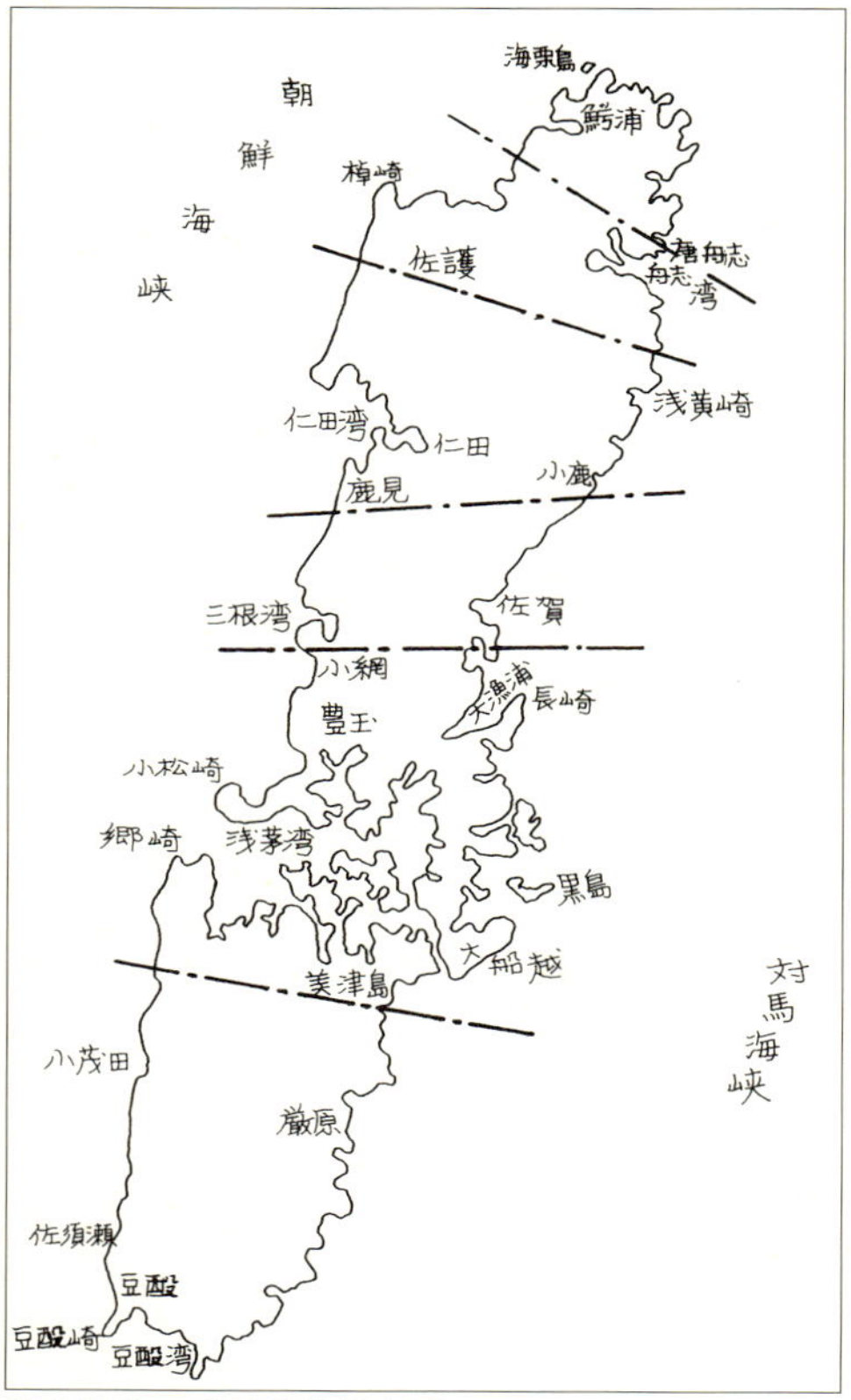

陶山鈍翁の猪垣設置想定図

キロ）、狩人も九〇〇人近く狩り出されている。

初めの予定では四年だったが、元禄十三年（一七〇〇）から結局八年かかり、結果、三万頭近いイノシシを捕殺している。単純に計算すると、島の面積は約七〇〇平方キロだから一キロメートル四方に二一～二頭のイノシシがいたことになる。むろん一度にそれだけがいたわけではないから実際にはそうはならないが、それでもその数から、島のイノシシなどによる害のひどかったことが充分に想像されるのではないかと思う。なお、イノシシがいなくなってから十数年後に島にサツマイモが伝わり、どうにか食糧の自給ができるようになる。

この対馬の猪垣を使った積極的な方法は、島の生活を守るためになされたもので、その肉を食うということが初めにあったわけではない。ところが、落し罠、仕掛罠、弓矢、槍、鉄砲などの道具を用いる狩の場合は、イノシシを追い払うということよりも、その肉を食うためになされるという場合が多い。

その食肉については後述することにして、まずその道具を使っての狩についてふれてみようと思う。

◆落し罠による捕獲

いまは禁じられている落し罠には二つの方法があった。その一つは穴を掘って、そこにイノシシを落し込む方法である。三河（愛知県）の山中で見た落し穴は深さ二メートル、上部の落ち口の直径七〇センチ、底部はそれより少し広く作られていた。壁面は玉石が、きちんと積まれてくずれないようになっている。それだからいまにその穴が残ったのだろう。

その落し穴は山中の稲田の畔道にある。その稲田の上部には土塁も残されている。その近くには昭和四十七年（一九七二）に造られた棚罠がある。

それだけのものが一ヵ所にあるのは、そこがイノシシの通り道になっているところだからである。その道を三河ではトウといっている。九州ではウジという。いわゆるけもの道だ。

トウに掘られた三河の落し穴は、落ち口のところに柴草をかぶせて畔道のように偽装するとそれで仕掛けられたことになる。イノシシがうっかりその上に足をおくと、柴草とともにドサッと穴底に落ちて、イノシシは一巻の終りとなる。深さが二メートルもあるとイノシシは飛び上がることができない。

いまはもう見ることができないが、穴底に竹あるいは木製の槍を先を上にして立てており、イノシシが落ちると体にグサッとささるというものもあった。これは想像にすぎないが、落ち口の柴草の下に木枝などで荒く碁盤目状に編んだものをおき、イノシシの足がその目の間にはいると足が宙に浮き、逃げられなくなるというものもあったのではないかと思う。落し穴をいくつも掘っておいて、そこにイノシシを追いやって獲った狩猟法も原始時代にはあったのではないかという。これは東大考古学研究室の今村哲爾氏に教えていただいた。

落し罠のもう一つは穴ではなく、石の重みで圧殺する方法である。私はその実際も残骸もまだ見たことがないが、西表島ではヤマといって少し前まで盛んに仕掛けられていた。その残骸もいたるところに残っているという。その罠は仕掛にイノシシがふれると、一五〇〜二〇

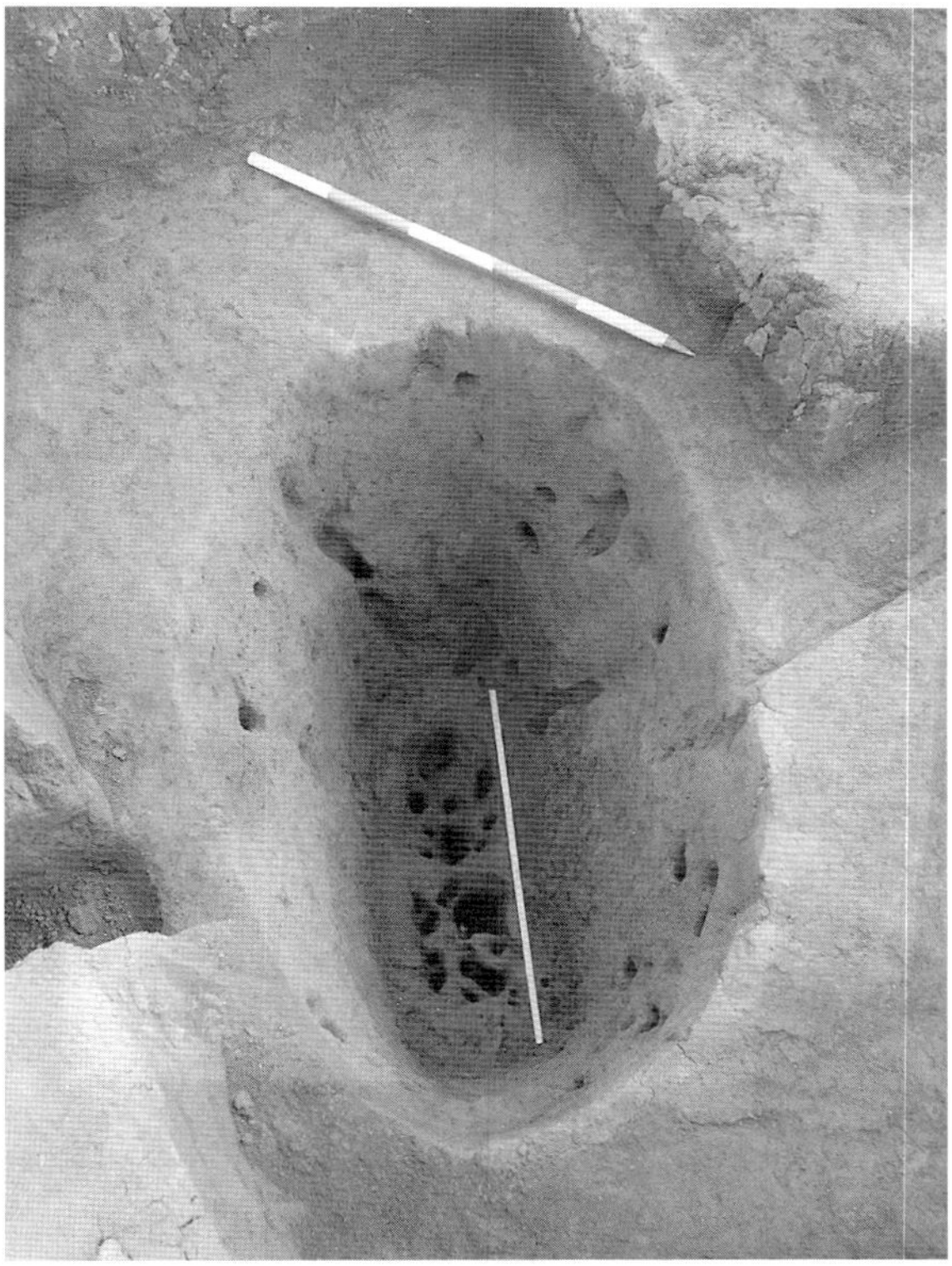

神奈川県横浜市の霧ヶ丘遺跡で発掘された猪の落し穴。123穴出た。

種子島氏の『家譜』と『年中行事』からの考察

鉄砲伝来の島として知られる種子島は、島主種子島氏によって治められてきた。

その種子島氏には寿永二年（一一八三）から明治二十四年（一八九一）まで、およそ七〇〇年におよぶ『種子島家譜』という記録が残されている。譜であるからことこまかというわけではないが、同家と同島のできごとを知る上で貴重な記録であることに違いはない。鉄砲伝来のことを記した「鉄砲記」も、この記録に記されている。

この記録の中には狩の記事も少なくない。たとえば天正十一年（一五八三）のところには、久時が誰も近づけないほどに暴れまわる猪に奮然と走り進んで捕え、刺し殺したとある。久時は十六代島主で、そのときはまだ十六歳だった。

その天正十一年のつぎは同十二年が数行、十三年は一行の記事もなく、すぐ同十四年になる。そして、その天正十四年のところには、久時に供して狩をしていた西村二郎四郎時祐という者が、やはり大猪に遇って股を歯牙

○キロの重石をおいた屋根のようなものがドサッと落ちてきて、イノシシはその重みで動けなくなるというものである。

　現在、こうした落し罠が禁じられているのは、人もその罠にかかる危険があるからである。

　この西表島に後で述べるワイヤーの仕掛罠がはいってきたのは昭和十五年（一九四〇）ごろとされるが、その前、そして戦後もしばらくは木槍を使ってのイノシシ狩が見られた。その木槍は初めから持って山にはいるのではなく、犬がイノシシを追いつめそうだと見たとき、手近にある木枝の先をナタで削って作るのである。だから山にはいるときには、連れの狩人と犬のほかはナタ一丁だけだった。

　そのナタを腰に下げてその日の目指す山にはいると、狩人はまずイノシシの足跡を探す。足の大きさとぬかり具合でイノシシの大きさと、その足跡が古いものか新し

猪の足跡

でやられ、痛（と書かれている）んで十九歳で死んだとある。

　元禄三年（一六九〇）正月六日には初狩止む、と見える。そしてつづけて、「将軍家生類を殺すことを禁ずるを以てなり（殊に犬を愛すという）」と記されている。だがそれから半月たった正月二十一日には初狩をしている。禁止令がでているが、島の初狩は代々の嘉例なので許された、とある。その禁止令とは綱吉の「生類憐みの令」のことである。そこでもう一度、ところが、とつづくのだが、その綱吉の令はその記録の年より三年も前に出されているのである。その間にはそうした記載がないから、たぶん島にはそれまで届いていなかったのだろう。

　その同じ二十一日には、将軍が鹿倉山《かくらやま》や猟師をきちんと定めるよう命じ、猟師以外の者が勝手にけものを獲ることを禁じたとある。これも綱吉が発してから三年たっているのかどうかはわからないが、島では猟師三〇人を以て定数とし、木札に姓名を書いて渡したと記している。鹿倉山とは狩猟の山と定めた山のことである。

　種子島家にはもう一つ年中行事を記したものがある。家譜の中では簡単に記されている行事の記事も、その年中行事の記録を合わせて読むと、かなりのところまで一つの行事の内容をつかむことができる。その一つ一つにも私は心ひかれたのだが、特に強く心が動いたのは補註のような形で記されている〈初鹿矢開キ〉のことである。

　それは初狩のとき、あるいは幼ない男子が初めて弓矢

いものであるかの判断がつけられる。新しいとそこからさして遠くないところに潜んでいるわけで、しばらくその足跡をたどったあと、狩人は犬を放って潜んでいるところを探させる。イノシシの通った跡にはその体臭が残っているから、犬はそのにおいをかぎながらやがてその居場所をつきとめる。むろん犬がつきとめるまでには、イノシシの方もたいてい気づいて逃げているが、賢い犬だとそれもちゃんと追い、岩場とか大きな木の下などに追いつめて、木槍を持った主人がくるまで吠えつづけて逃がさないようにしている。

そうして追いつめられるとイノシシも必死の形相になる。毛を逆立て、すきあらば犬を牙で引掛けようとする。よく切れる牙だから、サッとなでたような感じでもそれで命を失う犬もいる。

そうした修羅場に狩人がやってきても、イノシシのものすごさに少しでもひるんだ態度を見せたりすると、犬の方もそんな主人に見切りをつけて、以後は猟犬の役をなさなくなってしまう。だからたとえ恐ろしくても悠然とした態度で犬をけしかけ、イノシシに噛みつかせるようにする。そしてイノシシの動きが少し鈍ったすきをみてぐっと近寄り、イノシシの前足のすぐ後の心臓のあたりを木槍で突く。しかし、もしその突きに失敗して手負いにでもさせようものならイノシシはさらにすさまじくなる。脇目もふらず、猪突猛進の態で狩人に向ってくる。その場合、ほんのちょっと脇によけるとイノシシはそのまま走り過ぎてしまうのだが、狩人も夢中になっているからその一瞬を失うことが多い。たいてい股のあ

で鳥獣を射ったときにするもので、鹿の頭を俎板にのせて行なう狩にともなう一つの儀式である。その年中行事の記録を編集した羽生六郎左衛門道潔は、「初鹿は武士出陣して敵の初首を捕りたるを表し、格別成祝儀也…」と記している。

私は、武士が首頭をあげるということが、これほどまでに狩、そしてけものの頭と連なって記されていることに驚いたのである。というのは、生前の宮本先生が「武士が首頭をあげること、それにいまもごく普通に使われている首を切る（会社を辞めさせるといった意味の）ということも、日本人の先祖が、動物の首を切ってその頭を神前に供えてまつりをしたことから出ているんじゃ」といわれたことを如実にあらわしているからである。

そうした家譜や年中行事に記された行事の中には、いまもなお島につづいているものもある。特に多いのは弓矢で的を射る行事である。そして、そうした行事を見ていると、鉄砲作りの技術は種子島に伝わるべくして伝わったという証拠がここにも見られる、と思えるのである。

狩の盛んだった島では、漂着したポルトガル人の使う鉄砲に目を見張り、その威力に驚き、それで猪鹿を襲ったら、と思ったであろうことが想像されるからである。それには島で砂鉄がとれたこと、また火縄を作る竹が豊富だったことも無関係ではない。先年、島の故老が火縄はこうして作ったんだ、といっていとも簡単に竹縄を編んで見せてくれたのには、これまた驚いたのである。

たりを牙でサッとやられてしまう。たとえ一回目はうまく逃れても、目標をはずしたイノシシは、あるところまで行くと急停止して反転し、再び突進してくる。ただ、どうしてもかなわないと判断すると、イノシシはそのまま一直線に逃げてしまう。

この西表島のイノシシ狩の話は宮良長啓さんの体験談である。宮良さんは昨年イリオモテヤマネコの仔を捕えた。その仔は宮良さんの名の一字をとって「啓太」と名づけられ、現在、那覇の子供の国で元気に育っている。

◆壮快なる弓矢・鉄砲

武士ではない者、いわゆる狩人が弓矢を使ってイノシシ狩をしたことについては、私にはまだよくわからない。一説に、鹿ならいざ知らず、イノシシは弓矢ではとても射殺せないという説もある。その理由として、林の中では樹木に矢がぶつかってイノシシにはとどかないし、たとえ樹木のないところでも、少し距離が遠かったりすると放った矢の力が弱くなり、とても皮肉を打ち抜くことはできない、というのである。それは矢の力の弱さだけではない。イノシシはヌタウチをして泥を体につけているだけではなく、松の木などに体をこするから松ヤニなどもついて、大きなイノシシなどその毛皮が鉄板のようになっているから、ということもある。

そうはいっても弓矢を使った狩は充分に考えられる。たとえば、先の西表島の木槍での狩のように、近寄ってイノシシの後方からでも矢を放つなら、逆立った毛の隙間を抜けて肉部にグサッとくいこむだろうと思う。毒矢を用いたことも考えられるが、アイヌ以外にその確たる資料がない。

弓矢による武士の狩の様は屏風絵などに見ることができる。そこには無数のけものと、そのけものを山から追い出してきたであろう大勢の勢子《せこ》と、そしてその絵の主役ともいうべき数十人の弓矢を引きしぼった騎乗の武士が描かれている。こうした絵は巻狩図といわれるもので、その狩の場はたいてい草原、人の数は数千人を超える。ちなみによく知られた建久四年（一一九三）六月二十日の頼朝の富士の巻狩には、騎馬九万九四九〇騎、雑兵五九万四六〇〇人が集まり、獲った猪鹿は、一万一六四〇頭、其他射取数数不知とある。

山から草原に追い出したけものを馬を走らせながら射るこの巻狩は、田畑を荒すイノシシをこらしめるとか食肉にするとかいったこととは別の武芸としての狩である。いわば一頭一頭のけものは動く的でしかない。そしてこの狩の楽しみは、なんといっても矢が見事に動く的に命中したときの壮快さだったろうと想像される。

その壮快さは、現代の猟銃による狩にもあてはまるらしい。

現代の狩は昔の武士の巻狩とは違って、一組せいぜい五、六人である。目指す山にはいると、イノシシを追い出す勢子の者と、追い出されたイノシシを尾根筋で待ち伏せして射つ者とに別れ、それぞれの部署につく。互いの連絡は少し前までは笛だったが、このごろはトランシーバーである。犬を連れて谷を下った勢子がイノシシ

民俗学者・瀬川清子が蒐集した写真にあった昔の狩人。場所、年代不明

の足跡を見つけて犬を放つと、しばらくして尾根筋で待つ者に電波がはいる。

「シシがそっちの方に行ったぞ」

「ハイ、了解」

そこで初めて銃に弾をつめ、イノシシが目の前に現われるのを待つ。この待ちの者はタバコなど、においの出るものは厳禁である。

そうして運よくイノシシが目の前に現われて、しかも引金が引けて一発で命中したときにはなんともいえない壮快な気分だという。そして後刻、しし鍋をかこんでの席では、おのずからそのときの自慢話になろうというものである。

その壮快さはスポーツの後の壮快さにも似ているのではないかと思う。ただ、こうした現代の狩は一日にせいぜい一頭か二頭である。

けものの数が少なくなっていることもあるが、巻狩の数千頭という数とはくらべものにはならない。

同じように巻狩の数にはとてもおよばないが、それでも猟銃よりは多く獲れるものに仕掛罠がある。

いまでも見られるその仕掛罠には、大きく二つの方法がある。一つは棚罠といわれる大掛りな造りのもの、もう一つは細いワイヤーを使った仕掛罠である。なお、先に記した西表島のヤマも仕掛罠の一つということもできる。

棚罠は、イノシシの通り道に金網あるいは板で囲い状に柵をめぐらし、中に畑を作ってイノシシの好物のサツマイモを植えたものである。三河の落し穴のところにある棚罠の場合は、中に畳が二四、五枚敷けるほどの広さである。

その棚罠はイノシシが棚の中のサツマイモに誘われて中にはいり、締戸につながったワイヤーにふれると、ガタンと締戸が落ちてイノシシは生捕りになるという仕組である。三河の例の棚罠は、昭和四十八年十月に一度に七頭ものイノシシがはいった。一度にはいった数としてはおそらく日本一だろう。

棚罠はそのように一度に何頭ものイノシシが獲れるが、造るのに手間と暇がかかるのと、費用が高くつくことから、だれもがいつでも造れるというものではない。

◆生かして獲る罠

それにくらべると、ワイヤーを使った仕掛罠は費用も安く、ひとりでも仕掛けられることから、職業のようにしている狩人の多くがこのワイヤーの罠を仕掛けている。

職業のようにしている狩人、というのは、それが本職ではないが、獲ったイノシシなどを肉店に卸して多少の収入を得ている人のことである。ちょっと話をつけくわえると、昔はその逆で、狩に出ない時節に別の仕事をするのが本職の猟師だった。

ワイヤーの罠は費用がかからず、ひとりでもやれるといっても、誰もが簡単にやれるというわけではない。第一、仕掛けられるけもののいる山が身近になければならないし、仕掛けるにはそれなりの、というよりかなりけものの習性を知っていなければならない。もう一つは、

■猪と人の歴史

わたくしたちの祖先にとって、猪は鹿とともに最も身近な食物だった。それは全国の遺跡に見られるおびただしい数のその骨が証明している。蜆塚遺跡（静岡県浜松市）からは、矢尻の刺さった猪の骨も発見されている（左写真）。また、その分布は現在は猪のいない東北地方にもおよんでいた。縄文時代はいまより気温が高かったからで、最近の考古学の報告では北海道にもいたのではないかといわれる。

その猪のことは、日本の歴史がわりにはっきりしてくる古記録の中に見られる。その数は少なくない。たとえば『古事記』の中には、大国主神を殺そうとした八十神が、赤猪がいるからといって赤く焼いた大石を転がしたことが見える。『延喜式』には熊、牛、鹿の皮とともに猪皮四張とあるから、まつりにその皮が用いられていたのだろう。『播磨国風土記』には、猪養野《いかいの》とか猪飼者とかいった文字が見える。

この猪養《いかい》は猪甘とも書かれる。大和朝廷に属した品部の一つで猪を飼うことを仕事としたらしいのだが、その

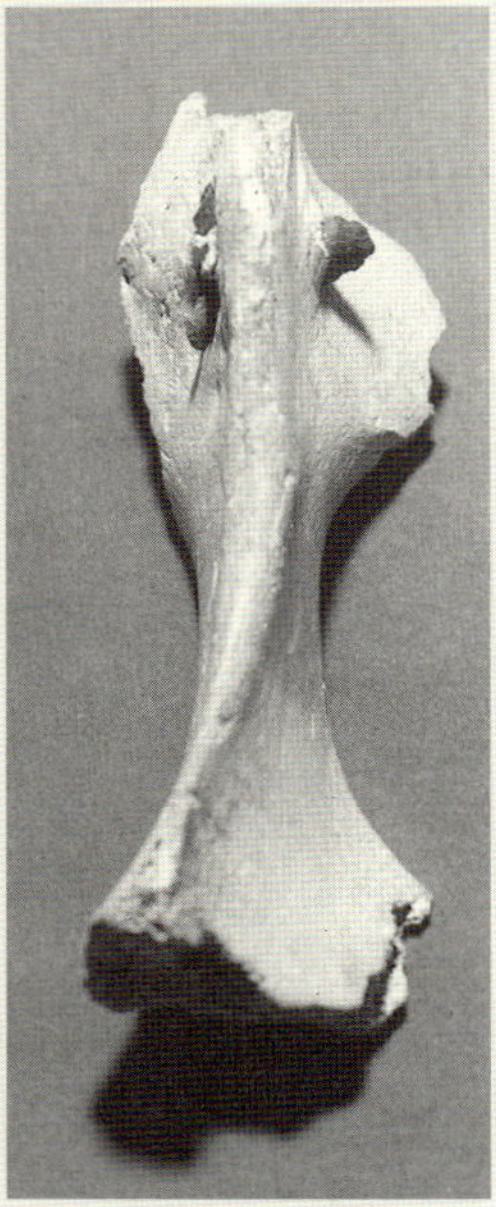

仕掛けた罠を見てまわる山まわりが大変な重労働で足腰の弱い者にはとても無理である。

そうした条件を苦もなくこなしている仕掛人、すなわち狩人は、根っからそうした狩が好きなのと、収入に結びつくからである。

私はこのワイヤーの仕掛罠のさまざまを、大分県の渡辺数行さんに教わった。一度ならず二度三度と山行に同行することも許してもらった。罠の仕掛を見ることもさることながら、その罠に懸かった生きているイノシシを見たかったからである。

それは凄まじいものだという。人の気配を感じると毛を逆立て、ワイヤーが体にからみついているにもかかわらず、「フーッ」と身構えて飛び掛かってこようとする。命を取られるということが本能的にわかっているから、その勢いと形相はまさに必死で、幾度となくそうした場面に出会っている狩人でも、一瞬、体がこわばり、恐ろしさを感ずるという。

残念ながら私はまだそうした場面に出会っていない。しかし、その罠に懸かって死んだイノシシや、ワイヤーがはずれて逃げてしまった跡は見た。両者とも半径三メートルほどの範囲がなだれにでもあったかのように地肌が削られ、まわりの樹木には牙の跡が無数についていた。幾本かの榊の木が根こそぎ抜けていたところもあった。イノシシが必死になってワイヤーをはずそうと暴れている間に、そのワイヤーが榊にからみついて木が抜けたのだろう。それにしてもすごい力である。鼻先で掘った穴も見た。その穴をカマといい、わずか六キロのイノ

内容についてはよくわからない。中国では猪の文字は豚を意味し猪は野猪と書いていたから、猪の文字からではそれが猪なのか豚なのかがわからないからである。日本でも両者をわけて書くときには猪を野猪、豚を家猪としているが、ただ猪とあるときには、その前後の文章から判断するしかない。

猪を食うこと、すなわち肉食が仏教の伝来とともに慎むべきものになったことは本文でもちょっとふれた。殺生禁断と穢れるというのがその理由だが、といってもそれはそれほど厳しいものではなかった。薬としてなら僧でも食うことができたし、武芸をみがくためという名目で狩も盛んに行なわれた。文字の上では薬猟とか田猟とかをあてている。

猪狩では鉄砲がはいるまでは弓矢によったと思われるのだが、仁田四郎の猪退治に見られるような、猪にまたがってグサリッというのもわりに多かったのではないかと思われる。猪は上目がきかないから、木に登っていて、下を通るのを待っていて馬乗りになることも勇気さえあればできたはずである。先に記した大国主神の場合も、焼けた大石を赤猪と思ってまたがって（とは書いていないが、想像すると）捕えようとしたから、焼け死んだのではないかと思えるのだが。

この猪の肉は、また保存食にもなった。享和のころ（一八〇一〜〇四）の記録に「野猪の肉を厚さ二、三寸（六〜九センチ）、長さ六、七寸（十八〜二一センチ）に切り、

ワイヤー罠にかかった小さな猪が、逃れようと鼻で必死にもがきえぐった跡。

シシだったらしいが、穴は岩まで出て、大の男が二人で掘っても一週間は掛かるのではないかと思われた。そのように穴を掘る場合は、ワイヤーが前足に懸かったときである。

そのワイヤーは後足に懸かる場合もある。恐ろしいのはそのときで、人の気配でいきり立った瞬間、ワイヤーがちぎれてまともに襲われかねないからである。

その足に懸かる仕掛罠をシキワナといい、ワイヤーの輪は地面に寝せておく。もう一つ、マスガタシキあるいはワサシキといって胴体に懸けるものもある。この方はワイヤーの輪を輪まわしのときのように垂直に立てた形に仕掛ける。

この二つの仕掛はどちらがいいということはできない。ただ、もし仮に、ワイヤーが足からはずれることもなく、ちぎれる心配もないのなら、前者のシキワナの方

蒸籠にてむしたるを、最上灰をぬり、縄にてあみ、火にほしかため、火棚か梁の上などにつるしおけば、十数年を経て変らず、用いるときは灰を洗い落し、小刀にて削り用うるに、鰹節におとらず…」とある。

傘の引っ解きを着ているむごい猪

これは江戸の四谷平河町にあった獣肉店を歌った川柳の一つで、猪肉を古傘の油紙でつつんでいることを詠んだものである。この獣肉店は安永のころ（一七七二〜八一）にはあったといわれ、山奥屋といってその看板にはぼたんやもみじの絵が書かれてあった。ぼたんは猪肉、もみじは鹿肉を示す隠語である。

明治になってからは、なんといっても明治三十二年（一八九九）に発券された拾円紙幣である。表には和気清麻呂と護王神社が、そしてその裏面には猪の絵が刷られてあったことから「猪」の名で呼ばれ、親しまれた札であった。清麻呂と猪の関係は、道鏡の野望をくだいて逆鱗に触れ、大隈半島（鹿児島県）に流された清麻呂の道案内に立ったのが猪だったという故事による。

京都御所の近くにある護王神社はその清麻呂を祭神とする。面白いのは、普通の神社の狛犬のあるところに猪がおかれていることで、この神社だけのものらしい。毎年十一月一日に行なわれる亥子《いのこ》祭は宮中で行なわれていたものを移したもので、古風な中に雅びなものを見る（左写真）。

このごろでも猪の話題はわりにたくさんあるのだが、

がいい。何故なら、その罠の方がイノシシの生きている率が高いからである。後者のマスガタシキだと胴体にくいこむから死ぬ時間も早くなる。

罠に懸かったイノシシが生きているかどうかということは、そのまま商品価値の問題になってくる。息の根を止めて、少くとも一時間以内に内臓を抜きとったものでないと食肉として売れないからである。自家で食うにしても、死んでから二日もたっていたのではもうだめである。内臓の腐りが肉までおよぶからである。その内臓が腐るのをモエルという。それは大きなイノシシほど早いし、マジのときにも早くなる。マジとは南から北へ雲が走るときで、雨の近い兆候である。そうしたときに腹を割いてみると、水がはいったような感じになっているという。

重労働だといった山まわりは、ただ罠にイノシシが懸かっているかどうかを見に行くのではなく、そのようなわけで生きているうちに見つけだすというのが目的である。十一月十五日に狩猟が解禁になると、すぐ罠を掛け、その後は三日に一回の割で山まわりをする。渡辺さんの場合は三ヵ所の山に罠を掛けているから、それは毎日ということになる。暖かいとやはりモエルのが早い。年を越して寒くなると、五日あるいは七日に一回の割でもよくなる。

そうした山まわりでイノシシがまだ生きていた場合、いまは「ズドーン」と鉄砲を一発放って終りにさせる。渡辺さんのお父さんなどは、大きな石を頭に目掛けて投げたり、丸太で叩いて脳震盪を起させたりした。そうし

いかにも現代らしいのは、名神高速道路の死亡一号は二頭の猪だった、ということだろうか。中国自動車道にも、「猪注意」という大きな標識の立っているところがある。これなどは猪の通り道を人間が横切ってしまったからそうなるので、猪の方こそいい迷惑なはずである。

腰にさげた、猟期が終わってはずしたワイヤー罠。これだけで20キログラム近くある。大分県佐伯市

ワイヤー罠にかかった鹿。内臓を出すために腹を裂くと「スー」と空気が抜けた。大分県佐伯市

ワイヤー罠にかかって息絶えた猪。この猪の肉は食えない。大分県佐伯市

ワイヤーの仕掛罠の動き

左図はイノシシの懸った図。ワイヤーの輪を地面に寝せるシキワナは足に、立てておくワサシキは胴体に懸る場合が多い。そのどちらも一長一短があるから、どちらを仕掛けるかは狩人の判断による。

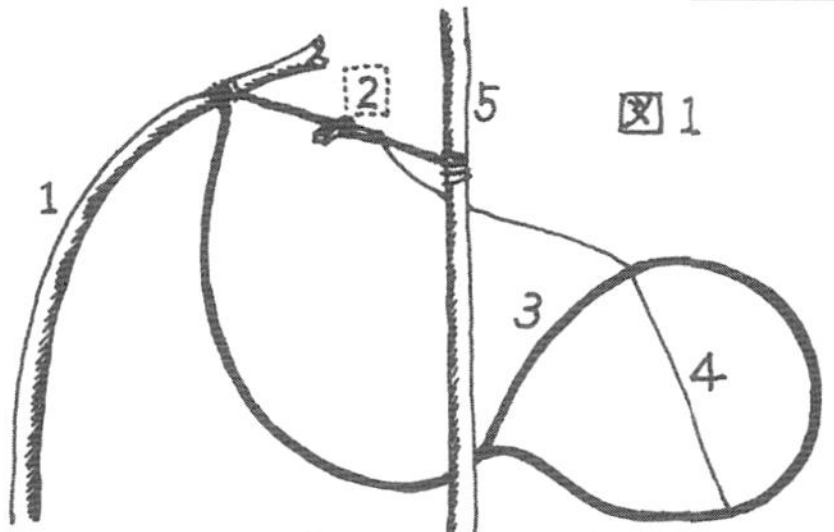

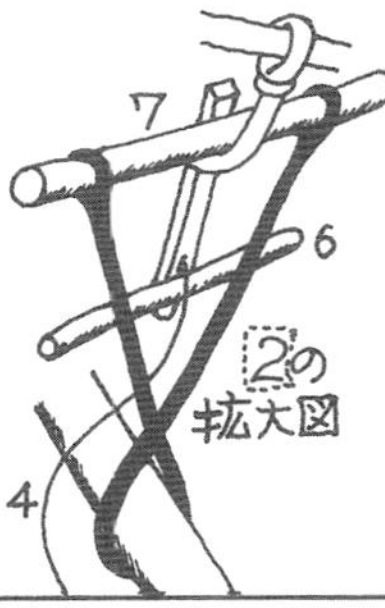

①ワナグシ。イキグシの場合は根がついているが、伐ってきたものは土中に突き立てる。②コワナ。③ワイヤーの輪。④ケイト。極細の針金を使用。⑤コワナをしばる木。⑥チンチロ。⑦名は？。左下の写真はその全体図。イノシシが③の輪にはいると、④の針金が引っぱられて⑥がはずれ、同時に⑦もはずれて曲っていたワナグシが真直ぐに立つ。その結果ワイヤーがしばられ、イノシシは逃げられないようになる。

てイノシシが倒れると、すぐ腹を割いて内臓を出してしまう。

　西表島では必死なイノシシの後から馬乗りに乗り、短刀で腹を割くということもしたらしい。宮良さんの場合は、まず後足を押え、そこから前足を押えて縄でしばり上げ、生きたまま家近くまでかついできて、解体した。どちらにしても勇気のない者にはとてもできないことである。

◆ワイヤーの仕掛罠

　イノシシの足あるいは胴体に直接懸けるワイヤーの仕掛には、地面に寝せておくのと垂直に立てておくのとがあることは前項で述べたが、そうして仕掛けたワイヤーにイノシシがはいって、その瞬間にキューと絞られる仕掛の部分は両者とも同じである。

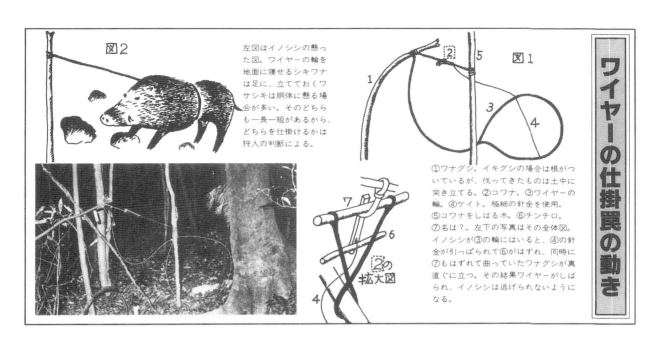

　その絞りの源力は、生木を弓なりに曲げておいて、仕掛がはずれて生木がピンともとにもどるときの力を利用している。そのバネのような役をはたす生木をワナグシといい、直径三ないし四センチほどの真直ぐな椿や榊の木を用いる。近くに椿や榊の木がないときには樫の木を用いることもあるが、樫の木は一ヵ月もたつと曲ったままになってしまうので、あまり使えない。

　ワナグシは適当な木を伐ってきて使う場合が多いが、根つきのままのイキグシを使うこともある。イキグシだと枯れるまで何年でも使える。そうしたワナグシとワイヤーの輪との間には、仕掛罠のいわゆる仕掛がある。それは文で説明するより図の方がわかりよいと思うので前頁の図と説明を見ていただきたい。仕掛全体をコワナといい、輪にイノシシがはいってワイヤーが伸び、その引く力ではずれる小枝の突支棒《つっかえぼう》をチンチロという。その小枝がはずれると、曲げてあったワナグシがピンと立ち、ワイヤーの輪が絞られ、イノシシの足あるいは胴がしばられる。そこでイノシシはあわてて暴れだすのだが、暴れるほどワイヤーは体にくいこんで締めつける。

　そうしたワイヤーを使った仕掛罠も、棚罠と同じようにイノシシの通り道、ウジに仕掛ける。

　ウジはイノシシだけではなく、鹿も通るし小動物も通る。だから罠にはむろん鹿も懸かる。肉も食えず毛皮としても使えないイタチのような動物のときには、罠を掛けなおす手間が掛かるだけでちっともありがたくない。

　また、ウジは人が造った道と同じように、国道、県道、村道といったような感じにある。だから、そのウジのどこに仕掛けるかでイノシシの懸かる率も違ってくる。たとえばウジが何本かあった場合でも、その何本かのウジはかならずどこかでつながっている。そのつながったところを探し出して仕掛ける。だが、だからといって単純にそこでいいというものでもない。山の傾斜の具合やまわりの樹木の様子も見て仕掛の場所を判断しなくてはならない。

猪が通るウジにワイヤー罠を仕掛ける。大分県佐伯市

　仕掛けるときには人のにおい、サビのにおいにも注意しなくてはいけない。ワナグシの曲りを見てそのウジを通るのをやめる賢いイノシシもいる。それがずっと遠まわりするのならいざ知らず、ワイヤーのすぐ脇を横目で見ながら、という感じに足跡を残している。狩人にすると小憎らしいイノシシである。

　仕掛に使うワイヤーは罠猟専用の直径五ミリほどのもので、国産品と輸入品とがある。輸入品は手ざわりはよいが値段の点では国産の倍、大きなイノシシが懸かってワイヤーが伸びたときには国産品の方がもつ。昔は麻縄に柿渋を塗ったものを使っていた。戦後間もないころは、飛行機に使われていたワイヤーを用いた。操縦桿と翼の間を走るワイヤーで、よく締まった。

　現在の国産のワイヤーは一巻二〇〇メートル、それか

猪が牙を磨いた跡。
大分県佐伯市

鼻にかかったワイヤー罠を一度ははずしたが、また同じワイヤー罠にかかった猪。大分県佐伯市

ら五六本とる。国産品だと一本一〇〇円ちょっとの金額になる。

渡辺さんの場合は、そのワイヤーの仕掛罠を個人と共同のを合せて三ヵ所の山に五〇〇本ほど仕掛ける。その仕掛にはワイヤーのほかに針金など他の材料もいるから、たとえば一つの仕掛に一五〇円かかるとすると、ワイヤーを全部新しくしたとしても、七万五〇〇〇円の費用ということになる。

その費用は中型のイノシシ一頭獲れれば元がとれる。今期（昭和五十五年十一月十五日から）の渡辺さんの住むあたりでのイノシシの値段はキロ二五〇〇円だから、三〇キロで同額になる。一頭目が六〇キロあったなら、それでもう同額の七万五〇〇〇円の儲けになる。ただこれはあくまでひとりで一頭獲った場合の原価費用に対するものである。そのほかにさまざまな費用のかかることはいうまでもない。また、たとえ罠猟といえどもひとりで山まわりをすることはない。二人でまわるのが常識だから、二人の場合は半分わけになる。三人で行けば当然、三分の一のわけ前になる。日本の狩猟（漁猟も）には古くから一緒に行動した者には獲物を均等にわけ合うという掟がある。それは同行した犬も変りがない。

渡辺さんは前年の猟期（昭和五十四年十一月十五日からの）に三五、六頭の猪鹿を獲っているが、そうした掟があるから、その頭数だけから単純に儲けた金額を割出すことはできない。それでも三ヵ月間での収入としてはかなり大きな金額になる。それがきつい山まわりもいとわせない、ということになっているのは確かである。

きついということでは、罠を仕掛けてまわるのもそんな簡単なことではない。一日せいぜい一〇丁から一五丁である。前に記した山の傾斜、樹木の様子はもとより、その年のイノシシの数や動きも見てその場所を決めなくてはならない。シキワナにするかマスガタシキにするかについては、そのウジの状況によるが、特に決め手があるというものでもない。

何日かかけて、罠は一つの山の全ウジを封鎖するように仕掛けられる。仕掛けてから半月ほどはどうしてもにおいが残るから、仕掛けた罠に実際にイノシシが懸かり出すのはそのにおいが消える十二月の初めころからである。もっともその前に強い雨が降ったりするとにおいが流れ、イノシシの懸かりもそれだけ早くなる。

イノシシは雨が好きらしく、山が濡れるとはしゃぐように動き出す。山が濡れるほどの雨とは、冬のショボショボと降るようなものではとてもだめで、一時にザーと降らないといけない。樹木が傘の役をするから、そぼ降る雨ではとても地面までは濡れないのである。そのザーと降る雨はイノシシだけではない。山のすべての生物を生き生きとさせる。それが今年のように雨が少ないと、シイタケが出ないのと同じようにイノシシも寝ぐらから出ない。だから私のように三回も山に登っても生きたイノシシには出会えない、ということになる。

　イノシシはまた、猟期の初めと年を越してからでは、いる場所が違ってくる。年が変るころからイノシシは発情期にはいり、オスのイノシシはメスのイノシシを追うように尾根筋に登っていくからである。高く登ったオス、メスのイノシシは、日当りのよい場所にカモ（カリマとも）とはまたちょっと違った草敷を作り、そこで交尾するらしい。といってもそこまで行くまでのオスは大変で、一頭のメスをめぐってオス同士の戦いに勝たなくてはならない。その戦いでは死ぬオスもいるのではないかともいわれる。

　発情期になると、メスのイノシシの肉がぐんとうまくなるという。だから年末まではオスの肉、年明けはメスの肉というのが、イノシシの肉の通（いるかどうかは知らないが）らしい。なお、イノシシ肉の小売価格は大分県でキロ四〇〇〇円から四五〇〇円である。昨年（昭和五十五年）の暮れにテレビで見た鈴鹿（三重県）地方の場合は、キロ八〇〇〇円となっていた。

　イノシシ肉にくらべると、鹿肉の価格は、イノシシの三分の一というのが普通である。昔は鹿皮はさまざまに使われたからその値もよかったが、優れた人工皮のできたいまは、たとえ鞣《なめ》しても一枚一〇〇〇円ぐらいにしかならない。毛皮として使えるタヌキは、狩人が製作者に売る場合、大分県で一匹五〇〇〇円前後である。

◆日本の食肉の歴史

　それぞれの嗜好にもよるが、一度イノシシの肉を食ったことのある人は、たいていうまいという。くらべられる豚肉より脂身が少なく、さっぱりした味である。イノシシと豚の間の子であるイノブタは、どちらかというと豚肉に近い味である。おそらくその味は古代から変っていないだろうと思う。そのイノシシの肉を食うことについては、日本の食肉の歴史にも簡単にふれながら記してみようと思う。

　〝しし食ったむくい〟という言葉がある。このししはイノシシのシシだけではなく、そのイノシシの肉も含めたけものの肉の総称である。そしてその意味するところは、けものの肉を食ったためにあたった天罰、というような意味である。

　肉を食うと罰があたるなどということは、現代ではとても考えられないが、その言葉が歴然と生きていた時代があったのは確かである。いや、本当は日本人の誰もが肉を食うようになったのはごく最近のことで、罪の意識の方が約一三〇〇年とずっと長いのである。それは仏教の伝来と無関係ではない。生きものを殺すことを戒めた仏教の教えを盾に、聖徳太子が肉食を慎むようにといったことに始まるとされる。その慎みの令が解けるのは、

江戸の獣肉屋。行燈の「山くじら」は猪肉のこと。須藤　功編著『図集　幕末・明治の生活風景』より

明治五年（一八七二）に明治天皇が自ら肉を食し、それが新聞などで広く国民に知らされたときである。

しかし、その年月の間まったく肉を食わなかったかというと、食わなかったというのも本当なら、いや、食っていた、というのも本当である。その資料はどちらかというと、食っていなかったというものよりも、むしろ食っていたことを立証するものの方が多い。

たとえば寺社の物忌令である。その中には肉や魚を食ったときの精進の日数も記されている。室町時代の八幡宮社の場合は、魚食三日、鳥食・兎狸食十一日、猪鹿食一〇〇日、猿食九〇日となっている。これは肉や魚を食った場合に宮社に近づいてはならない期間を意味するものだが、逆にいうと、この期間を覚悟するなら肉も食えた。食っていただろうということがいえるのである。

江戸時代の諸藩も肉食を法度としているが、江戸時代初期の法度の動物には、猪鹿牛のほか犬をいれている藩が少なからずある。それで思い出されるのは五代将軍綱吉の「生類憐みの令」である。その令は生きものを殺してはならない。特に犬は大事にせよというもので、庶民を苦しめた悪令の代表とされている。この令は、綱吉が戌歳生まれだったことから、戌を大事にせよといったものだともいわれるが、一説には誰もが犬を殺して食うために、それを禁ずるために発したものだともいわれる。

いまでは坊さんも肉を食うが、昔はそれこそ正に厳禁だった。ところが、天文二十年（一五五一）のイエズス会士の日本通信には、僧は公には肉類も魚類も食わないが、密かにこれを食す、と記している。

幕末にロシア使節プチャーン提督の秘書官として来航したゴンチャローフは、その周航記に西洋料理、特に肉料理に好奇心を寄せる日本全権のことを詳しく書いている。全権は用意した羊肉の肉飯《ピラフ》を一皿食い終ると、さらにお替りを所望しているのである。

江戸幕府が鎖国を断行する前、慶長十八年（一六一三）に来航したイギリス人セーリスは、家康の家来のひとりが、これまでにまだ見たことのない大きなイノシシを贈物としてかついできたことを『セーリス日本渡航記』の中に記している。贈物はイノシシだけではなく、ほかの獣肉や鳥肉、魚や果物などもあった。

文久三年（一八六四）に十ヵ月間も日本にいたスイス人のエーメ・アンベールは、その間に日本人のありのままの生活にふれ、その様子を詳しく書くとともに、随員に多くの絵を描かせている。その中の「江戸の獣肉屋」と題する絵には、山くじらと書かれた行燈の立つ獣肉屋の店先が描かれている。そこには熊や狐それに四肢をしばられた猿がぶらさげられている。座敷には肉に舌づつみをうつ町人の姿も見える。

◆イノシシの味

山くじらとはイノシシの肉の別称である。同じ動物でも鯨の肉を食うことはなんでもなかったから、いわばそれにあやかって名付けられたものである。イノシシの肉にはもう一つぼたん肉という呼び方もある。この方は唐獅子牡丹から出ているという説もあるが、イノシシの肉の一番よいところは牡丹《ぼたん》の花に似ているので、そこからでているのではないかともいわれる。ちなみに鹿の肉はもみじといった。それは百人一首にもある、紅葉踏みわけ鳴く鹿の…、から出ているといわれるのだが。

そのように、けものの肉を別の名で呼んでまで食おうとしたのは、やはりなんといっても菜食では味わえないうまさだろう。そしてそうした工夫は、聖徳太子が肉食を慎めといったときから始まっているといってもいい。それを列挙していったなら枚挙にいとまがない。とにかく奈良時代から江戸時代までに食われていたけものの名だけあげると、馬、牛、猪、鹿、狐、狸、兎、犬、むささび、川うそなどがある。

その内のイノシシについて元禄八年（一八九五）に刊行された『本朝食鑑』には、味は甘美にして牛や鹿より優れている、特に焼肉はうまい、と書かれている。ちょっといい忘れたが、こうしたけものの肉は薬という名目で食されることが多かった。その効用について、同じように江戸時代に刊行された本『大和本草』には、痔血を止め、小瘡（おでき）をいやすと記されている。ごく一般にはイノシシの肉は体が温まるという。だから冬の食物にいいという。

罠猟に同行させてもらった渡辺さんの話によると、イノシシは腹部に白線を引いたような毛があるのと、マキジシが特にうまいという。マキジシというのは、上肉と中肉の間、さらに中肉と下肉の間にも脂肉があるようなイノシシである。そうしたイノシシは大小ではなく、どうも血統によるものらしいという。さらにもう一つ、畑を荒してサツマイモを、稲田をつぶして稲を食っているようなイノシシの肉も、またうまいという。

猪胆。酒を飲む前に飲んでおくとわる酔いしないともいう。沖縄県竹富町・西表島

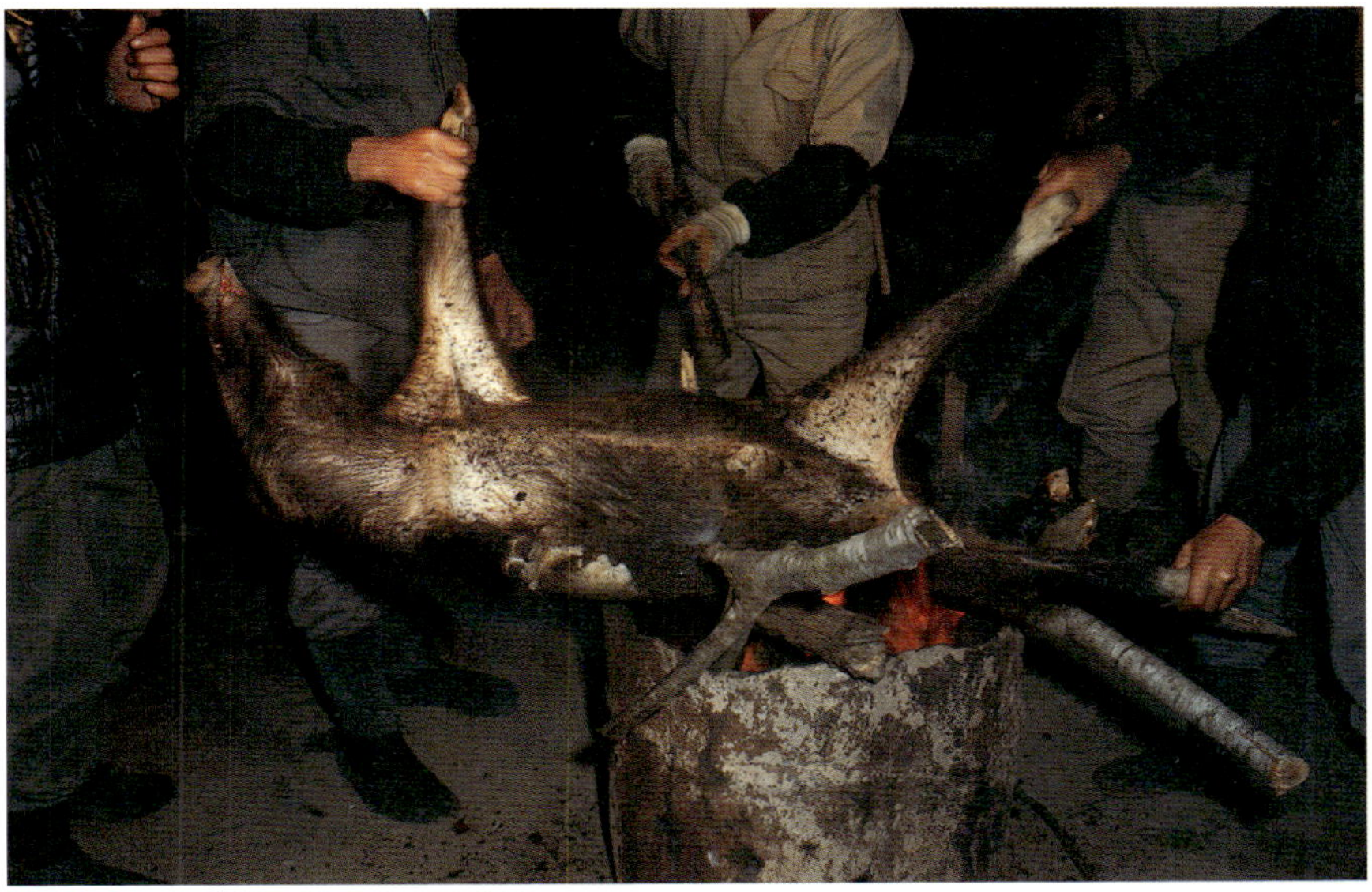

解体前に猪の毛を焼く。今は熱湯で毛をとばす。宮崎県西都市一ノ瀬（下も同じ）

猪を解体する。猟犬の分け前もあるが、それは猟犬を連れて行った狩人がもらう。

狩・まつりと供養

◆下顎を奉納する洞窟

〝猪《しし》権現〟と狩人たちに呼ばれる熊野神社が大分県の山中にある。所在地の地名からただ「こうの」という人も多い。

大分県東南部から宮崎県北部の狩人で、その「こうの」を知らない人はまずいない。なぜなら、猪鹿をいっぱい獲らせてくれる神様として、そのあたりの狩人なら猟期に一度はお参りに行かなければならないとされているからである。

その猪権現、すなわち熊野神社は、こうのの集落から坂道を下った川向うにある。川中に置かれた石の上を飛び渡って鳥居をくぐり、左手の石段を登るとコンクリート造りの社殿がある。しかし、狩人たちが「猪権現」あるいは「こうの」と呼んだときに頭に描くのはその社殿ではない。そこからは見えないが、社殿の後方、そそり立つ岸壁の上にある洞窟の方である。

間口約二〇メートル、奥行三〇メートルの鍾乳洞のようなその洞窟には、岩に打ち込まれた鉄鎖をたよりに一歩一歩登らなくてはならない。

息を切らせながらようよう登り、私が初めてその洞窟の前に立ったとき、思わずアッといって息を呑んだのは、イノシシの下顎の骨が累々と積み重ねられてあったからである。暗闇に目が慣れてくると、下顎だけではなく、血のついた頭骨もいくつか見えた。足元の白い小石のようなものは、お参りにきた狩人たちによって踏み砕かれたらしい、イノシシの骨であった。

その最初のときから六年たって最近再び行ってみると、下顎をはじめとする骨の数はさらに増えていた。毛のついた頭そのままもあった。前のときには標示がなかったが、今回は、ここでは鉄砲を打たないで下さい、という宮司名の板木が洞窟前の木にぶらさがっていた。以前は狩人がお参りをすませると、「ズドーン」と一発、空砲を放つのが習わしであった。

その宮司家はこうのの方にある。話を聞くと、ここへのお参りは狩猟解禁の前後が最も多いという。それは「どうぞ獲らせて下さい」という願掛で、それで獲れると下顎の骨などを持ってお礼参りにくる。昨年だったか一日に三回も来た人がいたという。お参りしてお札をもらって帰ったらすぐに獲れ、そこで引返すようにしてお礼参りにきて帰ったら、また獲れたというのである。

奥深い山中のこうのへは車でも大変なのだが、そうした狩人たちの厚い信仰心が、洞窟に下顎を累々と積ませているのだろう。昔は鹿の骨も多かったらしい。私が最初に行ったときにも一つ二つあった。

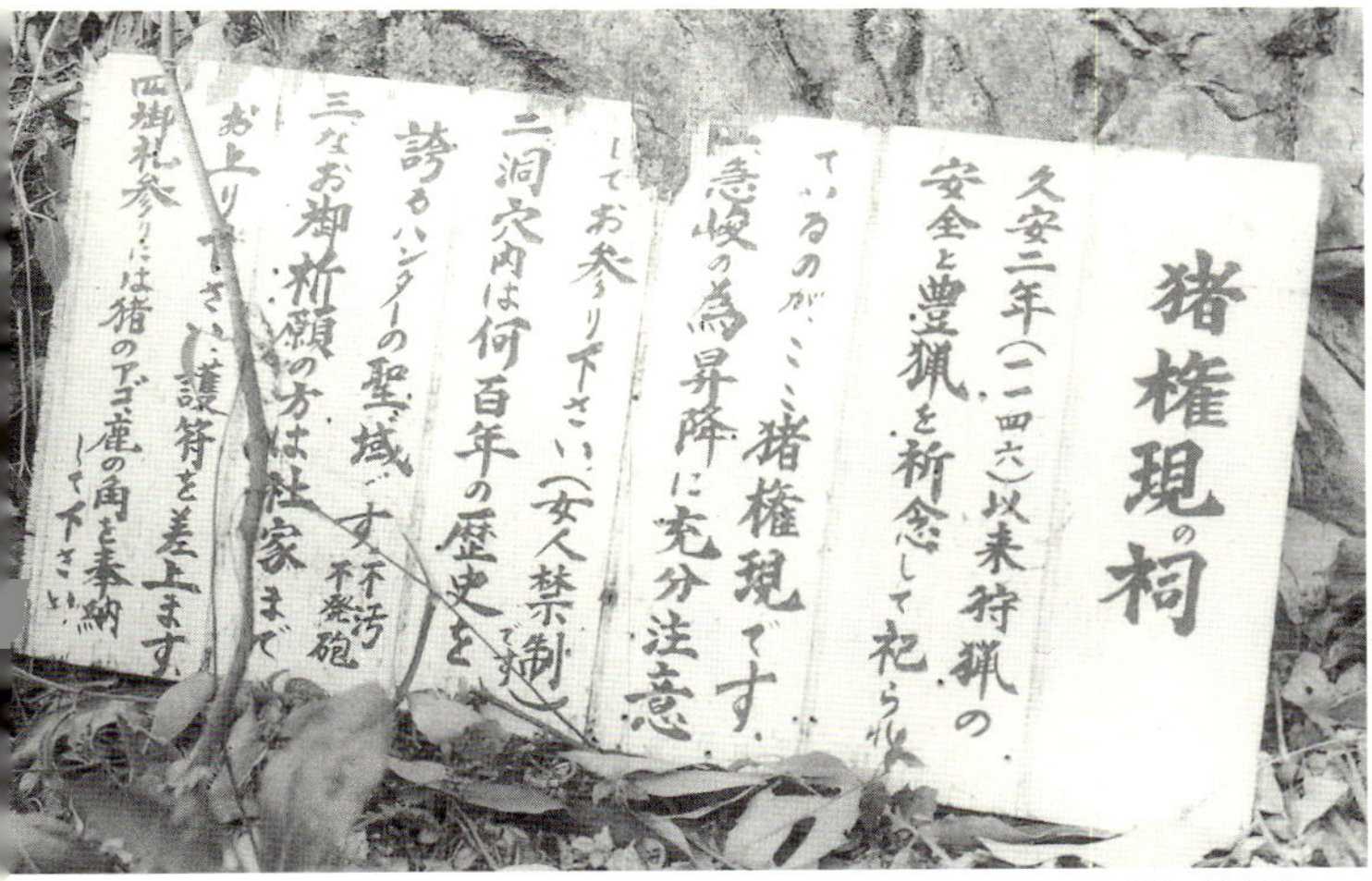

猪権現の案内板。三に記された社家はすぐ近くにあって、狩猟解禁前後には大勢の狩人が護符を授かるために訪れる。

岸壁の上にある猪権現に登る鉄鎖。登るほどに異様な空気を体感する。

◆尻尾・頭をまつって

下顎は頭部の一部だが、その頭部とは反対のイノシシの尻尾を山の神に捧げて、また獲らせて下さい、と願うところもある。自分の獲ったイノシシの尻尾を切り取って、木枝（あるいは竹か茅）の先を二つに割ってはさみ、竹筒に入れた神酒とともに山の神に供えるのである。私が見た熊本県南部の山の神は、石像のものと木像に白い紙着を着せたものがあって、木像の山の神の祠の中には、そうした尻尾が幾本も立ててあった。

隣接する宮崎県がそうだから、おそらく熊本県でも同じだと思うのだが、イノシシの尻尾を持っている者は、その尻尾のついていたイノシシを仕留めた者、ということである。

宮崎県西都市の銀鏡《しろみ》地区は、市内といっても深い山の中の里である。そこもイノシシが多く、その話題にはことかかない。そこでは、止めの弾をイノシシに打ち込んだ者がその尻尾を切り取り、「フェー　フェー」とおらぶ（叫ぶ）のが習わしだった。その声は山の神に知らせ、捧げるものであると同時に、狩仲間に自分が獲ったことを告げ、集まってこいという合図でもあった。

連絡がトランシーバーになってしまった現在では、銀鏡でもそうした古風は消えかかっているが、それでも神楽の一番にそれはちゃんと残されている。

その銀鏡神楽は、毎年十二月十四日に銀鏡神社の境内で夜を徹して行なわれる。次第は全部で三十三番ある

猪権現の洞窟に奉納された猪の頭や頭骨、下顎など。

猪権現の洞窟の山の神像に豊猟と安全を願う狩人。この狩人は、昭和40年ごろには一猟期に猪と鹿を合わせて150頭ほど獲ったという。大分県野津町西神野（現臼杵市）

銀鏡神楽の神籬《ひもろぎ》の棚にオニエ（贄）として供えられた猪頭。奉納した狩人には、山の神がまたたくさん獲らせてくれるといわれる。宮崎県西都市銀鏡

山の神社に供えた「俎板おろし」の七切肴（猪肉）

山の神に奉納した猪の尻尾。熊本県錦町

四脚の俎板にイノコシバをつけた「ししとぎり」の猪。

はじめおびえていた「ししとぎり」の翁が、勇を決して猪に弓矢を射る。

が、その式三十二番目に〈ししとぎり〉という狩の様子を演ずる一番がある。ししとぎりとは、イノシシの足跡を見て、近くにいるかどうかを確かめるものである。

そのししとぎりの一番は、山着に弓矢をかついだ二人が、ひとりは翁（実は豊磐立命）、もうひとりは媼（実は櫛磐立命）の面をつけて現われ、ユーモラスな問答と所作で見物人を笑わせながら演じていく。場所は舞を舞った舞庭のすぐ脇で、そこに柴木を積んでヤマとし、その中にイノシシに見たてた俎板を隠しておいて、そのイノシシを弓矢で射る形で進行していく。そして射獲ったとき、尻尾を切り取る所作をして、「ヘイヘーイ」とおらぶのである。

銀鏡のこの一番は、これだけがポツンとあるのではない。この銀鏡神楽、というより銀鏡のまつりにはさまざまな形でイノシシが結びついている。まず、この神楽のあるまつりには猪の頭を供えなければならない。それは狩人が自ら進んで奉納するもので、例年一頭はかならず、多い年には一〇頭も奉納されたりする。その猪頭はオニエ（御贄）として神籬《ひもろぎ》の下の祭壇に供えられる。そしてその猪頭に見おろされている形で神楽が舞われる。

神楽が終った翌十六日には、神社から少し離れた銀鏡川の河原で、イノシシの霊をまつるまつりが行なわれる。そのほかにも、銀鏡には狩やイノシシにまつわる行事がいくつかある。そしてそれらはみなイノシシがたくさん獲れてくれますように、と願うものだといってもいい。

この銀鏡には稲田が少なく、昔は焼畑によって生活を支えていた。イノシシの多いところでの焼畑農耕は、イノシシとの戦いも大変で、憎いやつだったはずなのにイノシシがたくさん（ということはイノシシが増えるということだから）獲れますようにと願ったのは、憎くてもその肉が山村の食糧の一つとして特別に大事なものだったからである。

　山村といえども食糧事情のよくなった現在では、イノシシがたくさん獲れるということは楽しみと多少の金ということになるのだが、下顎を捧げる猪権現でも、また尻尾を奉納する山の神でも、古くは食糧のために、ということだったことは否めない。

　多くのまつりは、その本質をつきつめていくと、食糧のために、ということになる。そして、そのために下顎―頭骨―頭（尻尾も同じと思うのだが）を神前に捧げてまつりをするということは日本人（あるいは人類の）の生活の歴史の上から見ても最も古いまつりの形ではなかったかと思われる。

　頭を捧げてまつりをするのは、ア

今はリストラなどというが、以前は〝首を切る〟といった。不安のある言葉だったが、本来は切った首の上、すなわち頭部を神に捧げるという意味があった。そうした頭部（生きものの、あるいは獅子頭のような作りものの）を神格化している例は、祭りや民俗芸能にいくつか拾うことができる。

上はイヨマンテの熊頭。北海道平取町二風谷。下は銀鏡神楽に供えられる猪頭。宮崎県西都市銀鏡

「権現」と呼ばれ、崇められている山伏神楽の獅子頭。岩手県大迫町（現花巻市）

獅子舞を始める前に、まず獅子頭に祈りを捧げる。沖縄県竹富町・西表島

イヌの熊送りが特によく知られている。だが、熊の頭を神前に供えてまつりをするのはアイヌだけではない。東北地方にも見られたし、いまも焼畑の儀礼として北陸地方で行なっているところもある。諏訪神社（長野県）ではかつてまつりに七五頭の鹿の頭を供えたという。

この頭を捧げてのまつりは、「お頭つき」という言葉とその言葉の背景にある日本の漁猟にともなう習俗とも合せ考えなければならない。また、日本には「獅子舞」といわれる芸能が全国各地に実に数多く見られるが、その獅子舞の頭が特に神聖視されていることも重要だと思っている。また、この獅子舞は次に述べる供養とも深くかかわっている。

◆供養碑の語るもの

一〇〇〇頭という単位がどこからでているのかは知らないが、狩人の間には一〇〇〇頭を一つの区切にしなければならない、といういい伝えがある。ところによっては、九九九頭で止めなくてはならないとか、一〇〇〇頭獲ると娘をひとり殺したことになるとかいう。そのために一〇〇〇頭獲ったときには供養碑を建てなくてはいけないという。その供養碑にはただ石をおいたものや、墓石と同じように文字を刻んだ石塔のものなどがあり、それらを総称して千匹塚などという。しかし、そこに刻まれた獲物の数字はかならずしも一〇〇〇頭ではない。多いのもあるし少ないのもある。そうしたことから察すると、おそらく禽獣の殺生に反省の心がのぞいたときに、その狩人は一〇〇〇頭のいい伝えを思い出し、供養碑を建てる決心をしたのだろう。

こうした供養碑が全国にいくつあるかはまだわかっていない。九州に限っては熊本市の前田一洋氏によって五〇以上あることが報告されている。

これまでに知られている供養碑で一番古いのは、佐賀県の背振山山中の村にある慶長十九年（一六一四）十一月のものである。高さ一・三メートルほどのその碑の上部には手を合わせた人物が、下部には鳥、鹿、猪が線画で描かれている。その線画の上にこの碑を建てた山本軍助の名が刻まれている。

手を合わせている人物は建立者自身なのだろうか。この碑には母を射ってしまった猟師（それが山本軍助）の話が伝わっている。殺生を止めてくれと願う母の言葉を聞かずに狩をつづけていた猟師が、一〇〇〇頭目にイノシシと思って射ってみると、それはイノシシの毛皮をかぶった自分の母親だった、というのである。そこで初めて自分の非を悟り、母親に永遠に手を合わせる自分の像を刻み、合わせてそれまでに射った鳥獣を供養することにしたのだろう。

母、ということではもう一つ気になる碑がある。佐賀県武雄《たけお》市の山中にある享保十三年（一七二八）二月二十日の銘のある碑で、表には「銃殺猪鹿臻爰数満一千…」とあって、裏に「五尺弐寸五分之母猪」と記されている。気になるといったのは、その裏の母猪の二字だが、それについて記す前に武雄鍋島氏の狩と、その一千の碑につらなるほかの碑について簡単に述べておこうと思う。

〈熊猿猪鹿毛者千廻供養〉と刻まれている。宮城県白石市小原

享保5年（1720）建立の〈猪鹿三百誌石〉。
佐賀県武雄市若木町

慶長19年（1614）の銘がある、猪鹿のもっとも古い供養碑。この碑には誤って射った母の話がある。手を合わせるのは碑を建立した本人。
佐賀県三瀬村（現佐賀市）

〈野生鳥獣慰霊塔〉。静岡県水窪町（現浜松市）

前頁の〈千廻供養〉の碑を建立した狩人の自画像。宮城県白石市小原

殺生禁断の江戸時代に、狩は薬を得るため、あるいは武芸を磨くためという名目でしばしば行なわれた。そうした場合、殿様もむろん参加するのだが、兵卒のように山野を駆けめぐるということはなく、勢子によって追い出されたけものが、陣幕に近づいてくるのを待って射つというような具合であった。この殿様の狩は、放った矢がたとえあたらなくても、側近の家来が射止めてしまい、しかしそうとはいわず、いかにも殿様が射止めたように、「殿、見事でござる」と誉め称えたのである。

武雄鍋島の殿様の狩も同じで、山の中腹の見晴しのよいところを削って平にし、そこに陣幕を張ってけものが近づいてくるのを待つというものだった。その陣幕を張ったところを御立目《おたちめ》といい、武雄市をとりまく山には、そうした地名を残すところがいくつかある。

それだけのことなら武雄鍋島氏もほかの殿様と変りがないが、ここの殿様は、一〇〇頭ずつの単位でその御立目の近くに誌石を建てているのである。現在わかっているのは、一〇〇誌石から二〇〇、三〇〇と四〇〇まで、その後は空いて次は先の一千のものになるのだが、その一千のものは誌石とは記していない。このほかに所在はわかっているが碑文は未調査というのが三基ある。それはおそらく四〇〇につづくものではないかと思う。

この碑の誌石の二字は、もしかすると供養とは異なるただの数を示すだけのものかもしれない。もしそうだとすると、武士は薄情だということになる。しかしその武士も、一千頭目が母猪だったことからハッと気づいて、その供養碑を建てたのでは、というのが、先に気になるといった〝母〟のことである。

こうしたけもの——動物の供養碑には、九州にはいないとされる熊の文字の読めるものが高千穂（宮崎県）にある。逆にいまはいないとされる地方、蔵王東麓（宮城県）にイノシシを含めたものがあったりする。狼の文字を刻んだものも決して少なくない。

こうした供養碑とは別に、東北地方の獅子舞には、猪鹿を供養するため、というものもいくつかある。その供養のための芸能が、日本の芸能を探るときの大切な視点の一つであることはいうまでもない。

掲載したのは、各地に見られる動物の供養碑のほんの一部で、このほかに、蝗《いなご》、蛙、蛇、鶴、鯨など、さまざまな供養碑がある。右下の〈二千碑〉は、糠塚といわれる半円状の丘の上にある。獣を解体するとき流れ出た血を糠で吸収した、その糠の丘である。

殿様の狩場だった山に立つ一千碑。碑の裏の下に〈母猪〉の二字がある。殿様が獲った千頭目が、孕んでいた猪だったのだろうか。佐賀県武雄市若木御所

三基の供養碑が並ぶ。古いのは左のもので、文政13年（1830）の記銘がある。大分県日田市小野木

〈鹿二千供養塚〉。
宮城県白石市福岡

奥三河の山と人

文　須藤　功
絵　富田清子

七十歳の同窓会

「イノシシがの、一度に七つもとれたというに」

コタツにあたりながら、老人は思い出したように話をはじめた。

「それだけのイノシシを撃つ弾がなくってな、あわてて町に買いに行ったと」

「………」

「粟代の話でな、そこからわしの部落に嫁にきているのがいて、そいつの話だ」

おもしろいと思った。イノシシが一度に七つもとれるなんて普通では考えられない。鉄砲の弾がなかったというのもゆかいだ。

その話を聞く前に、私はここ黒沢部落でその老人たちが同窓会をやったのをおもしろいと思っていた。

今年（昭和四十九年）の一月二十八日、旧暦では一月六日にあたる日で、毎年、この日に黒沢部落で「おこない」、通称、田楽が行なわれる。その場所、阿弥陀堂を同窓会の会場にしたのである。総員五人、鳳来町の一色小学校の同窓会で、巣立つときには二十余人もいたのだが、一人かけ二人かけして、七十歳のいまではわずか五、六人になってしまったという。その中の二、三人が黒沢部落の田楽をまだみたことがないといい、見学かたがた同窓会になった。豊橋、名古屋からかけつけた人もいた。

黒沢部落は南設楽郡鳳来町七郷一色の地内で、戸数は六戸しかない。豊橋駅から出るJR飯田線の東栄駅から、山道をテクテクと二時間ばかり、初めての人ならそろそろ心細くなるころに部落があらわれる。深い山の中なのだが、南斜面にあるために何かホワッとした温かさを感じさせる。各家とも相当の山を持っている。

部落からはどちらかというと遠江（静岡県）の方が近い。古く、遠江と三河（愛知県）を結ぶ主要路が部落を通っていた。その路を上ったのか下ったのか、その道筋にそって、黒沢部落と同じような田楽をともなったまつりがいくつか見られる。黒沢の田楽はまた〝六日堂のまつり〟ともいわれ、遠江・寺野の三日

戸数わずか6戸の黒沢。古くからの「おこない（田楽）」を伝える。

堂、同・懐山の四日堂など、ひとつづきのものであったらしい。

田楽は古い芸能である。平安時代初期の記録にすでに見えている。一口にいうと田植えのときに奏された歌舞である。黒沢を含め、遠江、三河、信濃（長野県）に分布している田楽はむろん当時のものではない。演じ方も土地ごとに少しずつ異っているが、共通しているのは初春にその年の豊作を願うまつりになっていることである。その地域にはまた念仏踊が重なって分布している。花祭、そして田楽、念仏踊、いずれも古い形の芸能で、それがこの山中の歴史の一つを物語ってくれている。

「よく来てくれたのう。まああがりんしゃい」

黒沢の田楽の中心になる荻野さんはいつ行ってもあたたかい言葉をかけてくれる。その家を鍵取屋敷というのは阿弥陀堂の鍵をあずかっているからである。千木を置いた茅屋根の家で、それが山峡の風景を遠い日のふるさとのようにしている。年によってその茅屋根にはだれ雪を見ることもあるが、黒ずんだ茅屋根に白い梅がさえる年もある。

黒沢の「おこない」の「種蒔き」

明治以前、荻野家は一色村の庄屋をしていた。そのために幕末のころのいろいろな記録が残っている。そんな荻野家も世の常で浮き沈みがあった。ただ、ほかと違うのは田楽もその影響を受けていたことである。大東亜戦争の始まるころから戦後の二十一年まで黒沢の田楽は中断されていた。後継ぎが放蕩したためで、現在の当主はその荻野家を立直らせた人である。

田楽を復興するにはいろいろな曲折があった。一番の問題はわずかな戸数と人員ではたしてつづけていけるかどうかということであった。各家の強い決心と、それにこたえようとした荻野さんと、さらに周囲のあたたかい応援で復興し、もう二十七年になろうとしている。行くたびにこれだけの人数でよく、と思うのだが、そう思っているのは私だけではない。いくたびに顔を合せる常連がいる。どの人も黒沢の田楽と、風景と、そこの人たちを心から好いている人たちである。そして、いつも同じように〝今年もまあ、わずかな人で無事にすんで〟と挨拶をかわす。

黒沢の田楽は、まず、つるぎ、ほこで祭場になる阿弥陀堂を祓い清め、それから太鼓を田畑に見立て農作業のさまを模擬的に演じてゆく。ゆかいな狂言風のものもある。すべて三十七番あって、当日の午後から夕方にかけて行なわれる。

同窓会の面々は、そんな田楽を堂の中でおとなしく見ていた。赤ら顔になってはいたが、ほかの見物人に遠慮したのだろう。そのかわり田楽がおわって荻野家での二次会に移ってからは大変であった。蛮声をはりあげて障子をふるわせる。女学生のように笑いころげる。とても七十歳の老人とは思えなかった。荻野さんとその家族の人たちの心づかいで、老人たちは遠い日の悪童にかえっているようであった。外は冷たい風の吹く寒い夜であった。

七頭の猪の話

それから十日ほどたって、私は粟代にイノシシの話を聞きに行った。

東京を発つ夜、駅にはみぞれが吹込ん

一度に猪7頭がはいった柵罠

で寒かったが、翌朝の三河路もいつもと違う白一色の世界であった。ふんわりと雪をいただいた三河の山は墨絵を見ているようで美しい。粟代についてからも、しばらくそんな雪景色をながめていた。

　私が粟代を訪れるのは二度目であった。一度は花祭の調査である。昔は一つの村であった粟代は、現在、東栄町の小字として上粟代、下粟代にわけられている。そのうち下粟代の方には花祭がある。イノシシの話もその下粟代の方であった。足跡の少ない雪道を踏んで部落にはいり、ひょいと出会った若い夫婦にわけを話してたずねると、その主人公ならいま私の家にいるといった。

　主人公の加藤市之助さんは一服しているところであった。雪景色を写真にしようと歩いたのだという。五十一歳といったがその年齢にはみえず、小柄ながらガッチリしたからだで、いかにも三河の人のようであった。山を歩いているからだろう。粟代には山持が多く、暮しもゆったりとしている。

　加藤さんにたずねてきたわけを話すと、もう東京まで聞えたかといって喜んだ。弾がなかった話では奥さんの方が笑いころげた。

　七頭のイノシシは加藤さんの大きな柵罠にかかったのである。柵は太い柱に丈夫な金網をめぐらした四方四メートル、高さ三メートルほどのガッシリした造りのものである。入口の落し戸は木組ながらイノシシがいくらあわてて体をぶつけてもこわれるようなものではない。その落し戸は柵の中に張られた細い線で作動する。イノシシがその線にさわるとバタンと落ちるしくみになっているのである。

　柵の中は畑になっていて、イノシシの好きなユリやサツマイモを植える。入口のあたりにも同じように植えるのだが、そこはあまり多くしない。おとりみたいなもので、入口あたりのイモを食べたイノシシが、味をしめて柵の中にはいっていくほどの量、だから多くてはいけないのである。むろん、イノシシの大きさでその量も異なり、加藤さんも一、二度失敗している。入口のイモだけで満腹にさせてしまったのである。秋から春にかけて、作物の育たない時期にはサツマイモを畑の中にいけておく。

　加藤さんは柵の中の線を考えて二本張った。イノシシをうまく柵の中に閉込

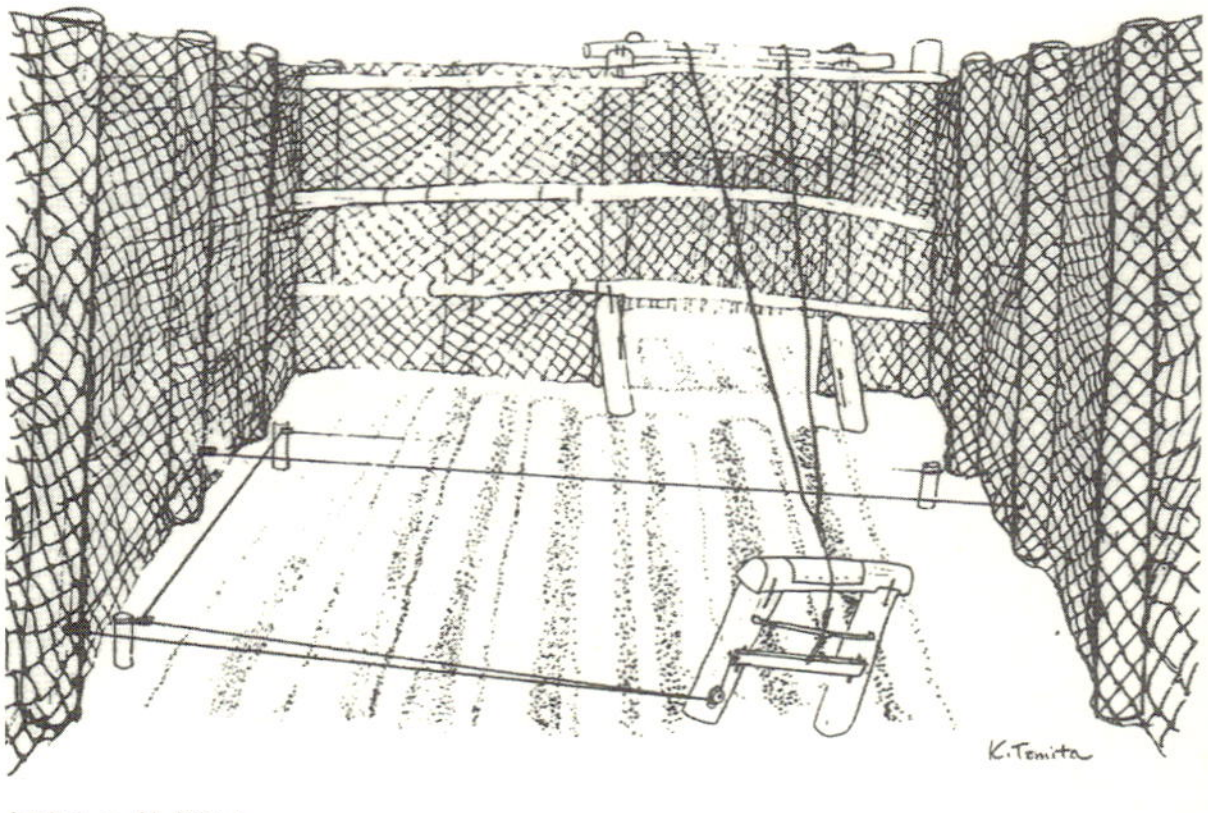
柵罠の仕掛け

められるかどうかということは、いつにその線の張り方にかかっている。〝親をとらずに子をとった〟そんな話は子のイノシシが喜んで先に柵にはいって線にひっかかったものである。大きなイノシシでも普通は一頭しかかからない。七頭も一度にというのはまったくの偶然としか考えられないのである。

　加藤さんが線を二本にしたのは、ほかの柵をいくつか見た上で試みたことであった。同じような柵は、粟代を含む東栄のあたりに八ヶ所、山を越した作手の方に十一ヶ所ある。中には入口まで鉄骨のものもあった。この柵ではまだ一頭もとれていない。入口が鉄骨ではイノシシははいりにくかろうと思ったという。ほかの柵もいい成績とはいえなかった。現地で実物を見せてもらい、話を聞いた上で加藤さんは二本線にすることにした。はじめの線は入口から遠くも近くもないといった位置に高目に、次の線はそれより低目に張ってみた。柵は昭和四十七年（一九七二）七月に造ったもので、およそ二十万円ほどかかった。個人のものであったが地方事務所から補助金がでた。その柵にはじめてイノシシがはいったのは翌年の二月で、それから十月までに十頭ほどとれた。右の表はその成績である。ほかに落し穴に落ちたのが一頭あった。七・六キログラムの小さなやつで、二頭目のあとの八月二十五日のことである。

	とれた日	性別	大きさ(kg)
1	48. 2. 19	オス	48.5
2	48. 8. 13	オス	70
3	48. 10. 10	オス	120
4	48. 10. 30	メス	76.8
5	48. 10. 30	メス	61.5
6	48. 10. 30	メス	54.7
7	48. 10. 30	メス	18
8	48. 10. 30	メス	18
9	48. 10. 30	オス	18.3
10	48. 10. 30	オス	18

柵罠で獲れた猪の数

　イノシシは夜行性の動物で、昼は湿地にゴロンと横になっている。ときおり水たまりで体をゴロンゴロンさせる。それをヌタをうつという。ヌタをうったあとはモミの木のような肌のザラザラした木に体をこすりつける。猟師はその木のすれ具合や土のつき具合でいつのものかを判断する。足跡を見れば大きさもわかる。また、イノシシの通り道はきまっている。それを「トウ」といっている。トウの土の掘れ具合で、イノシシが近くにいるかどうかを見分けることもできる。

下粟代に残っていた猪の落し穴

　加藤さんの柵もそのトウ筋に造られてある。まわりのトウには落し穴がいくつかある。加藤さんの生まれる以前に掘られたものらしい。直径一メートル、深さ二メートルほどのもので、人間でも落ちたら簡単に出られそうもない。つるべ井戸に見られるように、穴の中はきちんと石がつんであって、まわりの土が崩れないようにしてある。穴の上は枯草でさっとおおうだけである。

　加藤さんの柵にはいずれも猟期外にイノシシがはいっている。本州では十一月一日から翌二月十五日までが狩猟期間ときめられている。加藤さんの場合は特別許可をもらってあったので問題はなかった。一番最初にかかったとき加藤さんは浜松に行っていた。連絡を受けて飛んで帰ってくると、鳥用の鉄砲に獣用の弾をこめてぶっぱなした。ところが薬莢がかんでしまって二発目をすぐ撃つことができない。これではいかんとそのときすぐ新しい鉄砲を買うことにきめた。

　七頭のときには、はいったと知るとすぐ買ってあった鉄砲を受取りに新城《しんしろ》に走った。それがどうも、

「弾を買いに行った……」

という話になったものらしい。鉄砲を受取って帰ってみると、柵のまわりはもうものすごい人だかりだった。エプロンを掛けたおばさん、近くの工場の人、役場の人、おまわりさんまできていた。

　新しい鉄砲は手にしているが、警察の所持確認をとっていないから使えない。急いで手続きをすませてきて、さて弾をこめようと思ったら十発しかない。それでは一頭に二発は撃てない。しまったと思った。もう一つ心配なのは、試射をしていないから鉄砲にどんなくせがあるかわからない。大勢の人だかりの中ではそんな鉄砲では危険である。役場の人が、だれか応援を頼んだ方がよくないかとさかんにいってくれた。が、意地があった。大勢の人が見ている。ひとりでやってやれと思った。

　とにかく見物人をずっと遠ざけてもらって鉄砲をにぎった。七頭のイノシシはすごい勢いで柵の中を走りまわっている。金網にドシンドシンと体をぶっつけている。そんなイノシシに照準を合せるのはむずかしい。動く体に合せていたのではあたらない。イノシシが走る。その先を見越して撃ちこまなくてはならない。一瞬、息を殺して引金を引いた。

〝ズドーン〟

　まわりから拍手がわいた。

「さすが……」

という声も聞えた。一発目があたるとあとは楽であった。

　四頭の小さなイノシシは取押えて後足をしばっておいた。翌日行ってみると、その四頭は立向ってこようとする。たよっていた親を失ったためであろうか。大きな三頭のイノシシはいずれもメスで、一番大きいのは子を生んだ形跡があったが、あとの二頭はまだムスメであった。それでもその二頭は発情期にはいっていたから、親は違っていたかもしれない。そんな親子でもないのがどうして道連れになったのかわからない。小さなイノシシはオス・メス二頭ずつで、これは一番大きなやつの子だったろう。ただ、その子にしても別れる時期にきていた。イノシシは紅葉のころに交尾期にはいるからで、親はついてくるな、子はついていくといっているうちに一緒に柵の中にはいってしまったのかもしれない。

　七頭も一緒だと、柵の中のサツマイモもさすがにきれいになくなっていた。柵に一番最初にかかったイノシシの腹の中には腐ったサツマイモがはいっていた。二月ごろというと一番エサのないときで、腐っていてもそのイノシシにはごちそうだったかもしれない。そのころにはミミズ、山イモ、クゾウの根、ワラビの根、また沢の石をおこして沢ガニなどをエサにする。クゾウの根を掘ると大きな

柵罠で獲った猪の剥製

穴になり、植林した杉の木が倒れてしまう。同じようにしゃくにさわるのは、七、八月ごろに稲穂を食うやつである。そのころの穂はまだ柔かく、つぶすと白い乳のようになる。二頭目の腹からはそんな乳液のようなのが沢山でた。穂がかたくなるとイノシシは食べない。

　コンニャクイモやサトイモも食べない。好物のサツマイモは実に上手に掘って食べる。畑の一部につくっておくと、まわりは荒さないでサツマイモだけ掘る。そして葉はそのまま残しておく。だからやられてもすぐにはわからない。夜やってくるわけで、人間がイノシシにかなわないこともある。

　七頭のイノシシの肉は新城《しんしろ》市の肉屋が持っていった。猟期前でその年の価格がまだ定まっていなかったが、メスということと初物ということで高く売れた。新しい鉄砲の代金ができたほどである。むろん、自分たちで食べる肉はとっておいた。

　加藤さんは一通り話してくれると、柵まで案内してくれた。帰ってくると、今度はシシナベをごちそうしてくれるといった。冷凍室にいれてとってあった七頭のシシ肉である。ガスコンロに鉄ナベをかけ、しょうゆ、砂糖をいれ、臭みを抜くためといって親指ほど赤ミソをいれた。ほかに日本酒を少々、あとはネギとシシ肉である。ジュージューとかおりをただよわせ、なんともおいしいシシナベであった。

鳥になった少年

　かって山の湊といわれた新城《しんしろ》市に八楽《はちらく》児童寮という児童養護施設がある。古い伊那街道に沿って静かな場所に建ち、不幸さえ背負っていなければ子供たちにはよいところである。

　八楽児童寮は昭和二十八年(一九五三)に建てられた。いまは亡き太田順一郎寮長があるきっかけから教職を捨て児童養護に専念しようとしたときである。そのきっかけにそこに生まれた運命のようなものも含まれているのだが、寮長はとにかくねっからの三河人であった。

　八楽児童寮の建物はいまでこそ立派になっているが、そのころの家はひどいものであった。そのひどい家で生活しなければならない子供たちも一見幸せそうには見えなかった。が、寮長はそれを可愛想だという同情の目で見られるのをきらっていた。不幸を背負っていても子供たちにはそれぞれ個性というものがある。同情は往々にしてその個性を黙殺してしまう、というのであった。

　寮長はだれからも〝お父さん〟と呼ばれていた。お父さんはよほどのことがないかぎり子供をしからなかった。いつも子供たちの長所を見出そうとしていた。それを発見して保母さんに話すとき、お父さんはメガネの奥の細い目をさらに細めてニコニコとした。

　何かの理由で家庭がくずれ、はじめて施設にくる子はオドオドする。乳を離れたばかりの子が一晩中泣きつづけることもある。中にはすぐに元気を取戻す子供もいるが、いつまでたってもうつむいたままの子供もいる。A少年もそんな子供

鳳来寺山と麓のたたずまい

であった。その少年が、ある夏の夜のふとしたことから寮の人気者になるのである。

A少年は寮にはいる前に鳳来寺山の麓に住んでいた。父は酒のみで素行が悪く、よそ者だったことから近隣のうけはよくなかった。女房を失ってからはやけくそが加わってどうにもならなくなり、妹と三人の生活はひどいものであった。A少年は小学生だったが、その細い腕に生活の重みを感じなければならなかった。学校から帰ると少しでもということでかせぎにでた。

六八四メートルの鳳来寺山は信仰の山として古くから三河の人々に親しまれてきた。江戸時代には徳川家の手が加わって庶民はちょっと近寄りにくくなるのだが、徳川幕府の瓦解とともにまたみんなの山にもどった。

杉の種が採取される鳳来寺参道の傘杉

鳳来寺山は自然にめぐまれている。杉や樫の老樹におおわれた山中には小鳥のさえずりが断えない。コケやシダ類、高山植物なども豊富だ。夏は木立を抜ける風が涼しく、秋には紅葉が全山をつつむ。その自然をたずねて観光客がくる。山麓の人たちはその客を相手に土産店を持っている。旅館もある。A君はそんなところでちょっとした手伝いをやらせてもらった。山頂にある宿坊の用事で、千四百二十四段もある石段をフーフーいいながら登りおりしたこともある。

鳳来寺山は仏法僧でよく知られるようになった。〝ブッポーソー〟と鳴くのは実はコノハズクという鳥で、仏法僧はもっと違った鳴き方をする。そのことは山の案内書にもでているのだが、客の中には仏法僧ではなければ気のすまない人もいる。また、折角やってきながらその声を聞けなくてガッカリして帰る人もいる。

ある霧の夜、A君は山頂の宿坊で風呂にいれさせてもらっていた。いい気持であった。何気なく〝ブッポーソー〟とやってみた。女中さんが「上手だねー」とほめてくれた。オヤジになぐられることはあってもA君はほめられることなんてほとんどない。うれしくなってそれからもときどきやってみた。

ある日、名古屋から知名人が二十名ばかりやってきた。だが、その日はあいにく雨模様でとても仏法僧の鳴くような夜ではなかった。宿坊の人たちは気をもんだ。といってもどうにもならない。ところが鳴いたのである。確かに仏法僧の鳴き声であった。

おそらくあの女中さんが宿坊の主に話したのだろう。それはA君の仏法僧だったのである。A君は闇の中をあっちに行ってうずくまり、静かに動いてはまたうずくまって〝ブッポーソー〟とやった。知名人はその声をだれひとりとして疑わなかった。宿坊の人たちも半信半疑ながらとにかく喜んだ。宿坊の主からもらった御礼はA君には沢山な額であった。そして、それから一年に二度、三度そんなことがあったのである。

A君はそんな過去の日のことを思い出して、夏の夜空に〝ブッポーソー〟とやったのかもしれない。が、その鳴き声を聞いてお父さんは驚いた。子供たちもすっかり聞きほれてしまった。そして、それからA君は寮の人気者になってしまったのである。

どうしてそんなに上手なのか、お父さ

んはA君にねほりはほり聞いたらしい。私はこの話をお父さんが書いた原稿で見た。多少、想像がまじっているようであった。

お父さんの原稿の中にはまた将来の夢も書かれてあった。それはオーストリアに本部がある「SOS子供の村」の日本村を自分のところにつくることであった。

日本の養護施設は大舎制がほとんどである。長屋式の家に集団で住まわせるのである。お父さんはそれに対して小舎制を主張していた。それがたとえ真似ごとになろうとも、子供たちに家庭に近いものを与えてやらなければならない。それを実行するにはいろいろな問題があった。が、お父さんはとにかくできるものから形にしていった。家を一戸建にし、子供たちを普通の家庭の兄弟のように年齢順に組合せて住まわせた。保母はその家の〝お母さん〟とした。八楽児童寮にはそんな子供たちの家、「鳥の家」、「花の家」、「魚の家」、「丘の家」などが並んでいる。

小舎制はあたりまえのようでありながら、日本ではその例がまだ少なかった。そんな中で「SOS子供の村」は、お父さんのいだいていた理想にピッタリだったのである。そして、見学に行く計画を病いの床の中で練っていたようである。だが、肝臓の病いはその夢を実現させてくれなかった。五十歳前であった。命日は十一月二十三日の祝日で、お父さんは育てた子供たちがみんな帰ってこれるようにして逝ったのさ、という声も聞かれた。それまでに二百人以上の子供を育てていた。

話が前後してしまったが、A君はいま結婚して新城市で幸せな家庭生活を送っている。

コノハズク

ブッポウソウ

奥三河の棚田

銃を撃つ構えを見せてくれた
田熊秋人さん

ある日の獲物と田熊さん

けもの風土記2

山と猪と狩人と

語り手＝田熊秋人
聞き手＝村崎修二
写　真＝形岡　瑛

猪の足跡をたどりながら山にはいる。

玖珂山地
人とけものの交わるところ

山口県玖珂《くが》郡周東町用田。

今、私は、山口県東南部、通称熊毛《くまげ》半島のど真ん中、玖西《くせい》盆地のまたそのど真ん中を流れる島田川の川土手に立っている。見渡すかぎりみごとな水田が、まるで緑の絨毯を敷きつめたように幾重にも重なって、遠くに消えてゆく。

昨年（昭和五十六年）八月の暑い時に、この盆地の町に越してきて、もう一〇ヵ月が過ぎようとしている。

瀬戸内の海辺の町に育った私には、回りぐるりを山々に囲まれた盆地の冬は、いささか身にこたえた。私達の家族は運よく、低家賃の町営住宅にすんなりと入りこめたし、共同の仕事を計画している仲間の若者達も、近くに大きな農家を借りて、共同生活を始めた。

玖西盆地は、東に岩国市、西隣りに徳山市、南隣りが柳井《やない》市というふうに熊毛半島の真ん中に位置する交通の要所である。どこへ行くにも非常に便利で、広島市と山口市がほぼ等距離、福山市と下関市が、ほぼ等距離という所にある。私達は、この地を自分達の芸の創作とその背後の文化の研究、そして生活の本拠として選んだ。特異な大衆芸能「猿舞《さるまい》」の完全復興と新しい文化運動づくりを目指して腰を据えたのである。

島田川の岸に立つと、北に玖珂山地と呼ばれる山々が島根県境に連なり、南は、所々に小さな盆地をもつ柳井背後の丘陵地が、瀬戸内海に続く。この玖珂の内陸部は、古くから農業開発の最も進んでいた地方の一つであった。私の住む用田には、前期縄文時代の遺跡が発見され、この盆地のあちこちに、古墳時代まで綿々と続く遺跡が数多く発掘されている。しかし一方東の錦川、西の島田川の上流域の玖珂山中には、複雑な丘陵のひだひだに無数の小さな山の村々が点在している。

いつの頃からか、この地を故郷にもつ旅芸人の集団が、全国津々浦々の人々を観衆に歩き始めた。芸能による出稼ぎである。この人たちをこの地方では「じょうげゆきの衆」と呼んでおり、毛利・吉川藩の為政者は、「道の者」と総称していた。記録をたどり、古い話を聞きあつめてみると、猿舞・デコ廻し・万歳・春駒・福俵・歌舞伎・地芝居・浄瑠璃語り・辻音曲等々、近世の雑芸能はほとんど網羅されている。

この「道の者」たちの里が、玖珂郡を中心に山口県東部に集中している事実に、宮本常一先生は早くから注目されていた。「案内してくれ」と言われて、帰郷された折に、三度ばかり案内して歩いたことがある。

この芸能者たちの伝統を追っていけば、中世の「簓者《ささらもの》」までさかのぼれるはずであるし、もっと突っこんでいけば、古い生活形態を遺す、狩猟―採集―漁撈生活者との関連も浮かび上がってくるから、君はこの簓者の系譜を生態学的に追求してみなさいという提言であった。そして早川孝太郎という先輩の民俗学者が、大阪の古本屋で発掘した、玖珂郡柱《はしら》野《の》村の貴重な狩猟伝承の資料『猪狩古秘伝《いかりこひでん》・狩之作法書《かりのさほうしょ》』もくださった。

猿舞の継承活動を単に調教や芸の復元にとどめるのでなく、

猿という野性の獣の捕獲、飼育、調教、芸の展開から、それを見せながらの旅の生活まで、一貫して調査し、整理するとすれば、やはり、猿を捕獲していたといわれる玖珂山地の猟師たちに当たってみることが、ひとつの重要なポイントになるだろうということで、ここ四、五年来、機会を見つけては、再三再四、この地を訪れていたのである。私の祖母が、この地方の出身であり、やはり「じょうげゆきの衆」として、子供の頃から雑芸能を携えて、旅芸に生きてきた人だっただけに、親戚筋の人も多く、私にとっては協力者や、情報提供者には事欠かない有利さがあった。

玖西盆地を取りまく山々のうちで、特に猿を見ることの多いといわれる三つの山がある。東から蓮華山《れんげさん》、物見《ものみ》ヶ岳《だけ》、樽山《たるやま》である。その一つ物見ヶ岳の山ふところに食いこむ明見谷《あけみだに》の一角に、自然の獣や鳥が観察できる格好の農家を借りることもできた。猿の群が頻繁に出没する所である。茅ぶきの古い農家が点在する明見谷も、かつては、狭い谷奥に驚くほど丹念に石垣を積んだ棚田が連なり、三五戸を数える村であったのだが、今日では僅か五戸が踏みとどまっているにすぎない。いわば深山の秘境の里である。

ここに住んでいる岡本老人から、「昼は猿、夜は猪《しし》が出て、わしらにゃあ、生《な》りものは取らしちゃあくれんにいな。あんたらあ、ここで研究するのもええが、猿や猪を獲っちゃあくれんでえ」と一言、ポツンと言われたことが胸にこたえた。

錦川、島田川の上流域に住む人々にとって、土に生き、山に生きようとするなら、山の獣たちとの日々の「食糧争奪戦争」はどうしても避けては通れない。それはこの地に住む人々に幾世代となく続いてきた関係であり、問題であった。この問題に、やはり幾世代となく続いてきた方法で、体を張って取り組んできた人が、今回登場していただく、田熊秋人さん（五〇歳）である。

「あんたらあ猿の調教をやりよるんなら、猿が要るんじゃろう。山で迷った仔猿を捕まえているから、引き取りにきてくれないか」

と電話があったのが、五年前。それ以来のおつきあいである。

玖珂郡きっての猟の名人。山のこと、獣のこと、猟のことなら田熊に聞けと、他の猟仲間が口々に言うほど、この地方の猟師の評価は高い。穏やかで決して言葉を飾る人ではないが、今や伝説的な話も少なくない。

さいわい昨年十月以来、京都大学霊長類研究所の大学院生、広谷彰君が田熊さんに密着して調査することを許され、猿舞座の仲間たちの協力もあって、何度か貴重な体験談を聞かせていただき、山歩きにも連れていっていただいた。

人間と自然との関わり合いの歴史と芸能の歴史をつなぐ研究を志す私達には、田熊さんの知識や洞察に興味はつきない。

「そりゃ、猿まわしも最初は、猟をしよった者がやり始めたもんと思うでえ。わしの経験でも、そりゃあ、はっきり言うことができるいな」ときっぱりと断言される。古い絵巻物や何かに出てくる猿曳きの姿には、田熊さんがおっしゃるように、猟師の姿を髣髴《ほうふつ》させるものが多い。

現在、田熊さんが住む岩国市南河内《みなみごうち》近延《ちかのぶ》は、裏山を越えると、あの『猪狩古秘伝』の出た柱野である。歩いてもたいして時間のかからない距離にある。

（一九八二年　六月初旬　村崎　修二）

山と猪と狩人と

柳井市と北部の山々

一章

わしが猟師になった身の上ばなし

悪戯《わるさ》が面白くてならない年頃

あんた、知っちょるかいのう。わしの生まりゃあ、柳《やな》井《い》の日積《ひづみ》いの。今ぁ柳井市じゃが、昔ぁ日積村ちょったが、日積も案外と広いんでのう。柳井から北へ登ってくるじゃろうが、ずうっと登りつめて、入《はい》り小口《こぐち》から、今度ぁ、ずうっと入っていった川谷《かわたに》ちゅうとこいの。

家ぁ、百姓いの、もともと。百姓家の六男坊、おとん坊（末子）いの。男六人兄弟と、わしの下に妹が二人。戦争で死んだり、なんだりで、はあ（もう）三人しか残っちょらん。

わしゃあ、昭和七年生まれじゃが、わしの家は、あん当時でも百姓だけじゃあ食えんから、親父ぁ、馬二頭飼うて、馬車引きいやりよった。

馬車引きちゅうが、今の運送屋みたいなもんにいの。牛も一頭飼うちょった。日積ゃあ、柳井に出るにしても、高森に出るにしても、一番地の利はええし、馬車ぁ引っぱりゃあ、だいしょう（多少）金にゃあなりよったんじゃろうぜ。一応それで子供に飯食わしたんじゃけえ、今考えりゃあ、昔の者ぁたいしたものいのう。

なんで、その百姓が、猟専門になったか？　ハ、ハ、ハ、まあそりゃあぼちぼち話すいの。

田熊さんの家で。左から形岡瑛、田熊秋人、村﨑修二

昔ぁあんた、今みたいにテレビやらマンガがある訳じゃなし、わしらぁ子供の時分遊ぶちゅうても、限られちょるいなあ。学校が引けると、昔ぁ皆子供でも田のてご（手伝い）をするけえなあ。誰じゃし（だって）そねえ勉強勉強ちゅうこともなかったけえなあ、今みたいに。皆貧乏しちょったが、そねえにガシガシはしちょらんじゃった。子供同士示し合《お》うちゃあ、近くの山やら川やらへ行って、生《な》りものをもいだり、ナバ（茸）捜《さが》あたり、鮒やらウナギ突きい行ったり、そりゃあ、今よりゃあ呑気じゃったぜ。

小学校の上学年ぐらいなりゃあ、ぼちぼち悪戯しとうなる年頃いなあ。誰がちゅう訳でもなぁんじゃが、鳥い獲ったり、獣を獲ったりしだすいな。そねえなことが面白うていけん年頃ちゅうのがあるいな。

わしゃあほいじゃから、確か小学校の四、五年生の頃からじゃったと思うがなあ、雀やらホオジロ、メジロ獲りはじめた。ワサ（仕掛け罠）で、狐やら狸い手をつけたなぁ中学校へいきはじめてからじゃったなあ。見よう見まねいの。猟師もおるにあおったが、あの頃ぁ猪はほとんど獲りよらんじゃったいの。

ちい（つい）狸、狐が、柿やらなんか悪戯するじゃろうがの。ほいじゃけえ今度はこっちがあいつらぁ、かしろう（からかう）ちゃる訳いの。ふ（運）が良うて掛かっちょってでもしてみいな、そりゃ子供の世界でも自慢の種じゃけえなあ。当分えばっちょられるいな。ハ、ハ、ハ。半分は恐ろしゅうはある。半分は何かこう楽しみでもあるけえ、まあ、面白半分でやりよったいの。

初めての猪《しし》

中学校の二年生の時がちょうど終戦の年じゃった。終戦後、そりゃあ食糧がてんで不足しちょろうが。米でも野菜でも百姓は皆必死で作りよった。

ところが日積で一番困ったことが一つあった。

秋んなって、穫り入れ頃になりゃあ、田んぼやら畑がメチャメチャに荒らされるのいの。猪《しし》が出て。そりゃ皆困り果てちょった。土地の古老《としより》の話じゃあ、ここらぁ（玖珂《くが》郡一帯）江戸の昔にコレラか何かが流行して、猪ぁ一回全滅したんじゃが、どっかから移ってきたんじゃなかろうかちゅうことじゃった。

それにしても、誰もまともに猪の姿ぁ見た者《もん》はおらん。ほいじゃから、村の者ぁ山羊《やぎ》か何かにぐらいにしか思うちょらんじゃった。ハ、ハ、ハ、ハ。

夜んなると村長先頭に、青年団やら何やら出て、夜どおし交替で、見張り番つけたり、火を焚《た》ぁて、油の缶カラぁ棒でガンガン叩ぁて、そりゃ賑やかなことじゃった。ほいじゃが、あんまり効果ぁ上がらんじゃっと思いんさい。

ほうゆう折に、わしが罠で初めて猪を獲ったのいの。中学校の三年の時じゃから、昭和の二十一年じゃなあ。狸のワサに掛かったのいの。家から一キロぐらい登った山ん中いなあ。いって見りゃあ、何やら大けなものが掛かっちょる。わしも訳ゃあ分からん。ちい二間ぐらい先から石い投げてみたりなんやらするが、まるで岩みたいに動かんじゃろうが。それで、とうとうねき（傍）までいってみて、初めて、こりゃあ大事《おおごと》じゃ、これが例の猪《いのしし》でようと、とっさに思うて、そりゃ一目散に山を降りて家へ飛んで帰ったいの。

家の者ぁ狸の罠に猪が掛かったちゅうても信じられんふうじゃったが、兄貴らあが二人山へ登ってくれたいの。二人でそれを担いで山から降りた時にゃあ、皆、そりゃあびっくりしてのう。となり近所も大騒ぎ。村の者が入れかわり立ちかわり見物に来る。ちい黒山になってのう。

「こいつが、猪ちゅうもんか！」

ちゅうて、村中が大話《おおばなし》いの。今、考えると、四五キロぐらいの奴じゃったが、皆はお化けぐらいに見えたんじゃないかの。

玖西盆地の村

どこから聞いたんか、明けての日に柳井の肉屋が売ってくれちゅうて、わざわざ日積まで上がってきたいの。それがほれ、まだ確か十月頃のことじゃけえ、当時腹ぁ開けることも誰も知るまあ。一日置《ひてい》いたら、はあ（もう）いけん。ガスが溜まってのう、腹ぁ太うなっちょる。

「ありゃ、こりゃいけん。なして腹ぁ出さんじゃったんでえ。わしゃあ豚肉の値で買おうと思うちょったに」ちゅう按配で、引き取らんじゃったいの。戦後は豚肉も今と違うて高う売れる頃じゃから、そりゃあ惜しいことしたのうちゅうことといの。

ほいじゃが、ちいと臭《にお》うても、青年団が皆さばいて、肉にしての、スキ焼きみたいにして食べたいの。「こりゃあ、旨い」ちゅうて。そうよなあ、肉にしたら一四、五キロもあったろうなあ。若ぁ者が皆晩に寄って食べたげな。あの頃ぁ皆内緒でドブ酒ちゅうのを百姓は造りよったから、そりょを（それを）めいめい持ち寄って、賑やかにやらかしたいの。

早射ちの稽古

ほれでわしゃ大手柄ちゅうか、なんでも力田《りきた》（旧姓）とこの息子はたいした者じゃちゅうことで誉められる。親父は猟が大嫌いな男じゃったが、猪を獲ってからの後と先じゃだいぶん息子を見る目も変わったちゅうか、前みたいにゃあ、文句ういわんようになったいな。ほれでええ調子になって、「また獲っちゃろう」ちゅう気分で、研究ちゅうか、凝りはじめたいなあ。まあ、ほれで病《やみ》つきになっていった訳いな。

戦後のどさくさで、今頃のようにやれ免許じゃ、猟法じゃちゅうふうにやかましゅうなかったからなあ。ほいで一六の時、鉄砲買うて射ちだした訳いな。

あの当時は占領軍じゃったけえなあ。警察の管轄じゃあなかろうが。日本の警察ぁなんにもいわんじゃった。ヤンキーの憲兵隊がきて調べていったことがあるいな。ほじゃから銃の裏にゃあ英語で何やら書いちょったでえ。

あの頃ぁ単発のええ銃ちゅうなあ無かったけえなあ。一発射ったらまたガチャッと込めかえて射たんにゃあいけん。暇がありゃよう練習せたもんにいな。射った瞬間またすぐ込めて射つ。（左手の）指の間に弾《たま》ぁ挟んじょってな。早射ちの稽古はようやった。兎やなんぞでも、二間《けん》見えたら（二間を走り抜ける間に）、はあ二発掛けよったけえなあ。しかしまあ鉄砲も、二五、六を境に、やっぱり腕は落ちてくるいな。

嘱託猟師

昭和二十四、五年頃ぁ、日積だけじゃなぁ（ない）玖珂郡のどこでも猪が出て田畑ぁ荒らして困るちゅうんで、とうとう県庁が腰を上げてなあ、害獣駆除班ちゅうのを拵《こしら》えた。その連中がこっちにも回ってきよったから、よう狩り出されててごをしたぜ。犬う追うて歩くやり方ぁだいたい昔から大津郡（山口県北浦地方）の者がやりよったちゅうんぜ。犬を一五、六頭も連れて、都濃《つの》（徳山市）の奥山から玖珂の奥の方まで、どこちゅうこたぁなあ猪が出たちゅう情報が入ると、すぐ日取りを決めて入りよった。

昭和三十年頃までその駆除班ちゅうのがあったから、お陰でこちら辺りの山ちゅう山は皆覚えることができたいのう。いいや、一年中じゃなぁいの、時々いなあ。

中学出て、職いつく訳じゃなし、百姓のてごをしたり、土方仕事にいっとき出たりしよったが、猟で結構金になりよったろうが。ほれではあ猟一本でいくことにしたのいの。

あの頃ぁわしゃあクジ（鑑札）をもろうて、春も夏も一年中猟しよった。駆除班の連中は巧いなあ巧いが、一応型通り獲りゃ地元へ引き揚げるじゃろうが。その後をわしが独りで頼まれちゃあやるのいの。市町村が予算を組んで、わしを委託で雇うのいの。

土方よりゃちいと毛が生《は》いるぐらいの日当じゃったが、獲っても獲らんでも日当くれるし、若いけえ覇気ぁあるし、自動二輪でどこへでも行きよったぜ。ほれにあの頃ぁ物資が無ぁ。代用品ちゅうもんが無かろうが。鼬《いたち》や狸、狐やなんぞも、皮がのう意外に高う売れよった。

特に鼬の皮が高う売れよったいの。一こん獲ると一枚で土方の二人役分ぐらいの値じゃったでえ。皮ぁ真冬の二ヵ月ぐらいがええ。十二月の末から二月の末ぐらいまでじゃな。一〇〇ヵ所ポンプラ（竹筒の仕掛け罠）掛けて、一日《ひてい》に二こん平均で獲りよったからええ稼ぎじゃった。皮は高森の坂田が何でも専門にやりよって、わしが届けたり、本人がわざわざ自転車で日積まで引き取りにきよった。狸も狐もなんぼかは金になりよったでえ。

家ぁ百姓家じゃから、別に食うにゃあ困らん。嘱託の

上は八代のナベヅル。下は島田川のサギ

上は物見ヶ岳への道から見る盆地。下は栗の木と小豆畑

仕事ぁ入る。季節によっちゃぁ他の猟で金ぁ入る。なんでもあの頃が一番良かったのう。ほいじゃからわしゃぁ昔から単独猟いなあ。

今ぁ猟期も短かぁし、猫も杓子も猟をやるが、あの頃ぁ鉄砲も罠も両方やる者ぁここらじゃおらんじゃったからなあ。

罠も研究したでえ。自分が独自に研究せて、人からも聞く。どれだけ素人の者《もん》でも、参考になるけえなあ。いろいろ改良せていくのいの。

山は山で覚えんにゃぁあいけん。山も皆違う。棲んじょる獣も皆違う。獣がようけおりよっても、やっぱし研究せんにゃぁ獲れんにいな。人によっちゃぁ自分より偉い者はおらんと思うて、いっさい他人のものは受けつけん人間も多いもんじゃいの。頑固なのも時にゃぁ大事じゃろうが、わしらあの仕事ぁ生き物が相手じゃから、あんまり頑固じゃ勤まるまあでなあ。

村に請われて

かれこれ一〇年ぐらい猟一本でどうやら食うていきよったが、ここへ養子婿に入ったのが二五の年じゃけえ、昭和三十二年（一九五七）に今の女房と一緒になったんかなあ。

一、二年も前から、ここらに猟できよったのいの。この村（岩国市南《みなみ》河《ごう》内《ち》）も猪がごろごろうろついて、百姓は皆困っちょった。岩国市に頼まれて三年ぐらい嘱託で給料取りよったけえなあ。ここらの山へもしょっちゅうきよったのいな。村でも猟犬飼うて猪狩りをやりよったが、ウダツがあがらん。どうでもあの男に入ってもらおうちゅうんで、村の世話役がわざわざ日積まで口説きにきてなあ。ほれで年頃でもあったし、田熊の養子婿でここへ入籍された訳いな。

一緒になる時わしゃ女房にゃいうたのいな。山ん中で、獣相手の仕事じゃけえ、どこでどうなるやら、何が起こるかわからん。もし三日待っても帰ってこんようじゃったら、はあ捜すなよ。捜ぁても見つからんし、無駄じゃからちゅうてな。

あれからもう早いもんで、上の娘の子は嫁にいったし、二五年も経つ。ここへきてからは、まあ猪狩りの専門で、主に肉を九州へ出しよる。はじめ北九州の猪の専門店へ出しよったが、そこの紹介で今は宮崎専門じゃいな。ちいと値が安いが、ええ肉もちいと悪いのも、皆引き取ってくれるけえ。

田熊の家も百姓じゃが、百姓だけじゃますます飯ぁ食えんようになるし、止める訳にもいかんしなあ。栗を植えたり何やらかんやら工夫して作ってみたりするが、やっぱり猟をとばして暮らしも立たんし、結局ずうっとやってきた。

三五年になるがなあ、その間一年だけ止めちょったことがある。初めの娘の子が生まれる年になあ、やっぱし親戚の者が、田熊ぁあれだけ殺生するけえ、生まれる子に何かあるぜ、ちゅうのいな。なんのことも無かったけえ、また明けての年から始めたがなあ。猟に出んじゃったなあ、あの時ぐらいじゃな。

昭和四十二年（一九六七）に腰を痛めてから、ちいと気が弱うなり始めたともい（と思いなさい）。多いい年で一二〇～三〇は猪を獲りよった。なんやらかんやら入れると毎年毎年二〇〇っこんは獣を殺生する訳いな。罠に仕掛けちゃあ獲る。ほれで罰が当たって腰をやられたちゅう者もおるし、若い時分のようにゃあなぁ（ない）。あと何年ぐらいやれるか。やれるまじゃあやろうと思うがな。昔のようにゃあなぁ。山も変わってきたし、獣も少のうなった。百姓はその方がええんじゃが、わしも百姓じゃから、その方がええとは思うが、何とはなしなあ、寂しい気はするぜ。

今、兄貴の息子がここ四、五年山へ付いてきよるが、鉄砲も罠も、猟に関しちゃあ一応教えたがなあ。後継ぎとか何とか考えちょりゃあせんぜ。本人が好きできよるんで。猟師ちゅうなあ、まあ何でもそうじゃろうが、一代限りのもんにいな。

二章
猪の話

ひと山ごとに二、三〇頭の猪の群

ほりゃあ、今と違うて、二〇年も前にゃあ猪もごんごしなあ（ものすごい）おりよったでえ。二〇も三〇も群を連れて歩きよった。ぞろぞろぞろぞろ。大抵ひと山にひと群はおりよったけえなあ。ひと山ちゅうなあ四キロ四方と思うちょきゃあええ。

ここからまあ、柱野《はしらの》ぐらいまでの間の山にゃあ、大抵二〇やそこらは必ずおりよったいの。雲霞山《くもがやま》、蓮華山《れんげさん》、氷室《ひむろ》ヶ嶽《だけ》、それに二鹿谷《ふたしかだに》やら藤《ふじ》ヶ谷《たに》の方にゃ必ずおりよった。物見ヶ岳ちゅうなあ、わしらあ宮杉山ちゅて呼びよったが、あれやら祖生《そお》の高照寺山にもそりゃあようけえおりよったいの。

高照寺山ぐらいの山になると、太いのが三、四こんは必ずおりよった。山も太いが、まあ餌もありよったのいのう。太いのちゅうなぁ、一〇〇キロを超す大物じゃいの。大抵ひと群に一こんは、一〇〇キロ級の雄《おん》がおりよった。あと雌《めん》を四、五こん連れてな。ほれに仔じゃろう。こまあ（小さい）のがチョコチョコ付いて歩きよるいな。

いっぺん二五頭の群を見たことがあるいの。ありゃあ熊毛の八代《やしろ》の南に烏帽子《えぼし》ヶ岳《だけ》ちゅうのがあるいな。あそこへ罠ぁ掛けにいった時じゃった。それこそ山ん中ぁ鍬で掘ったように、上から下までまぜくり返しちょったいな。群も太いと食うもんが足らんのじゃろう、泥をまぜくり返すいな。

あの頃ぁまだ造林しちょらんから、皆、笹にカズラ（クズ）じゃったいな（どちらも根が好物）。ほれじゃから、五〇ぐらい罠ぁ入れちょったら、一日《ひてい》明けていって見りゃ五つぐらい掛かっちょりよったいの。山もはあずえちょる（崩れている）いなあ、道が。毎日《まいひ》に何匹も通るけえ。ほいじゃから、きれえね道ができちょったいな。山の斜面がろくう（平らに）なっちょりよった。ひと山に一本、一級国道のような道がたいていありよったけえ、罠を三本ぐらい入れて切りよったいのう。

猟期を終えて以来の山行に、犬は大騒ぎ

猪の家族

だいたい猪は皆七こんか八こんは仔を産むと思うちょりゃあええ。結局そのうち他の獣に食われたり、高所から落ちて死んだりするけえ、三こんぐらいは、生き残るいな。人間が構わんにゃあ、皆、一緒に連《つ》ろうて、ずうっと育てよるけえなあ。またその仔が太うなって仔を産むちゅう訳で、昔は大けな群がおりよったと思うでえ。

ほいじゃから、ひと家族いなあ、ひと家族で、移動するのいなあ。ありゃあ不思議なもんで、猪はようけんかぁするがよそ者とけんかぁしても、同じ家族の者とは絶対けんかはやらんけえなあ。賢いもんでえ。よう分かっちょるいな。

雄《おん》同士のけんか

ほかの雄がきたら、それこそ山が鳴るほどのけんかをするいな。ヴォホッ、ヴォホッちゅうて、そりゃあ、時にゃあそれで死ぬることもあるけえな。

この奥の寺山じゃったと思うが、秋頃なあ、近所の者が、猪が川ん中に寝ちょるけえ、早ういって捕まえんさいちゅうから、犬の新入りを連れて上がってみたいの。誰かが鉄砲でも射った奴が、ここらまで逃げてきたんかもわからんと思うていってみたんじゃが、どうも無傷のようじゃろうが。ほれでまたすぐ車を飛ばぁて、家まで戻って、今度は、噛み込みのええ犬を三頭乗せて、ダァーと追わしたのいな。犬がすぐ止《と》めて、ガブガブやり出《で》ぁたけえ、すぐメス（解体用小刀）てひっ捕まえて殺してみりゃあ、なんのことぁなぁ、猪同士のけんかで弱りきっちょった奴でなあ。

そりゃ肺まで牙がサアーと入りこんじょったと思いい。そりゃ脇から尻から傷もぶれ（まみれ）じゃったいな。ほれじゃから瀕死の重傷負うて、どうでもやれんけえ川まで降りてきて水を飲みよるところを見られた訳じゃいな。

ほれでけんかで傷負うちょる猪を獲ると、必ずその近くに同じぐらいか、もうちょっと太いのがおるいな。それがまたわしら猟師の的になるのいな。四、五日でもしたら、必ずまた猪を射ちょったいな。やっぱり同じように体じゅう傷もぶれいなあ。

猪が一番ようけんかをするなあ、毎年九月から一二月にかけてじゃいな。こんならぁ（このものらは）、ほとんどその頃種を付けるけえなあ。

離れ猪

猪もよいよ（まったく）猿と一緒（同じ）で、一こんだけ離れて動く奴がおるいの。山から山へずうっと、次々に種を付けて移動せていくもんがおるけえなあ。

こいつがまたけんかの強い奴でなあ。ひとつ群を追い散らぁちょいて、交尾せちょいたら、また次の群へいくんじゃいのう。ほいでそこの雄と大げんかぁとちまくって、次から次へ山を渡って種付けちゃあ歩く。

ほいじゃけえ、こんなぁ罠でやる場合にゃあ、山の尾にやるのいの。それからワタリ（鞍部）とかにな。ワタリちゅうなぁ山と山が両方からせっちょろうが、あねえな所を必ず通る。間違いなしに掛かりよったいな。

群の雄も太いが、こいつも太いのがおるいな。太いうえに気が立っちょるから、山ん中で出会うた時にゃあこいつを一番気いつけんにゃあいけんぜ。

普通猪は、出会うても、ちい（つい）びっくりして声をたてたりなんぞせんにゃ、まあどうもせりゃあせん。向こうの方から向きを変えて、逃げていくけえな。ほいじゃが、手負いの猪とこの離れの奴だきゃあ、声をたてんでも、見合うただけで背中の毛を突っ立てて、地面を足でガジガジやらかしよると思うたら、ゴッゴッちゅて、飛び掛かってくるけえなあ。

猪だけじゃあなぁ、人間もそりゃあだいぶん殺《や》られちょるいの。嘘じゃあなぁ、こんならあの牙ぁ、一〇〇キロぐらいの猪じゃったら鎌が切れるぐらい切れるけえなあ。ほれから鼻もスコップじゃけえなあ。あれでまともに突かれてみいな、ひとたまりもないいな。

信じられない頑丈さ

後で話してもええが、山で生きちょる獣にゃあ皆それぞれ、ようでけたもんで、取り柄があるいな。生き残れる力ぁこんならぁこんならで、皆備えちょると思いんさい。そりゃあ猿でも狸でも穴熊でも。

猪は特に大食《おおぐら》いじゃし、餌でもなけりゃ、夏から秋にかけちゃ、そりゃあ一二キロも一三キロも移動するけえな。足ぁ強いでえ。走り出《だ》ぁたら、人間が石を投げるよりゃ早う走るいな。

岩の上から、猪が跳んで逃がしたことがあるが、そりゃあ、頭の上を二〇メートルは早う（ざっと）跳んだでえ。まあ、勢いちゅうもんも、五体が太いけえありゃあするが、それにしてもいの、跳びおりた時前足一つ折れんからのう。そのまま走って逃げるんじゃけえ。途中木に一本引っかかってへし折ったけえ、勢いが弱ったんかもしれんが、そりゃあ頑丈にできちょらいの。

うちらあの猟犬《いぬ》も、大抵のものは骨でもなんでも皆齧って残さんように食うが、見てみんさいや、猪の骨ばっかしゃあ、それこそ歯が立たんけえなあ。こいつらもみな残しちょるいな。

ほいじゃけえなあ、猪が道路にでも出ちょっても、トラックならええが、乗用車やなんぞじゃったら、撥《は》ねるもんじゃないいの。車の方がめげて（壊れて）、何でもなぁことになるいな。

わしの義理の弟のとこで、仕事に出よったら、猪が道の真ん中へ出て、じゃまになるけえ、クラクション鳴らしたなぁええが、向きを変えて、バーとあの目ん玉にきたちゅわいの。乗用車いのう。目ん玉ぁ一遍にめがぁちょいて、後へさがっちょいちゃあドーン、後へさがっちょいちゃあドーンとやる。あんたあ車の前《まや》ぁちんじメチャメチャにしたちゅうけえのう。

ほれで猪ぁ無傷いなあ。そうやっちょいてトットトットットッ山へ上がっていったちいよった。

芋掘りとネガマ作り

鼻がスコップちゅうなぁな、こんならぁ、木の根やら草の根も食わんにゃあいけん。山の芋は掘らんにゃあいけん。そりゃあ、たまげる（驚く）ほど上手に掘っちょるけえなあ。人間が掘るよりゃ、よっぽど上手いな。根でも石でもきれいに取って、芋を掘って食べるともい（と思いなさい）。

ネガマぁ（寝釜、寝場所、巣）作るのにも、山の柴やら笹やらシダやら、きれいに伐って、回りにごみ一つ落ちちょらんぐらい、それこそ門を掃き清めるぐらいにして作っちょるいの。皆、牙と鼻で造作するんでえ。

ネガマはあんた、一晩でも同じ所へ作らんからなあ。山のあっちこっちい作るいの。大抵山の八合目ぐらいじゃな。もちろんお日さんの加減があるから、夏・冬じゃあ山の向きによって違うがの。ひと山にゃあ一五も二〇もネガマがあるいな。

耳と鼻と身のこなし

眼は猿ほど良うはないなあ。悪いなあ。ほいじゃが耳も鼻も人間の百倍ぐらいええけえなあ。まるで忍者じゃけえ。夕方山から降りてくる時でも、ゴッゴッゴッゴッえらい勢いで降りてきよろうが、人家の近くへきたらまるで音を立てんようになる。何かの気配でもあるとピタッと止まって、じいっとして物音一つ立てんとおりよるでえ。犬がおりゃあ別じゃが、そうでない時ゃあ、エズイ（ずる賢い）奴にかかったら、そりゃあ、どこへ潜んじょるか分からんにいな。ほいじゃから、田んぼへはしょっちゅう荒らしにくるが、意外と田んぼの縁《へり》（周辺）は罠を掛けても掛からんにいな。相手も気いつけるけえなあ。

耳は何でもレーダーみたいなもんでえ。人間がおると思うたら、音をさせんように逃げるいな。そりゃあ、ひどいもんでえ。どうやって音をさせんで逃ぎゃあがるじゃろうかちゅうぐらい不思議なんじゃ。つるーっと逃げる。

鼻がまたええんじゃけえの。猪ぁほんとにエズイ（ずい賢い、したたか）でえ。それがなあ、今から一〇年も一五年ぐらいも前のように猪がおりゃあなあ、問題じゃあないのいの。人間が少々臭うても猪もたまげんのじゃがのう。今のように猪の数が減ったらなあ、猪もさすがぁ生き残りでエズウなっちょる。はあちょっとの人間の臭みで避《よ》けらいの。前にゃあタバコを落としちょろうが何を落としちょろうが、平気できよったんじゃが、人間が再々構《かも》うた奴じゃったら、ちょいとおかしいと思うたら、はあパッと避ける。絶対に罠にゃあ乗らんにいの。

わしの甥坊主と去年、一昨年と一緒に山ぁ連れて歩いたんじゃ。あれにも一通り罠の掛け方ぁ教えて、わしと同じように掛けて歩いたんじゃが、こんなが掛けたら皆避《よ》けるんじゃいの。ほいで、同じとこへ今度またわしがやったんなら乗るのいなあ。

ほいでどうしてじゃろうかと思うたが、どうでもお前。山ではタバコを喫わんでも手へニコチンが付いちょるんですよ、タバコを喫うなとはいわんが、喫うとき手袋を着けちょいたらどうか。罠仕掛ける時いなって、手袋をはずしゃあ、ニコチンは手袋の方へ付いちょるけえ、ほれなら猪ぁ乗るでよ。まるきし、逆にしてみいちゅうたのいの。今年ぐらいから、この甥坊主もわしぐらいの数ぁ獲りだしたいな。

ほれじゃから、匂いちゅうなあ絶対気いつけんにゃあいけん。

わしも昔ぁ知らんで、頭にポマードちゅう香料の強い油ぁ付けちょって、よいよ（まったく）どうにもあずかった（苦労した）ことがあったけえなあ。もちろん、わしゃタバコは元来喫わんからええがのう。ああ、そりゃあ酒もいけん。山へ入るのにもってのほかいの。タバコでも香水でも酒でもじゃが、ああいうもなあ、ひいさ（長く）匂いが残るけえなあ。人間の鼻じゃあ効かんでも、こんならあの鼻ちゅうなあ、何百倍ちゅう何があるんじゃけえなあ、そりゃ絶対いけんにいの。石鹸も匂いのあるようなものはあんまりようなぁでえ。

ヌタとヤニ

猪の体ぁ、太いのになると蓑を着ちょるように、太い毛に包まれちょるいな。虫やら何やら付いて痒いんじゃろうでえ、必ずヌタバ（ノタバとも訛る）作っちょるいの。山ん中の、あんまり人目につかんところで、まあ、山の裾が多いいがなあ。掘りゃあ水がしみるような所へ、ちょうど風呂を築《つ》くように大きなヌタバを拵えちょるいな。遊び場ちゅうか、息を抜くのいな。そこへ入って、ゴロンゴロンやって、虫を付かせんようするのいの。

　痒いんじゃろうぜ、時々木に体をこすりつけて、ガシガシ体を掻ぁちょらいの。木が擦りへっちょるし、毛が付いちょるから、ひと目見りゃ分かるいな。

猪が通う道の檜に猪がつけた赤土がべったり。ダニなどを落とすために、ヌタウチした泥のついた背をこすりつけた。雲霞山南面

　ほれからどうも虫除けに松ヤニなんぞ効くんじゃろう。ベットリ体にこすりつけちょるいな。古い奴になると鎧みたいにカチカチになってなあ。それこそ鉄砲の弾《た》丸《ま》でも通らんぐらいこすりつけちょるでえ。

一つ一つ模様の違う瓜ん坊

　猪の仔をわしら瓜ん坊ちゅうがなあ、畑へなる青瓜の筋の入ったのによう似ちょるけえ、そう呼ぶんじゃろうが。不思議なもんで、同じ一つ腹の兄弟でも、あの模様だきゃあ皆違うと見んさい。

　いつか、まあ六月頃に猪は仔をかえすから夏じゃったと思うが、一つネガマで九つ仔を獲ったことがあるいな。九つとも、みな模様が違うちょったでえ。人間の指紋と同じことじゃろういなあ。九こんも犬がくわえたけえ、その数にもたまげたがなあ、一つ腹の仔が皆違うのもまた、たまげたぜ。

猪の大きさ

　あれで五、六年は太るんじゃあないかと思うんじゃがなあ、四年ぐらいじゃあまだ一人前にゃあなっちょらんと思うんじゃがなあ。雄《おん》は。雌《めん》はだいたいひと回りこまいいのう。

　わしが今まで獲った猪で一番太かったなあ、腸《はら》抜きで一三〇キロもあった奴が最高じゃなあ。狸じゃあ、普通の狸のちょうど三倍ぐらいある奴を大畠《おおばたけ》の山ん中で獲ったことがあるが、猪ぁ一三〇キロが最高じゃった。人間が飼うちょったり、他の者《もん》が獲ったのも見たことはあるが、一三〇キロぐらいの奴はそうおりゃあせんにいな。まあ、満州やらシベリアの方へいったら知らんがなあ。前に朝鮮からきた者が、日本じゃあこがいに（こんなに）こまい（小さい）猪を獲るんかちゅうけえ、聞いてみたら猟をせよったちゅうことでの。

朝鮮じゃあ猪の親はみな一〇〇キロを超えちょる、一番太いなあ二〇〇キロはある、ちいよったいの。うそをいいよるたぁ思わだった。何でも台湾の方の奴ぁちいとこまいちゅう話じゃなあ。

猪の食生活

わしゃ大抵猪を獲ると、真先に胃袋を裂いて見るんじゃいの。食うちょるもんを調べるのが、一番研究にゃあ大事でえ。

こんならあ猿とは反対じゃいな。夕方が朝飯じゃいな。春じゃったら、必ず竹の子に付くいな。今時分は淡《は》竹《ちく》に付いちょる。夕方近くにいってみんさい。淡竹に付いてバリバリ食いせえよる。ほれから一晩中動きまわって、朝方ネガマにいぬる（帰る）前にまた食うのも淡竹じゃいな。

夜《よ》らぁ田の荒地やなんぞへ降りてきて、蟹やら昆虫やら捜して食べるし、足らんときゃあ、草の根でも何でも食べるいな。

ネガマは大抵が山のタルミの八合目ぐらいじゃから、いったりきたりするのいな。春の竹の子の餌場でも、秋のどんぐり山の餌場でも、なんぼう餌が多《お》ゆうても、同じとこへ何日も付きゃあせんでえ。賢いけえなあ。餌場もネガマも猪道も皆気づかれんように、おる所をしょっちゅう変えるのいな。

そりゃあ、あんたあ、山ん中じゃあ、猿の次ぐらい頭はええとみちょかんにゃいけんにいな。

ほいじゃが、こんなもおかしな奴で。ありゃあ、習性ちゅうんかなあ。里へ降りてきて、田なら田を捜して米でも食おうがな。すぐ脇へ芋でも何でも好物があるのに、脇目もふらずちゅうんか、最初に手をつけたもの以外は食わんでえ。芋があるんじゃけえ、また二、三日でもしたらくるかと待っちょっても、くるにゃあくるが、芋にゃあ目もくれんで、残りの米を食わいの。あの点が分からん。おかしな習性持っちょるいの。

だいたい猪も一年中食うもんは違わいな。何ちゅうても秋が一番ええ。ドングリ、栗、柿、……。木の実が生《な》るけえなあ。落ちるのを待つんじゃあないんで。体を木に打ちつけちゃあ、落として食べるんで。ほいじゃが渋が出るじゃろうがの。必ず芹《せり》の根とかレンゲの根とか食うて、腹ん中で中和させるんでえ。

ほれで胃袋を裂いて見て、何を食うちょるかで、猟の見当をつけるのいな。この頃ぁ特に猟期が一一月の一五日から二月の一五日までとやかましゅう（うるさく）なったろうが、猟に入る前にゃあ、だいたいどこそこへ入るちゅう計画を立てるけえなあ。わしゃあ、だいたい一つ山は二年置かんにゃあ入らんことにしちょる。ドングリ、椎《しい》、樫《かし》、山柿、栗……わしらぁアサギヤマちゅうが、まあ雑木林《ぞうぼくりん》にいな。そういう山を、日頃から気いつけときゃあええいの。

蝮《まむし》から猿まで食べる

　夏場の猪も獲ったことがあるがなあ、猪は雑食じゃから夏場のものは気いつけんにゃあいけん。餌もあんまりないけえな、猪も痩せちょらいな。肉も旨《うも》うはない。大抵、腹を割ったら、蟹やら昆虫やら、蛇、蝮、何でも食うちょる。蟹にゃあ菌がついちょるけえ、用心せんにゃあいけんにいなあ。

　ほれにこんなあ、あんた、びっくりするかもしれんが、猿も兎も食うんでえ。猪の腹ん中から、はあ何十ちゅうこたぁなぁ見ちょるいの。猿はちいと毛を残すぐらいで、丸ごと食べちょる。兎は頭と尻の骨が硬いんじゃろう、そこだけ残して皆食うちょる。

猪道の臭いをたどるエフ。雲霞山南面

　猿はどこで死ねるんか分からんちゅうて聞いちょろうが。ありゃあなあ、わしの考えじゃ山ん中で死んだなあ皆猪が食べるんでえ。猪と猿、大抵おる所も、食うもんも似ちょらいな。頭のええのも。それに、これもまた分からんのじゃが、狸、狐と山犬やなんぞは絶対食うちょらんな。腹ん中に入っちょるのを見たことがない。

　ただ、死んでウジが湧こうがな。そのウジを取って食べる時に一緒に骨まで齧るちゅうことたぁあるがなあ。不思議に食わんでえ。特に猿は猪に殺《や》られちょらいな。

六種類の猪がいた

　猪もいろいろなのがおるでえ。ここらあでも昔はな、ハダケちゅうて、裸の猪がおりよったいの。豚あみたいような。まあ、毛の無いのいの。冬でもな豚のように、ほとんど裸じゃいの。あれが近頃おらんようになったな。そりゃあ、ひどかったいの、系統がなぁ。はあ一〇貫目（四〇キロ弱）ぐらいからみな犬にやってきよった。小型なんじゃがなあ。そりゃあ、ひどかりよった。

　あいつは柳井の方の山へようけえ（たくさん）おりよった。大畠の殿山のへんやら、伊《い》陸《かち》あたりの山によくおりよったが、絶滅したんじゃろうと思う。最近はほとんど見かけんにいなあ。

　反対に北河内《きたごうち》から奥の山にゃあ、熊みたいに真っ黒い奴がおるいな。

　まあ、たまげたことがあるいな。二〇貫目ぐらいの奴がな、罠を首に巻い付けて、パアッと跳びあがって、巻い付いて、座って死にでもしたのいの。堅木《かたぎ》山ぁ、パッと見りゃあ、ちょうど五〇メートルぐらいの所へ座っちょるけえ、あらっ、こんなげどう熊じゃわいと思うて、熊じゃったら油断がならんぞと思うてなあ。鉄砲も持っちょらんじゃったけえなあ。熊ちゅうのはワイヤーぐらい引き切るちゅうんじゃけえ、うかつに近くへ寄って、生きちょったらしまいでよと思うて、だいぶひいさ（長い間）こう、見ちょったいな。二〇メートルぐらいまで寄って、二〇メートルまで寄りゃあ、人間がおるのに向こうが気がつくはずじゃが、動かん。一〇メートルぐらい近くへいって、よう見りゃあ、あれ、こんなあ猪でようちゅうこといな。そりゃあ真っ黒い奴が座っちょってみんさい。誰が見ても熊と思うでえ。とにかくあれからずうっと広瀬、本郷、宇佐の方にゃあ真っ黒いのがおるいな。

　ほれから、この辺にもおるが、白《しら》たらけた（白っぽい）奴がおるいな。灰地ちゅうかの。背中じゅうが、真っ白じゃあなぁが、白たらけた奴がおるいの、こいつはまた気が荒ぁんでぇ。ホオジロともいうて、頬のとこだけちょうど人間の手のひらぐらい真っ白に毛が生えちょるいな。こいつだけは、生まれた時からホオジロいな。昔から猟師仲間じゃあ、気をつけえちゅうていわれよったいなあ。

　ほりゃあ荒びるちゅうもんじゃない。ほいじゃが、こいつもハダケと一緒で、今いう根切りがせたんじゃろうな。この頃は、ついぞ見んようになったなあ。

この頃でも一番多いいんが赤毛じゃなあ。まあ、こいつが味もええんじゃいな。赤毛の五〇キロから下、三〇キロぐらいまでが、一番味がええちゅうて皆いうなあ。その次に黒赤がおるな。黒いのがチョロリチョロリ生えた奴いの。こいつもわりかた多いいで。

　おお、ほれからこの最近まだ見んが、あの明見谷《あけみだに》から藤ヶ谷の方へいきゃあ、前足ぁ太いのに、後足ぁその半分ぐらいしかないライオンみたような猪がおりよったいの。見た目にゃあ型がええんじゃが、獲った時にゃあ、こいつが一番歩《ぶ》が悪い。肉があんまり無ぁのいの。頭ばっかし大きゅうて。ほいじゃから、肉屋やなんぞ、喜ばんにいなあ、ハ、ハ、ハ。普通の丸で買うたんじゃ損じゃけえなあ。骨ばっかしじゃけえ。名前は別に無かったがなあ。この系統も最近あんまり見んとみんさい。とにかく、人間にやってくるとか、犬にでもすぐいく

猪はタケノコの根だけを掘って食べる。

ような奴は、どうしても獲られるけえなあ。わしらあ、猪が怒ってやってきさえすりゃあ、はあ一〇〇パーセント獲ったも同然と思うきにいの。

　けんかっぽいのは、どうしても頭にカァーとくるいなあ。ほいじゃけえ（それだから）、寿命は短いはずじゃああるいな。あんまり長生きはできんはずいの。皆、はあ、ころっと忘れるぶんでなぁとなあ。赤毛がだいたい今でも多いちゅうなあ、気性もやっぱり、ちいとは柔《やお》いんじゃろうと思うがな。

三章　猪狩りの話

猪より人間が危険

　わしらぁ猪ぁ恐いと思うたことはないが、人間は恐ろしいでえ、山ん中じゃあ。わしらぁ四六時中猪を獲ろうがの。平均せたら今でも三日にいっぺん獲らんちゅうこたぁ無いけえなあ。ほれじゃから、はあ服へ匂いが残っちょる。ほじゃけえ、山ぁ歩きよっても、他の猟師の猟《い》犬《ぬ》やなんぞにひょっこり出会おうがな。人間が見えるまじゃあ、こんなもわしを猪と間違えて、ワッコラワッコラいやあがるんでえ。この前もあの北河内の山で、わしが下から上がってくるのに、どうもこりゃあ犬が吠えせえよるが、わしをほし（狙う）よるようなぞと思うたから、「オーイ、射つなよう！」ちゅうたら、やっぱり、わしを狙うちょりゃあがったいの、上から。声を掛けたけえ、えかったんじゃが、この頃のは素人が多いいけえなあ、おかしいと感じたら、「オーイ」ちゅうて、すぐたける（叫ぶ）ようにせんにゃ、なんぼう命があっても足らんにいの。

　わしらあみたいにリュックにゃあ、いついき（四六時中）猪の匂いがしみ込んじょる者ぁ、特に気いつけんにゃあいけん。リュックにぁあ、血を抜くメスやら、ワイヤーやらいついき入れちょるし、みな猪と一緒にかるう（背負う）ちょるけえなあ。しみ込んじょらいな。

　ほじゃけえ、わしも鉄砲で狙われた事《こた》ぁ何十遍あるか分からんでえ。猪より、この方が何んぼうか恐ろしい。猪ぁ決まったことしかせんが、人間は何をするか分かったもんじゃあないけえなあ。

　この頃ぁ、あんまり確認をようせんで射つ者が増えたけえなあ。自分の犬を射ち殺したり、息子を射ち殺したり、こないだも九州の方で、山畑で仕事しよった年寄りが射たれて死んじょったいなあ。

山に慣れろ

　ほれから、山あ歩く時ゃあ、できる限り軽装の方がええでえ。それでもワイヤーやら何やらいれると、わしでだいたい五、六貫目ぐらいは担《かた》あじょろうが。若い時分ならええが、毎日毎日、山ん中ぁいったりきたりじゃからこたえるいの。履きものは地下足袋がええ。鳶職がはいちょるような足にピシャッと決まるものがええ。

　ほれから、遭難するちゅうことがニュースやなんぞであろうがな、街の山岳部員やら何やらが。人間ちゅうもなあ、やっぱり山へ慣れちょらんちゅうんか、とっさの事故にでもなったら、はあ運動神経が動かんようになると思うんじゃいな。こないだも広谷さんと一緒に歩きよったら、何でもないようなところですべって落ちたいの。ずるずるすべりよるけえ、わしゃあとっさに「手を広げえ！　何でも掴め！」ちゅてたけったんじゃが、本人は手も足も縮めて丸うなっちょるのいの。ああいう時、慣れちょらん者は、恐ろしゅうて体がすくむんじゃな。山ぁ歩こうと思うたら、パンとこけたり落ちかかりでもせたら、自然に手がパッと縁《へり》の物を捕《と》まえちょるちゅう反射神経がいるいなあ。やっぱり実際に、山ぁひいさ（長年）歩いちょらんにゃあ、そうもいくまいがなあ。

話しゃあ横道にそれりゃあするが、あのベトナムの戦争の盛んな頃に、岩国の海兵隊の者《もん》が、一日訓練がてら猟に案内してくれちゅうんで、日本人の通訳連れて、将校がきたいの。ほりゃあええでえちゅうて、美和町の佐坂近くの山へ連れていったいの。一五、六から二〇歳ぐらいまでの若ぁ兵隊が一四、五人きたがの。

朝八時からいって一〇時頃まで山ん中ぁ歩き回ったら、きれえに皆バテてしもうて、大きい図体しちょるのが、山の上で皆ひっくり返っちょったいな。わしはそんな時思うたなあ、「こりゃあ、アメリカはベトナム人に敗けるだい。なんぼうベトナム人が貧乏じゃけえいうても、ジャングルん中で戦争すりゃ、アメリカの兵隊は皆これえなことじゃから、少々鉄砲が旧式じゃろうが、狙い射ちができるだい。見ちょってみい、負けるぞ」

思うたらすぐ口い出す方じゃから、通訳に頼んで、わしの感想を将校にいわせたいの。将校は渋い顔をしょったでえ。ほいじゃが、実地で本当のことというたんじゃけえな、二の句がつげんにいな。オーケー、オーケー、分かっているちゅうふうにいいよったが、山ん中で昼まで保《も》たんのじゃからな。現在の文明人ちゅうなあ、これ一つとっても考えもんじゃなあ。

山を観察する

山で道に迷わんようにするにゃあ、できる限り遠くを見ながら歩きゃあ、迷うこたぁない。ほれからよう観察せにゃいけんにいなあ。

一〇年も昔に九州から新聞記者が取材させてくれちゅうてきたいな。熱心な人じゃったが、とうとう山へも連れていってくれんかちゅうんで、一緒にいったいの。途中でオロオロし始めての。「どうしたん」ちゅうたら、ペンやらノートやら皆落としたちゅうのいな。付いてくるのがやっとのことじゃったから、気がつくんが遅かったんじゃろう。道のあるとこを歩く訳じゃあなあきにのう。また後戻りして、みな見つけたがのう。

あげえな時でも、わしらぁまだ誰も歩いちょらにゃあ、もときた通りをずうっと降りることあできるいな。回りをずうっと見ちゃあ、木を見るのいな。木の折れでなあ、見当がつくもんいの。三〇〇メートルも下ったら、みな見つかった。

猪の行動を読む

ほいじゃから、猪でも狸でもよう見りゃあ、いつ頃ここを何が通ったか分かるようになるいなあ。そりゃあ、なんぼ日照りが続いちょっても分かる。木の葉のこけ方が違《ちご》うちょったり、苔の起こしが違うちょったりするいな。山の獣ぁ棲んじょるとこも通る道もみな違わいな。

　こんならぁ同じ道を何回も通るけえなあ、山から山へいく本道《ほんみち》ちゅうが自然にできちょらいな。ほりゃ、あんたらぁでも見たらたまげると思うが、それこそゴミ一つもない人間が造った道みたようになっちょるけえな。大けな猪が通った跡なら、皮ぁ皆剥いじょるし、邪魔な木は皆バシッと切って自分が通りよいようにしちょる。足跡の型で太さも分かるし、腹に仔を持っちょるかどうかも分かるいな。後足の爪の形が開いちょるけえなあ。

　そりゃ、糞も大事でえ。そりゃあなあ、そういう証拠を見つけるのに骨が折れるいな。どこちゅうこたあなあ、這いずり回る覚悟がいるいな。

　猪が、逃げる時も、そういう道を通って逃げるし、太い猪じゃったら罠掛かったまま、ひこじって（引きずって）逃げることがあるいな。そりょを追っかける犬が縁《へり》（そば）に付いちょりゃあ、はあ、猪も一生懸命逃げるけえなあ。今年もこの奥からずうっと追うて、一二、三キロも入ってとうとう太い奴う獲ったがなあ。犬とも丸一日会えんじゃったでえ、山ん中で。ほれぐらい猪も逃げる。必死になあ。ほじゃから、見当がつかんにゃあ見失なういなあ。

猪が赤土を掘り、底をカチカチに固めて雨水を溜めたヌタ。雲霞山南面

犬とツッコミ猟

　移動の（害獣）駆除班の頃にゃあ、猪もようけおりよったし、多人数の巻き狩りちゅうんか、この辺じゃあネゴミ猟ちゅうが、あれじゃったら、猪も人間にこんのじゃが、ここへきてから、ほとんど単独猟じゃけえなあ。犬に追わすツッコミ猟ちゅうのいな。

　ここへきてからでも、はあ犬も三〇はゆうに超えちょろう、仕込んだのは。猪が多い頃にゃあ、犬の仕込みも簡単じゃったが、ずんずん難しゅうなるいな。犬も人間と同じで、実地の訓練が一番ええけえな。吠え止めと噛み込みができりゃあ一人前じゃが、何頭も飼《こ》うたが、抜群な奴ぁ今までに二、三頭かのう。
　犬も風体、気性だけじゃあ、ええ犬かどうか分からんにいなあ。うちのは紀州犬か、ビーグルと紀州の雑種かどっちかじゃがなあ。日頃人間にでもよいよ（とことん）恐れるような奴でも、山へいきゃあよう猪を追うし、ガツガツ噛み込みもやるし、要領ええように吠え止めもするんがおるいの。うちの犬ぁ、皆、代々うちでかえして、こまぁ時から育てるのいな。よっぽどのことがないと他人にゃあ渡さん。今九頭おるが、最年長は一七年も生きちょるでえ。もう耳も全然聞こえんとみんさい。縁《へり》（そば）いいっても気がつかん。はあ、ええ加減にゃあ死にゃあええのにと思うこともあるいな。こんなら
ぁ（これら）仕込むのに、できる限り猪の匂いに慣れさせんにゃあいけんけえな、内臓やり骨やりは、皆こんならぁにやるようにしちょるいな。
　噛み込みのええ奴じゃったら、おおかた三五キロ位までの猪じゃったら、鉄砲もメスも何にも要りゃあせんでえ。結構犬だけでくわえてくらあな。

「猪のウンコだ」と田熊さんが教えてくれた。雲霞山南麓斜面、淡竹の林にて

罠猟

　罠ぁわしでだいたいひと山で二〇ヵ所から三〇ヵ所ぐらい入れるいな。罠の仕掛けじゃがなあ。こりゃあ、わしがまだ現役じゃから、あんまり人にゃあいわれんにいなあ。ケリイトの掛け方もいろいろあるし、ここが工夫のしどころじゃがなあ。

　ほりゃあ、生け捕りにするにゃあ、足縛りが一番ええが、これでも五、六通りはあるでえ。そのかわり、こりゃあ毎日《まいひ》に見んにゃあ、足を折るけえなあ。早う見んにゃあいけん。

　近頃ぁ（罠で締めつける部位は）どこちゅうこたぁなぁ、掛かりゃあええんじゃけえ。それに猪によって太さも変わってくるじゃろうがの。ほいじゃけえ、今ぁだいたい胴を狙ういなあ。たすきへんじゃったら、大きゅうてもこもうても失敗がないいの。

　ほいじゃが、罠でやるなあ残酷にゃああるいの。生きちょりゃあ、いつまでも荒び（暴れ）さすんじゃけえなあ。あれでわしらあ、腰が抜けたりなんぞするんじゃいの（腰痛で苦しんでいること）。ハ、ハ、ハ、ハ。

罠のハネギは、さくい（折れたり裂けたりしやすい）木じゃ駄目でえ。まあこの辺ならシラサキとかツバキ、インキマメみたいな木がえかろうなあ。

これもなあ、太けりゃええちゅうもんでものうてな。犬が掛からんように、掛かっても死なんようにせにゃあいけまあ。こまい猪も掛からんようにせよったいの、前にゃあ。

よいよの素人は、どひょうしもなぁ（とっぴょうしもない）太い木を使うのがおるいの。わしらぁ鉄砲も罠も両方やるじゃろうがの。両方の猟のことがよう分かっちょるからええが、一方だけじゃとな、どうせても自分の立場しか見えんから、山ん中で、甲乙よう揉《も》めることがあるいな。

実際わしの場合でも吠え止めで犬う使おうがな。それで他の者が入れちょる罠に犬が吊りあげられたことがあったいの。そりゃ、可哀想で見ちゃあおれんにいな。犬も長い年月一緒におりゃあ、家族同然じゃけえなあ。情が移っちょるいな。それが掛けられて、すぐ降ろしてもでえ、そりゃあ、苦しそうにゲッゲッやるいの。犬の腹ぁ痛んじょるかい、こっちの腹ぁ煮えくりかやるかいなあ。やっぱし罠ぁ掛ける時ぁ、ルールをちゃんと守ってやっちょくれんにゃあ、けんかはなんぼうでも起きるいな。

猪を追う

単独猟で吠え止めで射って獲る秘訣じゃがなあ。田熊あ鉄砲も上手い名人じゃちゅうが、なんのことぁないいな。わしゃあ犬がかかっちょりゃあ、必ず、藪ん中へでもどこへでも潜りこんでいくけえなあ。犬に信用させにゃあいけんけえ。ほうして犬に突っ込まいちょって、どうでも猪を怒らして人間へ向がってこらさんにゃあいけん。ほうして、縁《へり》い（そばへ）引き寄せちょって、一間か二間かで射つんじゃけえ、どげえな下手な者でも当たるいな。よいよ引きつけて射つんじゃけえな。そのかわり、絶対猪を怒らさんにゃあいけんし、まあ、それに成功すりゃあ、百発百中倒すいな。とにかく猪を恐れんにゃあええだけえな。

ほれもしかし難《むずか》しゅうなったな。吠え止めの鉄砲じゃあ、やりにくうなった。今のように猪が減って、猟友会もわんさか増えて、みんながいろいろ、ひどう追い散《つら》あかすと、猪がよいよ根性が悪うなって、本当にやりにくうなった。ほれでも、ちょいと足をのばして、北河内からずうっと奥の方までいくと、岩国の街の者らあが、あんまりようけえ入らんけえ、まだ止まる猪もおるこたぁおるいな。

あんた（広谷彰）に見せちゃろうと思うて電話したんじゃが、ちょうど用でどこかへ出かけちょった。ほりゃあ、見ちょくとえかったがのう。最近じゃあ、珍しゅう太いのが獲れたいな。

ありゃあ猟期終りの二日前じゃった。坂上《さかうえ》と本郷との間の山へ、ワイヤー切って逃げちょったのいの。ほれで犬六頭連れて、そりょを捜しにいったのいの。

こういう時ぁ、そりゃあものすごい捜ぁて歩かんにゃいけん場合があるけえな。まだ丘ぁ雪があったし、山も深いしなあ。なんぼう若うても大抵の者がのびるけえなあ。いっちょええ経験をさせちゃろうかと思うたんじゃがな。残念じゃったなあ。

　それでずうっといきよったら、出会うてな。こっちは、はあ猪も怪我ぁせちょると思うちょるけえ、はあ世話ぁなぁ、しめたもんじゃと思うちょるいな。ほじゃが、犬が吠えたら、グックグックちゅうて唸り出すじゃろう。おまけに犬が四、五こんおってガッガッちゅうて吠えつくが、なにいの、蹴散らされるのいの。

　ほりゃあ、山ぁ鳴るけえなあ。逆に猪が犬を追わえ回すんじゃけえな。

　ほいで、こりゃあワイヤー付けた奴に間違いないと思うて、そろーと犬が鳴く方へいきよったら、犬が急に鳴かんようになった。ありゃあ、どっちへいきゃあがったかのと思うちょると、今度ぁ反対びらでまた鳴きせえよる。六頭全部入れちょったけえ、こっちでも鳴きゃあ、あっちでも鳴くのいなあ。わしゃあ、その時ぁワイヤー切った奴一こんしかおらんと思うちょったけえなあ。こりゃあ、どうじゃろうかと思うてなあ。

　ほれで最初犬を追っかけよる奴を、山の方へ上がりしなを射って撥ね返やぁたいの。ほいじゃが、猪が倒れちょるのに犬ぁ猪の方へこんで、また反対へ向いて、ガッガッ吠えようがの。ありゃ、まだおるのう大けなんがと思うたのいの。鉄砲にゃあ、一発実弾込めて、次が六つあるバラ弾入れちょったんじゃいの。犬がひっついちょりゃあ、実弾でいくしかないしな。二発目は大抵逃げる奴を、盲めっぽう射つようになろうがの。ほれで後はバラ弾込めちょったのいの。まさか続けて二頭獲るとは思わんけえなあ。

　ほうすると下から全然別の大けな奴が、どおっと上がってきたのいな。ほれで、明けての方へ逃げるかと思うちょると、なあにが、別の犬が猪の鼻ばちひっくわえたのいの。鼻先をくわえて、ちゅうに放さんのいの。実弾なら射てるが、バラじゃろうがの、犬に当たるけえ射てんのいの。ほいで、じいっと狙うちょって、早う放ぁて逃げりゃあええのにと思うちょったら、なかなか放さん。犬も下手に放すと自分がやられるけえのう。そのうちパアーと放ぁて、逃げてくれたけえ、パカーと射ったら、そこへダアッと転げたかと思うたら、すぐ起きて、一、二間逃げたいの。ほたらまた別の犬が、食いついてやりよる。こげぇな時にゃあ、早う付けていかんにゃいけんけえなあ。最初に射った奴もまだ動きよったが、はあ、そいつにゃあ目もくれんで、逃があちゃあいけんと思うて、トットットットッ降りよったら、犬が噛みついて、ぶらさがるようにして、止めてくれちょる。また、放すのを待っちょって、頭を狙うてバッと射ったら、まだ倒れんで、駆けって逃ぎゃあがる。三連発じゃけえ、はあ弾ぁないいな。入れかえんにゃあいけん。とうとう、猪も下の方へ逃げて隠れてしもうた。

　やれやれと思うちょったら、反対側の谷で、一番熟練せちょる犬がまた別の猪を止めてゴッゴッちゅうてやりよる。こりゃあ、こがいに一遍に猪に出会うたぁどうなっちょるんかいのう。まるで夢みたいないの。太い奴にこれだけ一遍に、ひいさ出会うてなかったけえなあ。

上は一年前のネガマの跡。下は雑木のなかに、こっぽりとつくられたネガマ。雲霞山南面

雑木をかきわけて、猪のネガマを探す田熊さん

ほれで犬う連れていこうと思うたが、ちい、残っちょるのが訓練中の犬じゃけえ、はあ鉄砲の音にたまげて、いく段じゃあないいな。耳もとで射つようなもんじゃけえ、まだ慣れちょらんからとぼけるんじゃいな。とぼけて、下へ向いて皆逃げるけえ、射たりゃあせんのいの。

ほれで、そりゃあ放《ほう》たらがぁちょいて、ええぶんの犬を連れてこんにゃあいけんと思うて、ずうーといきよったら、また別の猪が上がってきた。見ると、こまぁけえ射たんじゃったいな。見るとワイヤーも付けちょらん。

結局、ワイヤー付けて逃げた奴は見つからんまんまいな。しょうがないけえ、弾が当たって逃げちょる奴う捜しにいったら、やっぱり一〇〇メートルぐらい降りて死んじょった。腸《はら》抜きで六七キロぐらいあった。雌《めん》じゃあ最高じゃったな。ほれに最初に射った奴が、腸抜きで、ちょうど五〇キロじゃったいの。

明けての日に、昨日の犬が戻らんけえ、朝早うに捜しにいったら、そいつがまた猪を止めてやりよるので、射って獲ったのいなあ。こいつもワイヤー付けちょらんじゃった。ほいじゃけえ猟期終りに、犬もがんばって、三こん大けえのを獲ったのいな。あがあなことあ近年、珍しかったでえ。

なお、読みきれない不思議

あの山ぁ実験的にやってみたんじゃが、たまげた。やっぱりなんじゃなあ。直感ちゅうか、なんか、足が向くちゅうことがあるのう。ほれが、足が重たぁと思うちょったら覗かん方がええ。今まででも、そねえな時ぁ

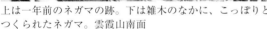

ろくなことがなかったいな。じゃけえ、迷信ちゅわれるかもしれんが、猟を長うやっちょると、どうでも方位ちゅうか方角はあるなあ。猪がおるちゅうんが分かっちょっても、掛からんとこはなんぼうやっても掛からん。ほんかわり、毎年いっても同じように掛かるとこもあるいな。

できるだけヌタバとか餌場とか狙うんじゃが、どうも山の向きによって、獲れんとこがあるのいな。獲れんとかぁ何十個掛けてもなかなか掛からん。ほれでちょいと尾を越えてこっちびらじゃったら、はあ、そこの猪がみな掛かるちゅうようなことが確かあるいな。

ほいじゃけえ、こんならあの死に場所ちゅうんか、その命を落とすとこがあるんじゃろうと思うことといの。

ナイフ一つで

ああ、あの話かいの。ハ、ハ、ハ、そりゃああんた、話にだいぶ尾ひれがついちょらいな。わしがここらへきだち（きてすぐ）の、まだ若ぁ頃の話でな。そりゃあ、今やったら、こっちが踏み殺されるいな。

メスはなあ猟をやる者ぁ大抵皆持って歩かいな。すぐ腸《はら》ぁ出さんにゃあいけんけえな。サバキメスちゅうのがあるいの。あれが一番ええ。あれの太いぶんが一番よう入る。

確かありゃあ玖珂町の方からくると廿木《はたぎ》ちゅうとこがあろうがの。あそこへうちの田がちいとあるのいの。夏じゃったろうでえ。つい犬を三匹連れて散歩がてら朝田の水回りをしながらな、鉄砲も持っちょったが、ブラブラしよったのいの。ちょうどあそこへこまあ小川がずっと入っちょるが、あれへ猪の七五キロぐらいのが、これまたウロウロしよったのいなあ。ほれじゃから犬がすぐ格闘やりだぁたのいの。ほいじゃが、これがまた射てんのいな。川ん中で、石ガラやなんかの中じゃあ、犬を殺《や》るようになるけえな。ほいで、犬も食いさげ、食いさげするけえな。こりゃあしょうがない。メスでもいかんにゃあ思うて、わしが土手の上までいって、ちょうどええ按配に猪が真下にきたとこへ、上から、バアーッと飛びのったのいの。飛びのったなあええが、ちゅうに猪が身振るいしてのう。もうちょっとで撥ねのけられよったが、耳をひっ捕まえて、放さだったけえ、すぐまた飛びのって、逃がさんように押さえつけるのいな。はあ、七五キロもあるような猪じゃったら、わしらあが乗ったぐらいじゃあビクともせんけえなあ。

ほれで三匹の犬がガンゴラ、ガンゴラ噛みせえる。犬ちゅうなぁひどいもんで、猪の体ぁ、どこちゅうこたぁなぁ、鼻じゃろうが、股《もも》じゃろうが噛みせえるが、わしの足でも間違えて噛もうとしても、パッと食いついても絶対噛まんけえなあ。すぐ、猪をひっくわえるいの。

ほれで猪がかなり弱った頃を狙うて、メスを口いくわえちょったけえな、前足のとこの脇から、ダッと心臓へ入れたんじゃがのう。ほしたら、ガーとひっくりかやあてな、どうにか獲れたのいの。

そりょう、あんた、廿木の材木商の主人と、うちのすぐ上のじいさんが見ちょったけえ、はあいけん。部落の集会かなんかの時に、その話を皆にせたのいな。ほれで話がパアーと広がって、ちい、いつのまにか有名になってしもうたのいな。ターザンか忍者の生まれかわりみたいなことで話がずんずん大きゅうなったのいな。あの頃ぁわしがまだ三〇そこそこじゃけえ、元気な盛りじゃけえな。あげえなことも恐れも知らんでやれたのいな。

　メスちいやあ、それそれ、去年の九月に、この下の錦橋の河原で、これもメスで獲ったいな。まだ猟期じゃないがな。ここらじゃあ有名になっちょるもんじゃから、あこらああたりの者から電話があったのいな。なんでも、岩日《がんにち》線に猪が出てきて、撥ねられたがまだ生きて河原の方をうろちょろしよるけえ、あんた、すぐ捕まえにきてくれちゅてなあ。

　すぐ犬三匹車に載せて、ぶっ飛ばしていったのいな。見ると、六〇キロぐらいのが河原の砂場でウロウロしよる。見てもどこを怪我しちょるかよう分からんけえな。

一番優秀な猟犬エフ（紀州犬メス4歳）

すぐ犬に追わしたのいな。ほんならあんた、いっときあっちこっちしよったが、逃げられんと思うたんじゃろうぜ、ザアーザアー川ん中へはいっていったろうが。川ちゅうても、錦川じゃけえな、向こう岸までだいぶあるいな。ほいじゃが、こんなあ、たまげたが、上手に泳ぐでえ。犬よりゃあ速いな。こう、頭だけ出して上手に泳ぐともい。犬も後ろから泳いで追うんじゃが、犬の方が遅いんじゃけえ。見ちょりゃあ、どんどん川ぁ渡ろうがの。ありゃ！　こりゃあいけんと思うちょったが、なんと、川のまん中ぐらいから、向きを変えて、またこっちびらに向かって帰りはじめたのいな。まん中ぁ流れが速かろうがな。ほれで、こんなも渡れんと観念したともい。ほれで、最初竹をぶち切って竹槍にしてな、待っちょったが、はあ六〇キロもありゃあ、竹槍よりゃメスでいきなりやる方がええと思うて、わしも腰まで川ん中へ入ってから、ちい前足をひっ捕まえて、メスで刺して獲ったのいな。いつか、なんかの本で、猪は泳がんちゅうことが書いちゃったが、ありゃあ大うそでえ。ほりゃあ立派に泳ぐいな。

何が起こるか分からない

　ほりゃあある時にゃあ、木樵り鎌とナタで獲ったこともあるし、その場で槍をつくって、槍で獲ったこともあるいな。ほんと、山じゃあ何が起こるか分からんけえな。

　逆に正面から突っこまれて、はあ突き殺されるところを、鉄砲が猪ののどの中へ突き立って、やられずにすんだこともあるいなあ。後へさがりゃあはずれるものを、こんなあ押しまくるだけじゃけえの。油断しちょいて、生け捕りした猪に指を噛まれて、ほりゃあ一時間位、生きた気いせんじゃったこともあるでえ。放さんのじゃけえの。歯ぐきのとこじゃったんじゃが、指が蛇の頭みたいになっちょった。指よりなにより、頭の後ろがはりさけるように痛うなっての。ほりゃあ難儀いせたことがあるいの。

「ようお前生きちょったのう」

ちゅわれるようなこともあったいの。山ぁ走ってくだりよって、五間ぐらい高ぁ所、崖っぷちから落ちてなあ。どう自分が回転せたんか覚えちょらんこともあったでえ。最後は足から落ちて、石と石の間へ尻をついて、ほりゃあ胃も腸もとび出たようなじゃったいな。

当分物ぁいえだったいな。そのまま突っこんじょったら、はあ命ぁなかったいな。ほいじゃから、こういうことをいうちゃあいけんが、わしらあみたいな仕事をしちょると迷信もいうけえなあ。仏さんも大事にするいな。先祖や神から見放されちょらんにゃあ死なんとみるのいな。

四章

他の獣たちの話

猟の獲物

この三五年の間に、何んぼう猪を獲ったか？　そりゃあ分からん。

移動駆除班で、日積《ひづみ》、大畠《おおばたけ》、由宇《ゆう》、伊陸《いかち》の方を回る頃にゃあ、まだ年に二〇も獲りゃあええほうじゃったろうでえ。

そのうち年々獲るこたぁ上手《うも》うなるし、あの頃ぁやる気さえありゃあ一年中猟をやらしてくれよったけえ、増えていったと思うちょるがのう。

ここへきてから、北九州やら宮崎の方へ猪肉《ししにく》う出しはないて（始めて）、年々値もようなるけえ、多いい年にゃあ、あれでも、一二〇〜三〇は獲りよったと思うがなあ。四二の時、腰を痛めてから、猟もちいと減らしたし、猪もずんずん少のうなろうがの。今年ゃあ、半分じゃなあ。七四、五こんちゅうとこじゃな。ほれに、昔みたいに太いのがおらんようになったなあ。今じゃったら、六〇キロぐらいの奴二〇こんも獲りゃあ、採算はとれるがなあ。

肉は胴切りにして、小包にしてな、駅の貨物に頼んで駅止めで皆送りよる。頭も毛もついたまんまじゃいな。腹だきゃあきれいに開けちょるがな。

あれでも年間にゃあ、他の奴う入れりゃあ、二〇〇こんぐらいは殺しよるかのう。他の奴ちゅうなぁ、まあ、何でも獲れるもなぁ獲るがなあ。猪以外にゃあそう獲ろうとも思わんが。たまたま罠に掛かっちょるとか、山ん中で出会わいな。そんな時ゃあ獲るがのう。

上からいくと、猪、狸、山犬、兎、狐、貂《てん》、鼬《いたち》、穴熊、猿、ムササビちゅう順かなあ。そりゃ、雉《きじ》や山鳩、鴨のような鳥も時にゃあ射ちにいくこともあるいなあ。

淡竹林のなかで一息入れる田熊さん

山犬

どうしてもなあ、金になるもんを獲るようになるが、その山犬ちゅう奴だきゃあ別でえ。ありゃあ獲っても別に金にゃあならん。捨てて他のもんの餌になりゃあええぐらいの事じゃがなあ。こいつは猟師の敵じゃいな。野良犬じゃあないで、完全に山暮らしをしよる犬いな。野生化しちょる。ほりゃあ、見りゃあ雑種犬が多いいと思うがな。二代、三代ちゅうて山で生まれて、山で育った奴は、わしらぁ山犬ちゅうのいな。あんた、あの蓮華山にいってみいな。岩場が多いいが、こんならぁ、岩穴にでも仔を生むんじゃけえな。雉じゃろうが、兎じゃろうが、自分よりゃあ弱いもなぁ、仔の時分から皆獲って食うけえな。こいつらぁ、わしらあの敵いな。

罠に掛かっちょったのを連れて戻って飼うちょったが、ひどいもんでえ。一五日間も、あんた、何にも食わんで、じいーとしちょったがなあ。とうとう食うたなぁ食うたが。山犬じゃけえ、猟犬にしたら、なんぼかええかもわからんと思うたが、山へ連れていってみてがっかりした。てんで、そりゃあおとなしいもの。まるっきしただの飼犬みたいになってな。もうそれっきり山犬は、見つけたら掴まえて、殺すことにしちょる。

狸

ほれから狸もわりかた獲るがな。今ごらぁ代用品が出回っちょるけえ、たいして高うに皮も売れん。肉はちいと臭いがなあ。人によっちゃあ底味がして、狸は旨いちゅう者《もん》もおる。こいつぁトラップ（トラバサミ）で訳ゃあなぁ獲れる。柿に付くけえなあ。仔は四、五こん産むがこんなぁ面白いなあ。雌《めん》が太るいな。雄《おん》はやせ細っちょるいな。こんなだきゃあ雄が仔の面倒を見るんでえ。仲がええちゅうか、必ず夫婦連《みょうと》れいなあ。

狐

狐は、猪を獲った時、腸《はらわた》ぁ出そうが。腸やなんかを、取れんように木い縛りつけちょいて、その回りに罠ぁ掛けちょいて獲りゃあ、わりかたよう獲れるいな。時にゃあ、こんなぁ魚が好きじゃけえな、イワシやらサバやら安い魚でええけえ、そいつを山ん中の田ん中へでも置いちょいて、トラップを上手に仕込んじょくと、これもわりかた乗りがええいな。

鼬《いたち》

鼬は、今はてんくら駄目んなったが、こいつは必ず川土手におるけえな。これも魚の頭やなんぞを、ポンポラちゅう竹の仕掛け罠があるが、あれでやりゃあ、なんぼうでも獲れる。

こんなぁ、猟師は別の名を「殺し屋」ちゅうぐらいじゃからな。そりゃあ自分の縄張りに他の者が入りでもしたら、皆殺すでえ。殺し屋ちゅうほどあってなあ。ほのかわり、野鼠やらを皆獲って食うてくれるけえ、益獣でもあるんでえ。

貂《てん》

ほれから、何かいな。貂。うん、これもまあ狸と一緒。柿によう付く。やっぱりトラバサミじゃいな。キイ(黄)テンとスス(黒)テンと二種類おるがなあ。これも皮ぁ値のええ時もあったが、今ぁ駄目じゃな。

ムササビ

ムササビ。こりゃあ、数ぁ少ない。わしゃあ、獲らん方がええと思うちょるんじゃが。こんなぁ、皮も肉も全然駄目。まあ剥製にでもして売れりゃあ別じゃがな、珍しいけえ。だいたい五〇〇年も六〇〇年も経っちょるような太い樫やら椎やらある森いいかんとおらんなあ。樹の洞《ほら》ぁ棲み家にするけえなあ。

猿

猿ぁ、まあ、あんたら専門じゃが、こいつはよいよ友達みたいなもんで、獲るのもあんまり気が進まんにいな。ほれでも、害獣駆除でしかたなしに年に二こんぐらいは獲るがなあ。玖珂ぁ、山口県じゃあ、だいたい一番猿の多いとこじゃけえなあ。そりゃ山ん中でしょっちゅう出会ういな。

あんたに前やったいなあ、仔猿。あげえな事がしょっちゅうあるいな。仔猿ぁ、それこそ網でもありゃあ、迷うちょる奴を獲って帰れんこたぁないでえ。昔の猟師ぁ、猪も猿も大けな家ほどもある檻を造って、それへ誘いこんで、一遍で何こんも獲りよったちゅうが、今ぁそげえなことをする者ぁおらんでえ。

わしも何回か猿う獲って飼《こ》うちょった事があるが、ありゃあすぐ子供らが寄ってくるいな。子供に一番人気があるけえな。ほれで思うんじゃが、猿まわしも、よいよ初めは、やっぱり猟師が、子供が喜ぶのを見て、街い連れていったが始めと思うんじゃがなあ。わしも猿うちょ

上、アサギ山は広葉樹林がなくなっていく。下、混交林ならまだ動物も棲める。

いと飼うてみて、そげえな気分に正直んとこなったけえなあ。あんたどう思うでえ。

穴熊

おお、そうか、穴熊が抜けちょったか。あんた、やっぱしつこいなあ。

こんなぁ皮ぁ駄目じゃがな。肉が旨いいな。柿がはあよいよ熟して落ちる頃、のそのそ出てくるいな。動きがよいよのろ作ちゅうんが特徴いな。ほいじゃが、あげえに見えても、狸に似ちょるようじゃが、足を見てみいな。完全な熊じゃけえな。この辺じゃあマメダヌキちゅうが、ありゃあ穴熊が一番本当いな。

牙が強いいな。下手に犬でも手を出すと、反対に殺《や》られるけえなあ。犬も賢い奴じゃないと、ちょいとこんなにゃあ、手も足も、それこそ口も出ん。

他所《よそ》の地方じゃあ貉《むじな》ともいおうがな。ほんとこんなぁ同じ穴のムジナいな。熊じゃから、他の者と違うて、冬は冬眠するけえな。秋から冬にかけて、よう食うて、丸々肥っちょるいな。ほれが山の土手に、分からんように穴ぁ掘って、ずうっと奥へネガマ拵えて、皆入っちょる。柿にくる奴を、罠でも獲るがなぁ。こいつを獲るなぁ、穴を掘って、追い出して獲るのがええいな。面白いけえなあ。わしゃ日積におる頃から、兄貴やなんぞとよう掘りにいったいな。

こんなぁ、まだわりかたおるいな。この裏山にも穴があるし、この間大山《おおやま》（雲霞山《くもがやま》）へいったとき見つけちょいたで、穴を。こんなぁ糞で分かるのいな。こまぁ穴じゃが、穴の前にポツポツ糞があるけえな。ちいと岩があって、ほれで、わりかた掘りやすいとこにおるいな。穴ん中ぁ広うしちょるでえ。棲み家じゃし、一冬過ごすとこじゃけえなあ。こんなぁ獲るのは細い竹を切ってきちょって、穴ん中へずうーと入れるのいな。おりゃあ、先の方へどうでも当たろうがの。ほれでだいたい見当つけちょって、今度ぁちいと広めに上から掘っていくのいな。

多いいなぁ五こんぐらい一つの穴へ入っちょるちゅうが、わしゃあ四こん獲ったのが最高じゃな。一こん一こん獲れるいの。同じ穴のムジナじゃが、一こんがやられよっても、他のもなぁ知らんふりちゅうんか、何もせんぜ。ただじいーとしちょるけえなあ。昔ぁ祖生《そお》に多かったがなあ。雪花が散る頃ぁこんなぁ煮込んで、猟仲間と何やらかんやら自慢話でもやらかしながら一杯やると、そりゃあ天国じゃいな。赤身の肉でなあ。そりゃあ旨い。

五章

獣たちの不思議の話

夜の山

山ぁ、そりゃあ夜昼ちゅうこたぁなぁ歩くいな。そりゃあ犬が戻らん時やなんぞ捜ぁて歩くけえな。そういう時ゃあ皆、罠ぁ見て歩くのいな。あれでも大事な犬じゃけえと思うてな。夜歩いたけえちゅうて、おかしいものに出会うたこたぁない。ただ見えんだけのことで、ひどう変わりゃあなぁでえ。昼じゃけえ、夜じゃけえちゅうて、ただ見えると見えんの差だけじゃと思うなあ。夜う、どようしもなあ（ひどく）恐れる者《もん》があるが、ありゃあどうじゃろうかと思うなあ。そねえな時、わしゃあいうちゃるのいの、「山やら、獣が恐ろしいんじゃなぁんで。人間が一番恐ろしいんで。こんなが、自然界じゃあ、一番の怪物でえ」っての。また田熊が、あげえなことをいうちゅうていうがな。ほんと、人間が一番恐ろしい怪物と思うな。

しらせ

ほじゃがなあ、今でもわしゃあ不思議なんじゃが、魂があるちゅうか、そうとしか思えんのじゃがな、〝しらせ〟があるのいな。

夜猪が掛かっちょる。一こんじゃが、犬か狐か分からんが、掛かっちょりゃあ目が覚めるんじゃいの。ほいでな、掛かってパッと死んだらなあ、一〇分でも一五分でも寝られる……。ほいでまたパッと目が覚める。一時間か二時間せてな。ほいたら二頭何か掛かっちょる。必ず〝しらせ〟がある。

相手が死んだ場合にゃあ、すぐ寝られるのいの。死なんにゃあ、朝まででも寝られん。またその明けての日に掛かろうが。また目が覚めるけえなあ。ほいじゃけえ、三日でも四日でも、毎日《まいひ》に獲るようなことがあろうがの。寝られんにいの。ほりゃあ、頭が呆《ぼ》けるいの。

夢

ありゃあ、うちの子供がまだこまかったけえ、二〇年ぐらい前かのう。二年か三年ぐらいの間、獣が罠に掛かるんが夢で見えよったんじゃい。

猪がパッパッパッパッ、狸なら狸がパッパッパッパッパッこうが、ほいで罠へポーンと掛かるんが見えよったんでえ。ほじゃから、わしゃあ自分が恐ろしゅうなりよったいな。はあ、こりゃあ止《や》めんにゃあいけんでようちゅうて、何回思うたか知れん。

ありゃあ、正月の一日《ついたち》の日に日積の親元へ、子供やら女房やら皆連れていっちょった時いな。その晩泊っちょって、二日の日い、「おらぁけさ早ういなん（帰ら）にゃいけんともい。昨夜《ゆうべ》猪が掛かったけえのう。置い

左は罠に使うワイヤーロープとトラップ。右は田熊さん愛用のメス（小さいの二丁）

ちょったら腐っちゃあいけんけえ。おらあ、いんでから今から罠ぁ見にいかんにゃあ」ちゅうたら、皆、本気いせんで、「そがん馬鹿なことがあるか」ちゅうのいな。「いいや、掛かっちょる。目方が三五キロぐらいの赤毛の奴がのう、こうタスキにとって、ほいで、縁《へり》の孟宗竹へ巻いついたけえ、孟宗竹ちゅうたら、椎野《しいの》の奥ん所はきゃあ（だけしか）罠がないけえ、間違いない。完全に掛かっちょる」ちゅうたのいの。

ほいで、誰じゃったか覚えんが、面白がって付いてきたんじゃいの。ほれで、その山までいって「おい、これの上へ上がって見い。間違いなしのおろうが」ちゅうたら、本人半信半疑じゃったが、上がっての、「わあ！こりゃあすごい。本当じゃあ。いうたとおりのかっこうじゃ！」「おらあ、見えたんじゃけえ完全に。この現場が見えたけえいうたんじゃけえのう。ほいから、もう一ヵ所、あっちいいったら、また掛かっちょるけえのう、こんぐらいの猪が。そりゃあ、こう横んなって、首い罠が掛かって横んなって死んじょるけえのう」

ほいて行って見りゃあ、やっぱしまこと、いうた通りじゃったのいな。

ほじゃけえその頃ぁよう皆いいよったのいの。「どうじゃろうかのう、しゃっきりせたことが分かるが」ちゅうてなあ。それが三年ぐらい続いたなあ。ほいじゃが、今ぁ〝しらせ〟があるだけじゃいな。夢に見えるこたぁ、そん時期《とき》だけじゃったがな。あねえにはっきり見えると、自分ながら、気色が悪いし、恐ろしゅうなるいな。

信じられないこと

気色が悪いちいやあ、あの狸で。しばあて（叩いて）殺《ころ》いて目を回したけえ、皮ぁ剥《へ》ごうと思うたら、また息を吹きかえしてな。どうでも死なんけえ、水ん中へ一時間ぐらい沈めちょいたことがあるが、普通じゃったら死なんにゃあいけまぁが。一時間以上も水ん中へ重しをやって沈めちょいたんでえ。そりょを上げたら、また生き戻ったのいな。とうとう生きたまんま、剥いだことがあるがなあ。

それと、あの高森の奥の藤ヶ谷ちゅうとこで、猿を犬がくわえてなあ。はあ半死にしちょるけえ、早う、ええホイトマー（仏様）にさしちゃる方がええけえ、心臓をメスで刺したんじゃがな。ほいで内臓を皆引っぱり出ぁてもまだ一時間以上も生きちょった。どうじゃろうか。うそと思うか知らんが、現実、あんたあ、目の前で起きたんじゃけえなあ。ほいじゃから、その冬にゃあ、そこい猟にゃあいかだった。猪ゃあおるが、はあ、気色が悪うて入らんのいの。ハ、ハ、ハ。

そりゃあ、科学的にゃあ、考えられんことが起こってくるいの。

血もはあ一滴も無ぁ奴が、ひょーとこう立って、手招きするみたいな格好で、あんた、起きて、座っちょっりゃあがる。山の上の方じゃったから、手ぶって帰ったのいの。ほいじゃが、どうも気いなってしようがないけえ、四、五日せてまた入ってみたんじゃが、その場所から一気に下の家の近くまで降りてきて、座ったまんま、死んじょった。

ほりゃあ実際、ああいうことがあると、わしらあだいたいが迷信は信じん方じゃが、ほれでもやっぱ、魂はあると信じるこたあ、あるいなあ。

ほれで、あれだけ獣を殺すけえじゃが、一応盆にゃあ供養だきゃあ毎年欠かあたこたぁないいな。年を拾うてから、端から体の調子が悪うなってな。とにかく、最近は腰が悪うてやれんにいな。

六章
人間様にもの申す

松食い虫と猿

ほいじゃが、あんた、猿が減ったなあ。去年あれだけ見た奴がごんごしなぁ（とんでもなく）減っちょるでえ。前にもいうたと思うが、ここらぁ南は二号線、北は北河内、東は錦川の西岸から、西は熊毛との境の烏帽子ヶ岳までの間に、五つは群がおりよったが、今年はよいよ見んだったでえ。二、三見かけた奴も、えらい群がこまい。

こんなあ、なんじゃな、あの消毒じゃいの。松食い虫の。農電《のうでん》で放送流すじゃろうが。当分山へ入んなちゅて。消毒して、まあ一〇日ぐらい経たんとあんたぁ犬でもみないかれるんでえ。雨でも降りゃあ別じゃがの。三日ぐらいして、山へ犬を連れて入って、何匹も殺されたのがおるいな。やっぱ、草やなんぞに掛かっちょる奴をねぶる（なめる）のいな。

そりゃあ、猿やなんぞはいくはずじゃい。逃げる範囲が知れちょるけえな。ここから奥は、山が深かろうがな。ほれで、皆分からんのいの。ほいじゃが、ここから沖の方は山がこまかろうが、ほじゃけえ、人家の近くまで出て死ぬけえ、分かるいな。狐やら猪やらが死んじょったちゅうでえ。

わしの甥坊主が今日積におるが、一昨年《おととし》のことじゃいの。田んぼの畔に、妊娠した一尋《ひとひろ》じゃあきかんような猪が出て死んじょったちゅうて、消毒せて一〇日ぶりちゅうて、確かいいよったでえ。今度ぁ、畑へ狐が出て死んじょったそうな。そんぐらいじゃったら、相当死んじょるちゅうのいの。人間の目に掛かるなあ、ほん一部じゃけえなあ。わしゃあ証拠写真でも撮っちょきゃあよかったのうちゅうたのいの。

それが松食い虫に効くんならええのいの。ほれが効果がなあけえ駄目ちゅうのいな。お見かけどおり、松ぁドンドンいきよろうがの。

そこの町とか市は莫大な金を国から貰うんじゃそうじゃが、あの銭ぁ他へも使えるちゅうんで、ほれで皆やらぁてくれちゅていうんじゃいの。

ほりゃあひどい薬じゃいな、あのスミチオンちゅうのは。人間でも肝臓やられた者は多いいもんじゃけえなあ。普通農薬で使ういなあ。そりゃまだ田で稲やなんぞにやるんならええが、それを空から撒くんじゃけえ、いけんにいな。こまぁ小鳥やなんぞは、キリキリ舞いして、すぐ死ぬちゅうでえ。

ほりゃ、消毒するんでもよう考えちょるいな。図面でいゃぁ、ここに山があるか、ほして、こっちにも山があるいな。それを全体的にゃあやらんにいな。ここの道路を境にして、向こうびらの美川町までやって、今度この間は全然やらんちゅう具合いにな。こう三筋にずうっと消毒せて歩かいの。ほいじゃけえ、縁《へり》の方へなんぼか出れるいの。出た奴は助かる。ありょを全面的にやってみんさい。そりゃ何にもおらんようになる。それぐらいきつい薬なんじゃがな。

ほいじゃが、肝腎の松食い虫ぁ臭いと思うたら皆木ん中へ潜り込んで、ひとつも死なん。ちい薬が効く間は出てこんのじゃけえ。なんぼヘリコプターで撒いても、クソにもならんちゅうていうのいの。

小鳥たちを殺した報い

ほいじゃから、わしらが一番ええと思うなあ、あの松い、セセリ（コガラメジロか）ちゅうこまぁ鳥がおろうがの。メジロぐらいのので、ほれ白黒の。羽根と尾ばちの黒い奴いの。ありょを増やしゃあええのいの。昔ぁあれが四〇〇から五〇〇ぐらい群を作って、ぐるぐるぐるぐる山ぁ回りよったいの。こいつは松専門にああいう虫を取って食うんじゃいの。そいつがおらんようになった。おらんようにせたけえいけんちゅうのいの。

こりゃあ、完全に農薬じゃいの。戦後いっときまではものすごうおったんじゃけえ。チョッチョッチョッチョッちゅうてなあ。うちの垣根の方まできよった。こんなぁ、時間的に回るけえなあ、松から松へ。それにまたあれと連れだぁて歩く羽根へ白い点がある奴、どっちかいうとメジロに近いのもおったいの。ありゃあ五〇か一〇〇ぐらいじゃった。そいつもてんくら見んと思いんさい。こんなぁ松に巣を作りよったいの。瓢箪《ひょうたん》のように拵《こしら》えて、穴をまん中に抜いての。他にもきれいな鳥で、ミヤマショウトウとかヤブショウトウとか草色をしたこまぁ鳥が何種類もおりよった。戦時中から三十年頃までにゃあ、かなりおったがなあ。ほれが、根切りがしたちゅうか、さっぱし姿ぁ見えんようになった。そのかわり河原雀《かわらすずめ》ばっかし増えたいなあ。

とにかく農薬の使いようじゃいの。ああいう昆虫取って食う小鳥を皆おらんようせたけえ、こんだぁ悪い虫が、ドッドッはびこって、害をひどう与えだしたんじゃいの。

ほれじゃけえ、昔から、あげえな小鳥は人間、家ん中にゃあ飼わんにいな。何十億ちゅう金を松食い虫の消毒に使うんなら、小鳥を増やす方法を研究せりゃあええのいなあ。野鳥の研究せよる人らがおろうが。わしならあの人らぁ引っぱり出すがのう。ありゃあまだ中国山脈の奥の方へいったらおるがなあ。とにかくこれから先ゃあ、山のものを全滅させまいと思やあ、農薬使うこたぁ控えんにゃあだめじゃなあ。これが一番大事なことといの。

消えた山彦

ほいからあんたら気がつかんでえ、この頃山彦ちゅうのを聞かんなあ。昔ぁ無線が無ぁけえ、知らせ合うのに「よおーい」ちゅうて呼びよったろ。必ず「よおーい」ちゅうて、どこの山へ入っても山彦がしょったが。この奥の深い山だけじゃあなぁ、柳井でも由宇の奥の方の山でも、山は浅いが山彦はしよったが……。時々やってみるんじゃが、一体どういうものかいなあ。山彦がおらんようになった。

動物たちの棲み家を

ほれから、わしゃあいつもみんなにいうんじゃが、猪でも猿でも鹿でも熊でも、人間の作るもんばっかし好きになりだぁたちゅうなぁな、人間が造林せてなあ、檜とか杉とか皆植えたろう。ほれでこんならあの食うものを皆無ぁようしたけえ、人家へ皆おりてきだぁたのいな。この四、五年の間にも、錦町でも、高水《たかみず》でも鹿野《かの》でも、あの広島県の海岸べりの大野ちゅう町でも、熊が降りてきて、皆大騒ぎして射っちょるいなあ。結局、あがあに（あんなに）熊が出だぁたのも、奥の方あんまり開発せすぎたけえじゃいの。そりゃ、これから先、熊のおり場ぁないのう。

もともと人間が悪いのいの。やれ観光じゃ、道路じゃ、造林じゃちゅうて、ほいで熊でも猪でも出りゃ、やれ被害が出た、何のかんのちゅうがのう。官庁とか国が経営しちょるような山ぁ、ある程度天然の雑木林で置いちょくべきいの。樫とか椎とか皆木い実が生《な》ろうがの。こりゃ皆こんならあの餌じゃけえなあ。ああいうアサギ（広葉樹）の山にゃあ、野鳥でも昆虫でもミミズでも付こうがの。ほうすりゃあ、こんならあも、わざわざ人家

松食い虫で枯れた松と烏

へおりてきて、悪戯《わるさ》ぁせえでもええんじゃけえな。

ほりゃあ今いう檜とか杉にせてみない。あんたあ、中ぁきれいになって、何にも無ぁようになって、隠れ場も無ぁようなるでえ。

昔ぁこの中国山脈の方は、大けなアザやら何やら実が生る木がぶっ揃うちょった。ひと抱えもあるような奴が。個人の山じゃったら、今度出すのに金が掛かるけえ皆投げて、かえってせてないが、国とか県とか市とか、大けなとこを見てみない。皆造林しちょるけえ。全部やっちょらいな。あれじゃあ、そりゃあ棲み場は無いいの。このままいくと山の生き物ぁ全滅するいな。

何十年かしたら人間も気がつくかしらんが、いろんな人間がいい出ぁたらなあ…。松食い虫が、あれだけ暴れちょるのも、ツケがみな人間に回ってきちょるんじゃがなあ。

人間の恐ろしさ

こないだも県の方へわしゃあ電話して怒ったのいの。春の害獣駆除ちゅうんが、三月の一五日から五月の五日まであるのいな。ほれで、許可もろうた者《もん》がやるんじゃが、休猟区じゃろうが、保護区じゃろうが、おかまいなしに入って射つのがおるのいの。ちょいと地位のある者やなんぞが違反したなぁ大抵取りあげんけえのう。あれがいけんのいの。

「お前ら、だいしょう（多少は）調べてみよるんか」

ちゅうて怒っちゃったいな。

休猟区、保護区ちゅうなぁ、一般の者ぁ入れんのいな。冬場でも入れんのじゃけえな。ほやけえ被害がなけりゃあ、駆除をやらんのが建前じゃろうが。何のための法律かちゅうていうちゃったいの。だいたい保護委員や林業事務所は何をするところか、だいしょう監視なんかしよるんかちゅうてなあ。

他の県じゃあ、まあ四国らぁ相当厳しいことをわしが聞いちょるんじゃが、山口県はデタラメじゃないか。ほじゃから、四国の方からでもきてデタラメをやるが、あんたらぁ、いっそう（まるで）文句もよういわんのか、ちゅうてのう。

「とにかく駆除の許可が出ちょりゃあなんぼうやろうが、お前、何の文句があるんか」

ちゅうんじゃけえのう。保護委員がでえ。こげえな保護委員があるかちゅうて、県へ電話したのいな。

保護委員ちゅうもなぁ、ちゃんと休猟区も保護区も調べてみて、百姓が本当に困っちょるんなら、そりゃ、許可下ろしてやらんにゃあいけんちゅうのいの。ほじゃが、なんぼう猪がようけえおるちゅうて、兎がようけおるちゅうて、被害が無ぁものを、わざわざ入ってやるちゅうなあ、そりゃ、お前、法的に間違うちゃあおらんかちゅうて、こないだもやかましゅういうちゃったいの。行政機関ちゅうんか、ああいうとこちゅうなあ、もうちいとしっかりしてもらわんにゃあいけんでよう。違反でも取締まろうと思うたら何ぼでもやれるんじゃけえ。はあ、簡単なことといの。ちい道で車のトランクう見るだけでもええ。すぐわからいの。

わしみたように誰にでも面と向こうていう者ぁあんまりおらんにいの。ほじゃからわしんとこにゃあ、名前を表へ出さんでくれちゅうて、電話で、違反のことでも何でも、情報皆入れてくれるんじゃいの。いいたいこというけえなあ、わしゃあ。ほじゃから林業事務所でも警察でも、そりゃあわしをいやがっちょるいの。

とにかく日本人ちゅうなあ、やれ、何ちゃあ、大騒ぎするけえ、いけんないのう。松食い虫でも猪でも、駆除すりゃええように思うけえなあ。殺しさえすりゃあ、ええように思うけえなあ。

ほりゃ、何でもかんでも消毒すりゃええか、ちゅうもんじゃあないんじゃけえなあ。松セセリでも、おごらされる（増やせる）もんなら、おごらぁてまた元のように山へ戻しゃあええのいの。ほんなら、悪い虫を皆取って食うんじゃけえなあ。そういうふうなこたあいっそうせんと、薬ばっかしをどんどん使う。まあ会社から金が貰えりゃあするんじゃろうが。ハ、ハ、ハ、ハ……。しかし、使やあのう、かえって他のもんが皆死んでいくんじゃけえなあ。

今頃よういいだした野鳥を守るとか、なんとかいうのも、こういうことから、根本やっていかんにゃあ、はあ長いこたぁないで。そりゃあ絶滅するいの。今のやり方でいったらなあ。

そりゃあんた、わしも百姓じゃきい、百姓からいやあ、猪ぁおらんのがええで。いまから田んぼを植えて、夏草ぁ取って、秋まで育てて、いよいよ刈る前になって、ちょいと穂が傾ぶいてから、バッサリやられるんじゃけえなあ。そりゃあ、頭へくるいな、やっちょる者ぁ。それでわしが、あの当時獲る者ぁいっそうおらんし、こりゃあ百姓の大敵じゃあと思うてなあ。いよいよほんと、なにいの、命を投げうってやってきた人間じゃけえなあ。なんぼう猪に撥ねとばされようが、危険な目に遇うても、恐ろしいと思うたこたぁないな。またいうが、やっぱり一番恐ろしいなぁ人間じゃいな。何を考えちょるかわからんけえなあ。

けもの風土記3 熊

文・写真　須藤　功

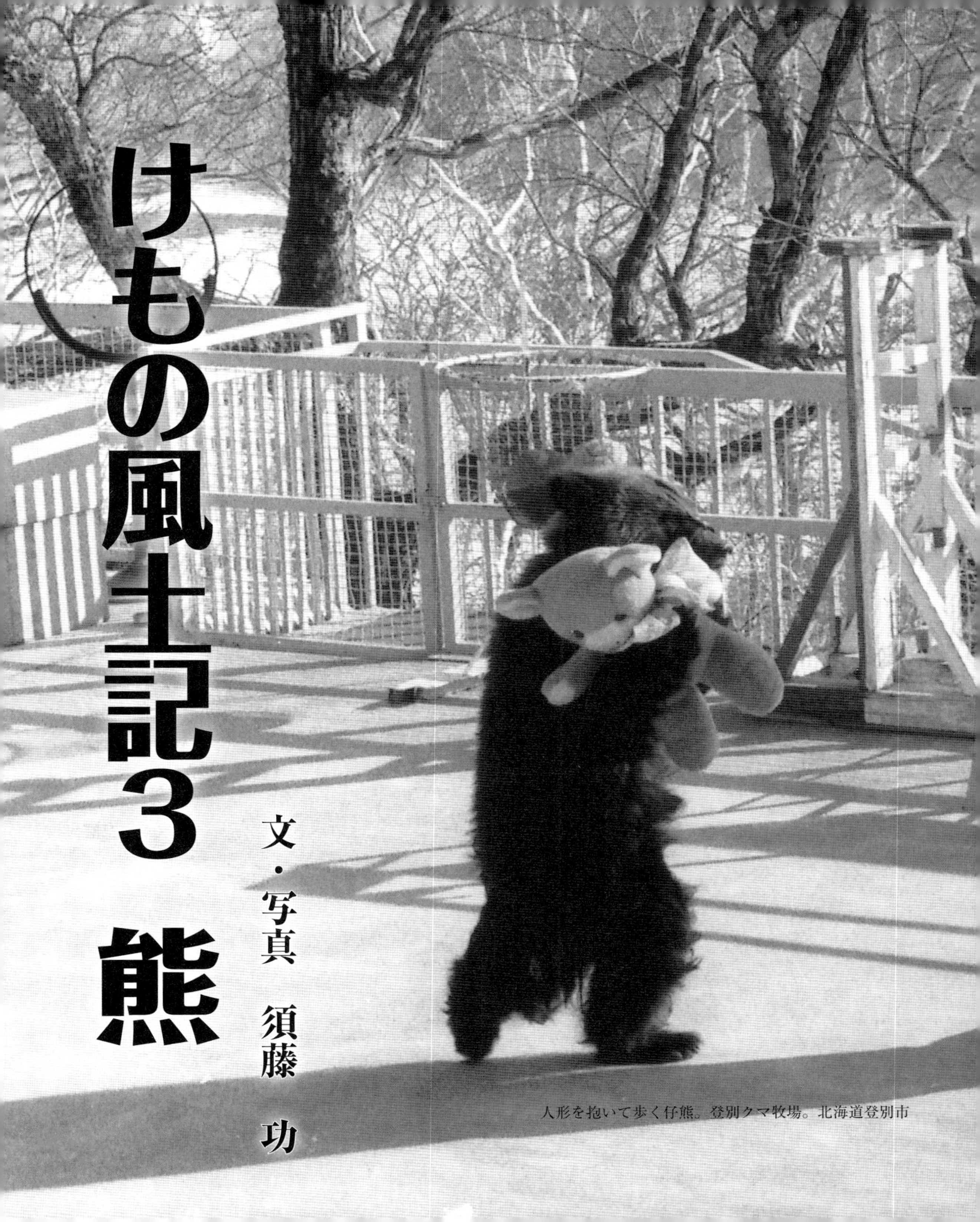

人形を抱いて歩く仔熊。登別クマ牧場。北海道登別市

「けもの風土記・猪」（五一頁）を出した後、次は鹿をやってはどうか、という手紙を幾人かの先学の方々からもらった。

むろん鹿も書きたいと思っている。しかし、猪を書いた時点でもう次は熊ときめていた。理由はいたって簡単で、私が実際に接したけものが猪に次いで熊だったというだけのことである。

それは昭和五十二年（一九七七）二月、北海道沙流《さる》郡平取《びらとり》町二風谷《にぶたに》でのことである。二風谷は北海道の中でも特に大きいアイヌ・コタン（村）である。その二風谷で絶えて久しいキムンカムイ・イヨマンテをきちんとやることになり、私も取材の機会を与えられた。そこで初めてヒグマに接したのである。

初めてのヒグマがもし動物園でだったら、私はただこんなものかと思っただけだろう。ところが二風谷で見たヒグマとそれを送る儀式、キムンカムイ・イヨマンテの印象はあまりに強烈だった。

キムンカムイ・イヨマンテとは、キムンカム＝森の神、すなわち熊、イヨマンテ＝それ送るものということで、意訳すると「熊送り」となる。一般にいわれている「熊祭り」という言葉は正しい意訳ではない。

その熊送りはさまざまな準備から始まった。本番というべき儀式は同年三月三日から二夜三日にわたって行なわれた。その様子は写真で見てもらうことにして、ここではごく簡単に説明すると、一日目は弓矢で射って解体する。その場合、頭部は残し祭場に供えまつる。二日目は午後から頭部解体の儀式。終って前日と同じように唄や踊り。三日目は朝早くその霊を神の国に送る儀式である。

アイヌは熊を神の仮の姿と考えている。神が毛皮と肉の土産を持ってアイヌの前に現われたとする。だからその毛皮と肉をいただき、そのお礼にアイヌの唄や踊りを披露し、再び土産を持って来てほしいと神の国へ送る。一つ一つの儀式はそのためのものである。そしてその一つ一つに考えさせられるものがあるのだが、一口にいうと頭部に主体をおいた儀式ということができる。私にとって強烈だったのはそのことである。そして一体なぜ、頭部を大切にまつるのかという疑問を持つようになった。

この熊送りの以前に、私は猪の頭部を贄《にえ》として供えまつる祭りを宮崎県西都市字銀鏡《しろみ》で見ている。そこではその前で神楽を舞う。神楽はその猪頭がないと舞えないとさえいわれる。そこでもただ頭部を供えまつるだけではない。熊送りにくらべてずっと簡単だが、頭部を主体にしたそれなりの儀式がある。

北と南、そして民族の違いもあるが、同じ列島に住む民族ということから考えると、両者には共通性があるのではないかと思った。

その共通性を研究してみたい。そう思ったときに宮本常一先生にいわれたことは、「日本人がいまなおよく使う〝首を切る〟という言葉はけものの頭部を供えまつるということから出ているんだよ」ということだった。

考えてみると、その研究を進めるにはけものの生態と、合わせて日本人とけものの関わりを知らなくてはならない。私が猪や熊や鹿などのけものに関心を持つようになった出発点はそこにあった。

供えた熊頭のそばでイヨマンテの「女の酒」の神事を行なう。北海道平取町二風谷

のっそりと生きる

クマは日本に棲息するけものの王者、大きな黒々とした体は見るからに堂々としている。しかし百獣の王といわれるライオンのような猛々しさや駿足な足は持たない。優しい目を持ち、ノッシノッシと歩く。それは熱帯と寒帯という棲む場所の違いからくる風貌の違いだろうか。クマは北国のけものである。

もっともその違い、すなわちノッシノッシという感じが日本人に親近感をいだかせているといえないこともない。たとえば金太郎の話。鉞《まさかり》かついだ金太郎のまたがるけものがライオンでは何かちぐはぐだろう。イノシシやキツネでは絵にならない。うっすらと赤味をおびた柔肌の童子が、腹あて一つでまたがるけものが黒々としたクマなるがゆえに、幼な児はその絵に目を輝かせる。そしてクマというけものを知る。もしかすると、日本人の多くが初めて記憶するけものはこのクマなのではなかろうか。

イヨマンテでやがて神の国に送られる1歳の仔熊。退屈なのかあくびをした。北海道平取町二風谷

「あっ、クマさん」

動物園などで幼な児がそんな親しみをこめた声をあげているのは、おそらくそうした下地があるからだろう。

そのように幼くして知り、また動物園などでクマを見ることは誰にもある。だが野性のままのクマとなると、それを実際に見るのは数えるほどしかない。狩人（山の掟を知っていて狩をする人）か研究者（動物写真家）、さもなくば本当に偶然に見たという人だけである。山仕事の人でもそう容易に出会うものではないらしい。

いまのところ私も見た人の数にははいっていない。野性のクマ、山に生きるクマを見たいという気持は大いにある。だがその機会をつくろうという気持にはなれないでいる。機会をつくるとすれば熊狩りの狩人に同行を許してもらうということになる。しかしそうやすやすと許してはもらえないだろう。足手まとい、いやそれ以前に雪山を狩人と一緒に歩くことなどとてもできそうもない。一歩一歩、狩人の歩みはのろいようでも長時間となるとついて行けなくなる。その上もしはぐれてしまったら、狩人はその日の熊狩りを中止しなければならない。私は気が狂いそうになるだろう。大きなクマがはぐれた私の目の前にぬーと現われたら（実際にはありえないはずだが）という恐怖感、鉄砲も槍も持たぬ私はどうすることもできない。クマは人を襲うとき後脚で立ち上がるという。二メートルをゆうに超す巨体だから、それを見ただけでも腰を抜かしそうだ。クマに出会ったら死んだふりをすればいい、ということも根拠がないと知ってい

アイヌの祭事に男がかぶるサパンペ（冠）の先には熊頭の彫物がついている。北海道平取町二風谷

るとなおさら不安である。

もっともとっさの場合は機転のきくものらしい。

群馬県北部の霊峰・武尊山《ほだか》（標高二一五八メートル）から上越国境の山々にかけてはいまなおクマが多い。同県利根郡水上町藤原にはかつて熊獲り団治といわれた名狩人がいた。

その藤原にある宝川温泉はツキノワグマのいる温泉として知られている。とっさの話はそこで聞いたものである。

ある人が山道でクマに出会った。普通、クマは人の気配を感ずると気付かれないうちに逃げてしまうものだが、そのときは両者ともそれこそ不意の対面だった。しかも目と鼻の先という感じで。その人も驚いたがクマもそれ以上に驚いたらしい。そして逃げられないと思ったらしく襲ってこようとした。あわててその人は下駄をぬいだ。しかし、下駄をぬいでいる間に大きくあけたクマの口が眼前に迫っていた。考える間もなく下駄を持つ腕をぐっと伸した。するとうまい具合に下駄は口の中にすっぽりとはいった。口につっかい下駄をはさまれたクマはもうどうにもならない。それで命拾いをした。

ちょっと話ができすぎているが、ようするに助かる人は助かる。そこで下駄ではなくカメラでも大丈夫かなと思ったりするのだが、本当に出会ったらそんなことできそうもない。その勇気のなさが私をして山のクマに出会いに行くことを躊躇させている。

その点、生態の研究者はすごいと思う。高橋喜平著『雪国動物誌』（創樹社）に次のような一節がある。

〔群馬県の宝川温泉では三歳のツキノワグマ二頭は人工の岩穴に、二歳のツキノワグマ二頭は大きな木箱の中に冬ごもりをしていた。私は三回にわたって現地を訪ね、冬ごもりの状況をつぶさに観察したが、ついに熱電温度計で体温を測定することに成功した。

ただし、ここでいう体温は皮下温度である。けもの類の体温は直腸の温度で示すことになっているが、いくら冬ごもりをしているといっても、猛獣のツキノワグマのお尻に体温計をさし込むことはできない相談なので、皮下温度でがまんすることにしたわけである。

実際やってみると、皮下温度を計ることだけでも大変な勇気が必要だったのである。そのとき、私は腹這いになって二歳のツキノワグマが冬ごもりしている穴にもぐり込む苦心の末、ツキノワグマの体にじかに手をふれてみたが、ツキノワグマは眼をさまして「フーッ」と大きく息を吐きながら頭をもたげ、ものうげそうに私の方を見た。（後略）」

ここまで読んで私は大きく溜息をついた。寝込んでいるといっても猛獣である。狭い穴の中で何をされるかわからない。そこにもぐり込んでいるのである。

高橋氏はそうしてツキノワグマについて二、三の生態を知る。眼をさましたときの小さな眼がホウズキのように朱色で、視力が減退しているらしかったこと。再び寝込んだツキノワグマの呼吸が一分間にわずか三回だったこと。腹部の体温が一五度前後だったこと。活動期のツキノワグマの体温は三七・二度、呼吸数は一分間三五回だから、冬眠中のツキノワグマは死の一歩手前といっていいギリギリの生き方をしているということなどである。

次のようなことも記している。

「この冬ごもりの中に身ごもっている牝グマは仔を産み、仔を育てるのである。仔は普通牝牡二頭のことが多く、生まれたばかりの仔グマの体長はわずか二〇センチぐらいで、その大きさは生まれたての猫の仔と大差はない。それが生後約百日たって、冬ごもりの穴から出る頃には丸々とふとって、いかにもクマの子らしい風格を備えるようになる。ただし、その間の様子はまだよく分っていない」

最後の一言、わかっていないことは他にもいろいろあるらしい。それは一口にいうと野性のけものを観察することの難しさということになるのだろう。なお冬の穴の中のクマは完全に眠っているわけではなく、いわば半眠り、だから冬ごもりといった方がぴったりするらしい。

九州にもいるのかな

哺乳類のクマはクマ科の動物で日本に三属三種を見る。たとえば宝川温泉に見られるようなツキノワグマは本州、特に中部以北に多く見られるクマで、黒色の胸前部に三日月あるいは月の輪のような白色の毛があることからそう呼ばれる。

北海道に棲息するクマはヒグマと呼ばれるが、同属ながら別名のエゾヒグマはヒグマとちょっと感じが違うらしい。どう違うのかと図鑑を見ると、エゾヒグマにはさらに赤色型（茶色）と黒色型とがある。この二つ、すなわちヒグマとエゾヒグマの関係についてはまだよくわかっていないらしい。

ヒグマの体毛は茶色が普通で黒色もある。ツキノワグマのような月の輪を欠くが、仔熊には白色の頸輪を見る。

ツキノワグマ、ヒグマ、そしてもう一属一種はホッキョクグマである。いうごとく北極のクマで、日本には棲息しない。北海道の宗谷と新潟で一度だけ捕獲されたことから、一応、日本で見るということになっているらしい。ホッキョクグマについてそれ以上のことは知らないのでここでは考えないことにする。

そこで話は二属二種、ツキノワグマとヒグマにしぼることにする。その二種の一番の違いは体の大きさである。大きさは個体差があるが大きいのになると、ヒグマは体長約二メートル、体重約二八〇キロというのが普通、ツキノワグマは体長約一・五メートル、体重約二三〇キロとひとまわり小さくなる。他には先に記したように体毛の色が少し違うことと棲息地が別だということである。

その棲息地ではヒグマは北海道と限定されるからいいとして、問題はツキノワグマである。中部以北に多いのは確かなのだが、現在、西日本にはどこまで棲息しているのか、ということである。

それについては当研究所（日本観光文化研究所）でもちょっと論議したことがあった。ある所員が、奥日向（宮崎県）にはイノシシやシカやクマがたくさんいて、というようなことを書いたことに端を発したことだった。

私は九州にはクマはいないと思い込んでいたものだから、クマがたくさんいて、という記述そのものに首をかしげたのである。

中央に<熊供養>、その上部に日月の図、右方に<イノ年>、左方に<八月十日祭主　文三　安兵衛>と刻まれている熊の供養碑。宮崎県西米良村仲入

ところがそれからしばらくして新聞に「高千穂にクマがいた!!」という記事が出た。昭和五十八年（一九八三）二月二十六日付の読売新聞のもので、小見出しには「雪に足跡三十個」、「五センチの毛も付着」とある。それは宮崎県西臼杵《にしうすき》郡高千穂町の北部にそびえる親父《おやじ》山（標高一六四四メートル）の南麓、標高一二〇〇メートルの原生林の中だという。記事は次のようにつづく。

付近はモミ、ブナなどが生い茂る原生林。町内では明治年間に捕獲されたといわれるクマの足が同町岩戸上村の藤野光清さん方などに二個保存されている。最近は同郡日之影町見立川で昭和三十四年（一九五九）にクマの死がいが発見されているほかは、付近での発見例はない。

しかし、親父山の親父とはハンター仲間でクマのことを指したり、親父山近くの障子岳（標高一七〇三メートル）でも明治年間に捕獲された記録があり、頂上には通称クマ塚と呼ばれるものが残っているところから、以前はクマがかなり生息していたのではないかとみられている。しかし、最近はクマは九州には生息しないというのが定説になっているだけに、今後の鑑定の結果が待たれている。

この記事で私の思い込みは完全に崩れる。現在はいないということを、いなかった、ときめ込んでいたことの思い違いである。それを決定的にするのは、次の項で記す宮崎県児湯《こゆ》郡西米良《にしめら》村のクマの記録なのだが……。

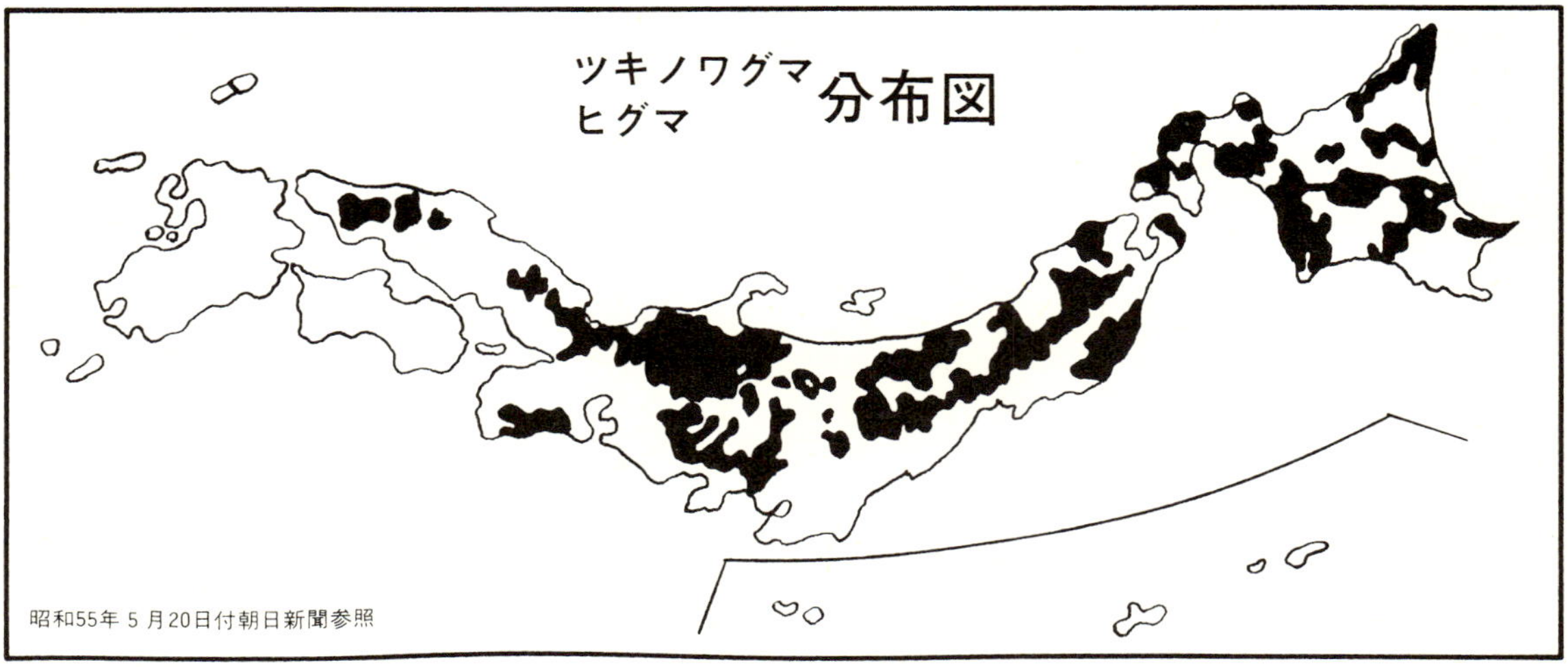

昭和55年 5 月20日付朝日新聞参照

　その前に、さらにその新聞を読みながら、以前にも似たような記事があったことを思い出した。スクラップブックをめくってみると、あった。昭和五十二年（一九七七）八月二十七日付の朝日新聞の記事である。大分県境に近い宮崎県の祖《そ》母《ぼ》・傾《かたむき》山系でツキノワグマの足跡らしいものを見つけ、石膏で足型を採取したというものである。見つけたのは熊本市の熊本短大探検部第二次野生グマ調査隊である。場所は宮崎県西臼杵郡日之影町見立（標高一五二二メートル）の山頂から東へ四〇〇メートルのスズタケのやぶの中という。大見出しには「九州での絶滅説に反証」とある。九州にはツキノワグマはいないという前提に立っての見出しである。熊本営林局広報係長の談話もその前提を強調している。

　数年前にクマを見たという話があったが、あの付近の国有林には大きなサルがいる。現地の営林署にも問い合わせたが、こんどのもサルの足跡だろう。土についた足跡はかなり変形するものだ。現在、九州にツキノワグマがいるなどということは考えられない。営林署員などが年中山奥まで歩き回っており、まったく目撃しないのだから間違いない。

　その後、鑑定の結果はどうだったのか。それは新聞にはでなかったような気がする。

祟りを恐れて

　狩人には一〇〇〇頭にまつわる伝承がある。一口にいうと、自分で獲ったけものがその数になると祟りがあるというものである。そのため供養碑や塚を建てる。それを千匹塚とか千頭供養とかいう。全国に多いのはイノシシとシカのものである。イノシシやシカなら一人の狩人が十数年でそれだけ獲れる。しかしクマではとても無理である。イノシシやシカにくらべて絶対数が少ないからである。先に記した藤原の熊獲り団治でさえ二六年間（昭和三年から同二十八年まで）に獲ったのは八四頭である。平均すると年三頭である。だからイノシシやシカのものにくらべると数は少ないが、それでもクマの記名の見える供養碑や塚は全国にいくつかある。特に塚は九州に多いらしい。だが、私はまだ調べていない。先の

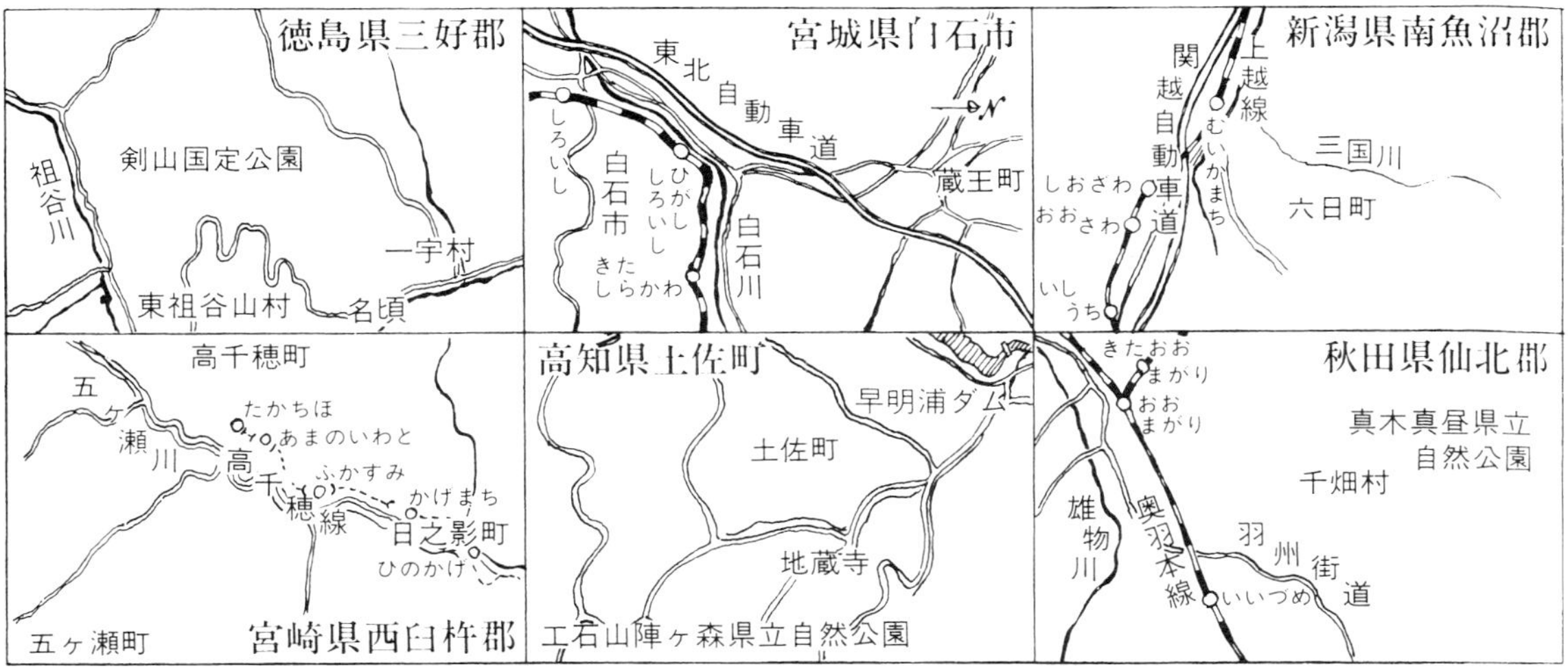

「雪に足跡三十個」の記事の中に見える障子岳山頂のクマ塚もその一つだろう。供養碑では宮城県白石市大熊と宮崎県西臼杵郡日之影町高橋のものにイノシシ、シカとともにクマも刻まれている。それは合同の供養碑でクマだけのものではない。クマだけのものは宮崎県児湯郡西米良村仲入《なかいり》にある。

実はこの仲入の碑が奥日向にクマはいなかった、という私の思い違いを完全に葬った。碑だけではない。そこの殿様だった米良氏の参勤交代日記にはクマの記述がいくつかある。ある殿様に米良山の動物のことをたずねられ、イノシシやシカやカモシカはたくさんいる。クマも少ないがいると答えている。将軍への献上物に熊革製品も見えている。

ただ、この仲入の碑には何頭という記載はない。たくさん獲ったための供養ということも考えられるが、一頭だけのものということもいえないことはない。というのは、九州や四国ではクマは獲ってはならないとされるが、それでも獲った場合は一頭ごとかならず供養をしたらしいからである。九州に多いというクマ塚もほとんどが獲ってはならないクマを獲ったための供養である。その供養の例を千葉徳爾著『狩猟伝承研究後篇』（風間書房）の「日本の熊狩儀礼」から二、三拾って要約してみる。

宮崎県の五ヶ瀬川上流では、獲ったクマをその場所から隣りの谷まで運び、顔に布片を掛けて一夜おく。それからヤマワカレをする。頭部を切り離して遠い谷へ持って行き埋めるのである。それ以外の死骸は梯子に縦に縛りつけ、立てかけたままの姿で里に持ち出す。解体して毛皮や胆を取った後、骨は埋葬する。その上に、「熊様」とか「熊の権現」と彫った石を置く。そうしないと七代まで祟るという。昔はクマを獲ったために猟を止めた者もいた。

次は高知県土佐郡土佐町地蔵寺の例である。まずクマの首を切り落し、その頭を二つに割って、川の向側とこちらに分けて埋める。そのとき真黒に煎った大豆を次のように唱えながら供える。

「この熊は祟りなせ。この願が寄り合い、煎豆に花が咲いたら祟れ」

徳島県三好郡東《ひがし》祖谷山《いややま》村名頃でも煎豆を用いる。そこではクマを獲った者に目隠しをさせ、クマの頭に腰を掛けさせて次のように唱える。女に見せてはならない。

「シシ、サルと思ったら熊十郎であったか。熊十郎なら射たんのじゃった。アブラウンケン」

それから頭を切り、初めに皮を剥いだ場所に持って行って埋める。そのとき大豆を黒く煎り、クマの口に白い石英をかませて、次のように唱える。

「この豆が生えたら、石をかみ割って出て来て祟ってもよい」

東祖谷山村の西北方の一宇村平では、クマの神秘な霊力は月の輪にあるとした。クマがけものの王の位にあるのもそれによる。だから昔の狩人はクマを射るとすぐ自分の褌を解いてクマに目隠しをし、「月の輪を射ったぞ」と叫んだ。するとクマは穢されて位がさがり、月の輪の霊力も失われて祟ることがないといった。

ヌササン（祭壇）の熊頭。イヨマンテをしてからかなりの年月が経っているのだろう。北海道平取町二風谷

こうしたクマに対する畏れや祟りに対する心配（一つの信仰といえるものだが）は、中部以北ではほとんど見られない。ただその儀式にアイヌの熊送りの儀式に似た部分がないでもない。またこうしたところの総てで塚や供養碑を建てたわけではない。

実はここでこうした例を挙げたのは、前項の九州（四国も入れてよいのだが）にクマはいないということへの反証の一例とするためである。といって私の気付いたことではない。千葉徳爾氏が前著の中ですでに述べていることである。

〔このような信仰が成立すれば、熊の捕獲は有利であってもいきおい遠慮する者が多くなるであろう。九州地方の熊の捕獲量が近年いちじるしく減少して、統計面にあらわれてこない理由は、動物学者の云うように絶滅した結果とも解せられるけれども、狩人たちが祟りを恐れてとらなくなったためであるとも考えることができるのではなかろうか〕

そうしたことを踏まえた上で、次頁に掲げた「この十年間の捕獲頭数」の数字を読むと興味がわくのではないかと思う。昭和五十八年（一九八三）十一月四日付の朝日新聞の記事のものである。大見出しは「クマ　各地で異常出没」というもので、内容はクマを保護せよというものである。だから数字だけ抜かれるのは記者には不本意かもしれないが、クマの全国の棲息状況を知るにはよい参考資料だと思うのである。

食いあさるもの

その数にはいれられないが、日本にはもう一種、クマのつく獣がいる。アナグマである。土地によっては冬ごもりのクマを穴熊というらしいが、ここでいうアナグマはクマ科とは別のイタチ科のけものである。ササグマ、ムジナ、ところによってはマミともいう。イヌ科のタヌキによく似ていることからよくタヌキ汁にされる。というのは本物のタヌキは臭くてとても食えない。そこでアナグマをタヌキと偽ってタヌキ汁にする。知らずに食べた人はタヌキは美味いという。

そのアナグマとの比較はできないが、クマの肉は淡白なような気がする。ツキノワグマもヒグマの肉も口にしたが、これという印象は残っていないからである。強いていうと鯨肉の脂身ということになろうか。

イノシシの肉も決して豊富とはいえないが、クマの肉はそれ以上に一般に口にはいり難い。獲れる数が少ないから肉屋に並ぶこともない。結果、日本ではクマの肉の料理というものはほとんどないような気がする。多くは山村の人々の蛋白源として消費されてきた。

肉よりも皮と胆《い》。クマの場合はその二つに尽きるだろう。特にクマの胆は絶大、そこでクマの胆の話ということになるのだが、その前に、クマの生態についてちょっとふれておこうと思う。

まずクマの食い物である。夏から秋の初めにかけてはヘビやマムシやカエル、小鳥の卵も食う。野イチゴや山ブドウ、サワガニや魚もよく獲る。アリは好物の一つ。アリの巣を前足で押しつぶし、足の平についたアリをペロペロなめて食うのである。アリには甘味があるらし

この十年間の捕獲頭数（環境庁調べ）

北海道	四二四五頭（ヒグマ）	富山	七一一頭
青森	七二八頭（ツキノワグマ。以下同）	石川	四九〇頭
秋田	一四七四頭	福井	一六九四頭
岩手	一六二四頭	滋賀	五七三頭
山形	一五二一頭	三重	八四頭
宮城	三五六頭	奈良	二二〇頭
福島	一七七二頭	和歌山	三三頭
栃木	四八七頭	京都	六一三頭
群馬	一二八八頭	兵庫	一一八頭
埼玉	一三〇頭	岡山	一頭
東京	一一四頭	広島	二〇六頭
神奈川	四六頭	鳥取	一三九頭
山梨	六七三頭	島根	四六三頭
長野	二四三一頭	山口	四五頭
静岡	二八六頭	徳島	二六頭
愛知	一頭	高知	一五頭
岐阜	三四八一頭	愛媛	一頭
新潟	一四三二頭	熊本	三頭

一頭も捕獲されていないのは、茨城、千葉、大阪、香川、福岡、大分、佐賀、長崎、宮崎、鹿児島、沖縄の各県である。

い。それ以上に甘味があって目がないのはハチミツである。クマは嗅覚が発達しているからよく嗅ぎ出す。見つけられたハチの巣はあわれ、せっせと築いた巣はたちまち落されこわされてしまう。怒り狂うハチ。それもものともせずのっそりとハチノコやハチミツを食いつづけるクマの姿は想像するだけでもおかしい。

　秋になるとクリ、ブナ、トチ、ナシ、ドングリなどの木の実、また、アケビ、ムカゴ、マタタビなど蔓の実を食いあさる。ヒグマは北海道に豊富なサケを獲る。この季節は大変な貪食《どんしょく》となる。冬ごもりにそなえて体力をつけるためである。

　ところでそのための食い物が十分な秋はいい。クマは安心して山におさまっている。それが木の実の成りの悪い年にはおさまらない。クマは人里までおりてくる。トウモロコシやカボチャ、それでも不足すると柿をむさぼり食う。木登りの上手なクマに柿は格好の食い物である。

熊が蟻を食った跡。北海道平取町二風谷

　騒ぎが起きるのはそうした秋である。琵琶湖の北山中、滋賀県伊香郡木之本町杉野の人々が騒然となったのもそんな秋だった。いまから三年前（昭和五十六年）のある夜、常会が終ってぞろぞろと帰ってくると、薬師堂のそばの柿の木の上で何か黒いものが動いている。柿泥棒かな、と一瞬思ったらしいが、いまどきそんな者がいるわけがない。よく目を凝らしてみるとそれはまぎれもないクマだった。それは一夜ならず、二夜、三夜とつづいた。

　そこ杉野は野生ザルの多いところで、作物を荒すこと人間との智恵くらべの感さえある。だから杉野の人々が第二の敵と思ったのはいたしかたない。さっそく山に仕

柿の木の下に檻罠をおいたら熊はこなくなったので、仕掛けをはずした。滋賀県木之本町杉野

掛けてあった鉄骨製の棚罠を運んできて、柿の木の下においた。棚罠は中にハチミツをおき、クマがそれを食おうとふれるとガタンと戸が落ちるようになっている。

ところがそれをおいてからクマはもうこなくなった。サルに劣らず利口なクマだったようだ。それでクマ害はなかったのだからまずまずである。

しかし、クマのいる地域でいつもそううまくいっているわけではない。気をつけていると新聞に報道されるクマ害は意外に多い。昭和五十八年（一九八三）九月二十六日付の朝日新聞に、新潟県南魚沼郡六日町の街中にクマが現われて三人を襲ったという記事が載っていた。それによると、街中にクマがいるとわかったのは午前七時。そこで警察署員がパトカーで注意を呼びかけてまわる。だが同八時すぎ、四歳の男児が幼稚園に行こうと自宅を出たところを、背後からやられた。つづいて近くにいた年寄り二人にも大怪我を負わせて山に逃げ込んだ。街の何人かがそのクマを見ていながら黒い犬と見間違えていたらしい。最後に六日町保健所の話として、クマが街の中心部まで姿を現わしたことはこれまでない、と結んでいる。

この記事を読んで気になることがいくつかあった。その中で特に気になったのは、犬と見間違えられていたクマが、何故、暴れるようになったかということである。

争いはいやだ

大きな図体に似合わず、クマは神経が細やかで臆病だという。細やかな神経は〝愛情〟ともいえるだろう。今年（昭和五十九年）の元旦の朝日新聞の記事はそれをよく物語っていた。ヒグマを観察している動物写真家の話で、仔をハンターに射殺されたヒグマは性格がすっかり変わり、やぶの中にいることが多くなった。一年が過ぎて再び仔を連れているのを見たが、以前のように仔とたわむれる光景は見られず、常にあたりを警戒するようになっていたという。

それはまさにクマに対する虐待に違いない。仔を射殺したハンターは、仔が向かってきたのでといったらしいが、母グマのことは何も考えなかったに違いない。一方的な人間の業である。それは「臆病だ」という観察にもいえるような気がする。人間にいわせるとクマは人の気配で早々に逃げるという。しかしクマにいわせると、逃げるのではなく争いをさけたいのだ、といいそうな気がする。先のヒグマも仔が血を流した現場周辺には決して近寄ろうとはしなかったという。狩人の話にも、冬ごもりの穴に血の臭いがついたり、人の臭いがあったりするともう決して寄りつかないという。争いを思い出したくないのだろう。

山村の人々はそうしたクマのことをよく知っている。かつて山の分教場に通う児童は鈴を鳴らしながら山道を行った。クマが出ると石油缶を叩いたりする。それは人間がここにいるぞという、クマへの合図である。荷を運ぶ牛馬に懸鈴をしたのも一つにはそのためだった。

宮城県白石市の菅野新一氏は蔵王東麓をくまなく歩いた人―史家とも民俗学者ともいえないもっと大きな郷土研究者―である。その菅野新一氏の『山村訪問記』（自家出版）に鈴を持たずに山道を行くときの話がある。どうするのかというと、屁をひりながら歩くのである。

　確かに名案である。しかし絶えず、しかもクマに聞こえるほどの音を出すのは容易ではないな、と思った。

　そのように鈴でも石油缶でも、また屁でもとにかく合図を送ってやるとクマはおとなしく引き下がる。

　ところが六日町の場合は、住宅に包囲されて山が見えなかった上に、ただ騒々しいばかりの音に翻弄されて熱《いき》り立ち、人を襲ったのではないかと想像する。

　この六日町の場合は、まだ食いあさるほどの時期ではない九月下旬に、どうして人里におりてきたのかということも気になった。といってそれはクマのみが知ることで、記者を責めてもどうにもならないことかもしれない。

　ただどのような状況でクマが暴れるようになったのか、ということは書いてもらいたいとつねづね思っている。もっともそれも大怪我をした人だけが知っていることで、その人から取材することは無理なのかもしれない。

　たとえば昭和五十四年（一九七九）十月六日付の朝日新聞の「狂暴クマ、村を襲う」という記事である。秋田県のことで、同月五日に同県仙北郡千畑《せんはた》村土崎久保田の主婦が自宅の裏庭でクリ拾いをしていてクマに襲われた。顔や頭をかまれて三〇針、右腕も折れて二ヵ月の重傷である。さらにクマは村内を流れる川を渡ってそこから二キロ離れた同村厨川《くりやがわ》に現われる。そしてコンバインの手入れをしていた農夫にかみついた。その後クマはそこから二〇〇メートルほど離れたところで農業用水路に落ちる。はい上がろうとしているところを騒ぎで駆けつけた三人の農夫が棒でなぐりつけた。ところがその内の一人がクマに引きずり込まれて用水路に落ち、それを助けようとした二人ともどもクマともみ合っているうちにみなかみつかれ、三人は一週間から二週間の怪我を負った。

　そのクマは最後に地元猟友会二〇人によって射殺された。体重六五キロ、三、四歳の雌グマだった。

　その年、秋田県では異常なほどクマが人里に現われ

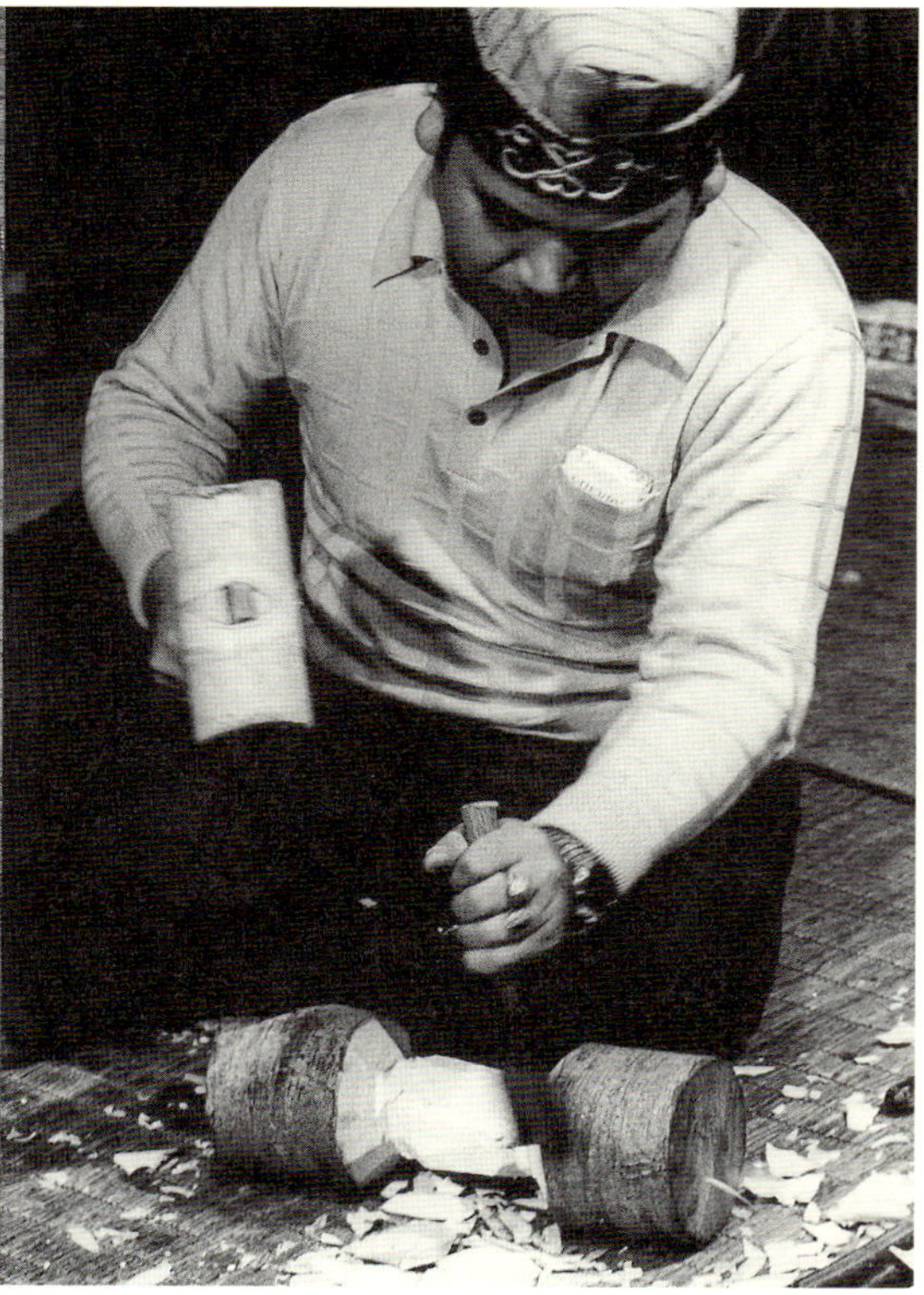
仔熊の玩具を作る。檻のなかに入れると、仔熊は転がして遊ぶ。北海道平取町二風谷

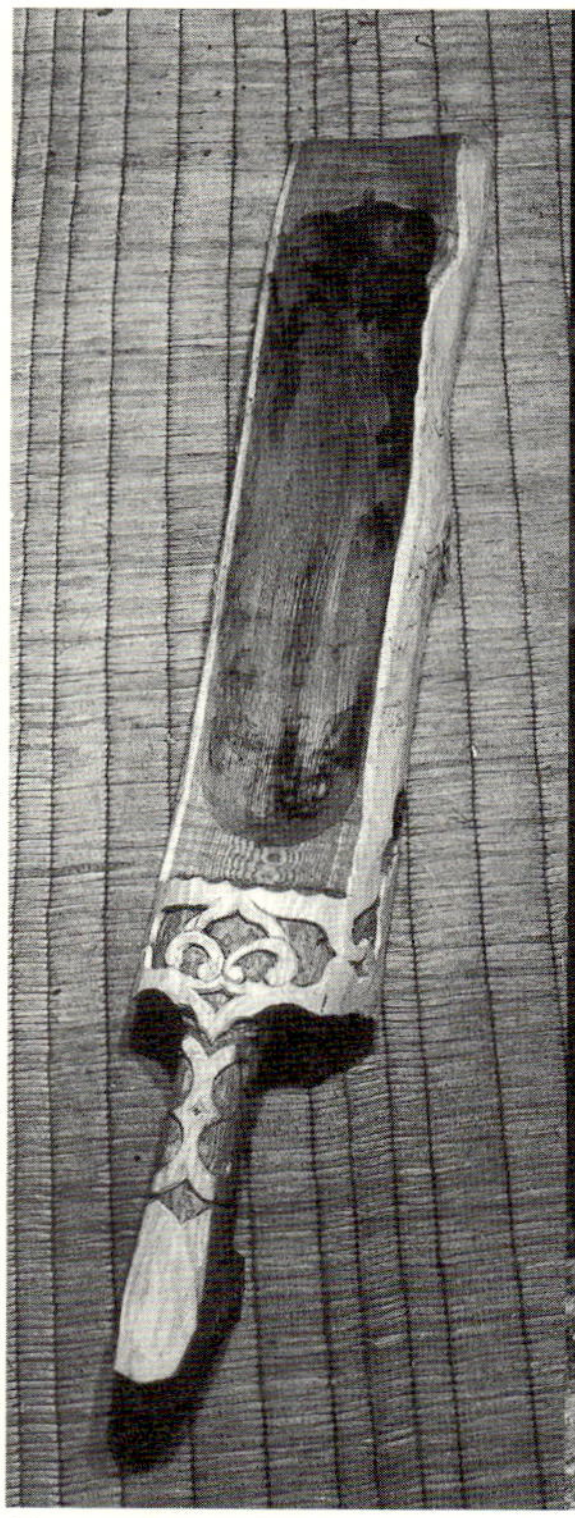
檻のなかの仔熊に、これに餌を入れてあたえる。北海道平取町二風谷

た。五月にも同県北秋田郡阿仁《あに》町の山菜採りの農夫がやられている。記事は県林政課の調べとして、その年の猟期外（二月中旬～一一月中旬）に射殺されたクマは十月四日現在で一八六頭、前年の同期間は九八頭（年間でも一三九頭）と記している。猟期外のクマは害獣駆除という名目で射殺される。

記事はそうした数字を示した上で、原因は熊の棲息数が増えたところに、夏の長雨などでドングリ、クリ、ブナの実などの食べ物が少なかったためらしい、と結んでいる。

私にいわせるとその原因は確かに人里に食い物をあさりにくる原因にはなっている。しかし人を襲う原因とは別のような気がするのである。初めに書いて欲しいといったのはそのことである。一番初めに襲われたクリ拾いの主婦は、どのような状態だったのかということである。静かに拾っていたところを突然「ガォー」とやられたのか、それとも主婦がクマを発見して大声を上げたためなのか。その後の農夫の場合は連鎖反応の犠牲者みたいなもので、原因は初めの主婦にあるように思える。

最初の原因、状態を知りたいと思うのは、クマはよほどでないかぎり人に向かってくるものではない、襲ったりするものではない、という狩人の話をよく耳にするからである。ただしそれはクマも人も平常心のときに、という注釈がいる。それならその平常心を乱したのはだれなのか、ということを知りたいのである。

私がこれまでに会った狩人の数は決して多くない。だが数少ないいずれの狩人もクマは増えているといった。自然保護を称える人達の説とは相反するのだが、私は両者とも正しいと思っている。

それはクマの楽園だった奥山にも人の手が入ったことによる。木の実の成る古木が倒され、野イチゴやブドウの蔓も刈り取られてしまった。

山への人の手は人里に近いところからはいるのが常道である。そこはもう何年か経ているわけで、若木ながら木の実の成る木が伸びている。野イチゴやブドウも再生している。クマはそれを求めて奥山から出てくる。人里に近い山にやってくる。結果、狩人のみならずハンター（スポーツとして狩を楽しむ人）の目にもつきやすい。目につくと獲る。ようするに狩人（ハンターを含め）の目には多いのだが、それを獲ってしまうから自然保護を称える人達の指折り数える数は少なくなるのである。

冬ごもりの穴

「若葉のころが一番あぶない」

五月中旬から六月上旬にかけて、そのころクマは小さな仔を連れている。そのため警戒心が強くなっている。親グマは小さな仔のためにはどんな敵にも立ち向かおうとする。

「たとえ遠くに見えても、とにかくそっと逃げた方がいい」

狩人もそういう。山村の人々もそのことは十分に知っている。だがこのころは山菜の好期、山村の人々はじっとしていられない。だから山にはいる。そして襲われる。若葉が人の目をさえぎって見通しがきかない。また人の臭いはむせかえるような若葉の臭いのためにクマの鼻まで届かない。結果、両者不意に顔を合わせるということになる。そうなると警戒心をいだいていたクマの動作は早い。「ウォー」と口を開いて立ち上がる。人がクマに襲われる例は秋よりこの季節にだんぜん多い。

この季節には仔連れということの他に、クマは興奮状態にあるということも見逃すわけにはいかない。交尾期なのである。いつもは谷を隔て離ればなれの雄と雌は、この季節に声を送って互に求め合う。クマは四歳で仔を生むという。

クマは交尾が終ると雄雌また谷を分かつのが普通らしい。だが中には冬ごもりの直前まで連れ添って過ごす二頭もいるという。南紀（和歌山県）の山中で「四つ熊」というのは、雄雌と二頭の仔がともに行動しているもので、そうした「四つ熊」は獲ってはならないとされていたという〔宇江敏勝著『山びとの動物誌』（福音館）〕。

実はクマのその交尾や出産、そして仔育ての生態についてはわからないことが多い。たとえば交尾の周期である。狩人の話からすると少なくとも一年周期ではなささうである。というのは親グマが仔グマの面倒を見るのは二年あるいは三年というからである。詳しくはおいおい述べることにするが、ついでにいま一つわからないことを記しておこうと思う。

それは面倒をみる期間が二年にしても三年にしても、その間に冬ごもりがある。その冬ごもりの期間の親と仔の関係はどうなっているのだろうかということである。冬ごもりは一つの穴に一頭ずつというから、親と仔の穴は別々だろう。そこで穴の位置関係はどうなっているのだろうと思う。それは親がまだ仔の面倒をみている期間であるために、冬ごもりの間のつながりを知りたいと思ってのことである。

話は前にもどして出産や仔育てについてつづけなければならないのだが、その前に冬ごもりの穴についてもう少しふれておこうと思う。

初めにふれた北海道沙流郡平取町二風谷のカムイ・イヨマンテで天国に送られたのは一歳のクマだった。生まれたばかりで捕えられ檻で飼われていたのだが、何故かその檻が傾いていた。聞くと雪がくるころから檻の下の土を掘り始め、檻が傾くまでにしたという。檻の鉄格子は狭いから、それだけ掘るのは大変だったに違いない。それもいとわず掘りつづけたのは、冬ごもり、そのための穴をつくらなくてはという本能だった。

狩人によってはクマは穴を掘らない、自然の土穴や古木の空洞を利用するという。ヒグマとツキノワグマとではそのあたりの生態が少し違うかもしれないから、狩人の話は違っているとはいえない。どちらにしてもとにかくクマは穴が必要なのだということである。その穴について再び高橋喜平氏の本（前掲書）から引用させてもらうことにする。

〔ところで「ツキノワグマが冬ごもりする場所はどういうところか」という質問をうけることが多いが、これは大変な難問である。実は私もそのことを知りたくて、猟師に聞いてみるが、大抵「さあ」といって考え込むのが普通である。

冬ごもりをしようと檻の下を掘ったので、檻が傾いている。北海道平取町二風谷

しかし、いろいろ聞いてみた結果を総合すると、雪深い奥山で七、八合目あたりの陽当りのよいところということになる。

しかし、このことはあくまで一般的にいってのことで、よい穴さえあれば山麓でも谷間でも冬ごもりする場所があるので、いわば穴次第といった方がよいかもしれない。ただし、一日中陽かげになっているところで冬ごもりしていたツキノワグマが捕れたという話は聞いたことがない。

ツキノワグマが冬ごもりする穴を猟師たちは高巣、根穴、土穴、岩穴などに区別している。高巣というのはナラやブナなどの立木が空洞になっているもので、多くの場合は半枯れになった老齢木である。（中略）

私は内部の様子を知りたいと思って、苦心の末その穴にもぐり込んで根元のところにおりて行ったが、そこはツキノワグマが充分手足をのばして寝そべるだけの広さがあり、シャクナゲの枯れた小枝や葉がかなりの厚さで敷かれてあった。これはツキノワグマが持ちはこんだものと、見廻りに来た猟師が中の様子をさぐるために入れたものとであろう。

私はツキノワグマのような格好をして寝そべってみたが、ちょうど眼の前にキバをあてた跡や爪でひっかいた跡などがあった。おそらく冬ごもりの無聊《むりょう》のあまりの仕業に違いない。（後略）」

土穴、岩穴については字の通りで説明を要しないだろう。そうした穴をクマがどのようにして自分のものにするのかということについてはまだ聞いていない。毎日、自分の体重の四分の一ぐらいの量を食って体力を調えたクマは、最後に腸の中をきれいにして自分の穴にはいる。その糞の量たるやすさまじいものだという。

イチゴ落しまで

その穴にはいる時期は地域によって多少異なるようだ。南紀では寒の入りのころというから一月初めである。信濃（長野県）では冬至のころという。高橋喜平氏は根雪のころとしてある。人里より奥山の方が根雪は早いから十一月下旬から十二月初旬ということになろうか。ただ実際にはいるところを見た人はいないようだ。

「ピューと吹雪く日にはいるんさ」

カムイ・イヨマンテをやった二風谷の萱野茂さんはそういった。ヒグマは十一月末か十二月初め、吹雪く日を選ぶのは足跡を消してくれるからだという。それは狩人を含めた敵に対する警戒なのだろう。

「して、一頭ではいったクマが春、穴から出てきたときには二頭の仔を連れてるべ。誰だってたまげるべさ」

クマは厳寒の一月か二月に冬ごもりの穴の中で仔を産む。妊娠期間はおよそ七、八ヵ月、ただどのようにして出産するのかはわからない。

たまげるのは雄と一緒でないのにどうして、ということだろう。交尾のところを見ていないから当然そうなる。いま一つはどのようにして育てたのかということである。冬ごもりの穴の中でどのようにして乳を与え、どのくらい大きくなるのかということについては、高橋喜平氏も記しているようにわからないらしい。

もう一つ、本当はこのことに一番たまげているのだが、クマは五ヵ月におよぶ冬ごもりの間に何も食わない。それなのによく乳が出るということ、その神秘である。

クマは一回に二頭、雄と雌を産むのが普通である。といってそれがきまりではない。雄あるいは雌だけ二頭、どちらか一頭だけ、まれに三頭ということもあるらしい。

生まれた直後はネズミほどの大きさ、それから一〇〇日ほど過ぎて穴から出るころには小犬ほどの大きさに成長している。

穴を出るのは春、雪が解けて陽が暖かくなってからだから、その日時は年によって地域によって多少違う。とにかく穴から出たばかりの子は足裏もまだぶよぶよで、とてもけものの王の仔とは思えないらしい。

弱々しいということでは親グマとてさして変わりはない。五ヵ月におよぶ絶食と仔育てで、精根を使いはたしている。一見、よろよろという感じらしい。秋山郷（長野・新潟の両県にまたがる山村）の熊獲りの名人、山田長治氏は秋に食い物がない年には早く穴にはいって遅くまでその中にいるといった。だから出てきたときには本当にみすぼらしい姿だという。ただ地域によっては逆をいう。そんな年には遅くまで山をさまよい、春早くに穴からでるという。

そうした体を馴らすためにクマは歩く。初めは穴を出たりはいったり、それから次第に遠くまで。仔熊もそれについてだんだんたくましくなっていく。それは樹木の若芽の広がりと重なっている。宇江敏勝氏（前掲書）は次のように記している。

〔春、穴を出たときには、まず草木の新芽や花を喰う。木に登ってブナやミズナラの柔らかい芽、コブシやツツジの花を摘み、またウドの土に埋もれた白い茎を掘ったりもする。

熊笹（スズタケ）やネマガリダケなど自生の竹の子が生えるのは五、六月である。すると熊は竹ヤブの中に笹や木の枝を敷いてネヤ（閨）をつくり、小さな竹の子を取って集めてきては、ネヤに座って喰っている。一ヵ所にとどまって竹の子ばかりを喰い、そばに大きく溜糞を積んでいることもある〕

親グマの体力がもどり、仔グマの足裏も固くなると、親と仔は春の野山でたわむれる。鉄砲の音のしないかぎり楽園である。

そうした親と仔が別れるのはいつだろう。一節に野イチゴの実るころという。秋田県北秋田郡阿仁町の西根正氏の話では、一歳ではまだ自分だけで生きられない。二歳になったその時期、仔グマが野イチゴを食っている間に親グマは消える。それを「イチゴ落し」というのだという。その月日をもし六月とするなら、正確には二年半ほど親のそばにいたことになる。そのイチゴ落しの後、親グマは再び恋の合図を発信するという。

　秋山郷では「イチゴ落し」ということはいわないらしい。山田長治氏に秋田の例を話したら「ヘイ、そうかい」といった。山田氏は二歳になる前の冬ごもりまでに別れるという。すでに妊娠しているからで、単純に計算すると、秋山郷のクマは秋田のクマより一年早く再度の交尾をすることになる。

熊にとっても好物の、真っ赤な野イチゴ。カラーでないのが残念。北海道平取町二風谷

クマの胆《い》は値千金

　親仔が冬ごもりの穴から出て野山をたわむれる。そんな日が幾日もつづくようになるともう安心である。人里におりて行かないかぎり鉄砲の音を聞くこともない。しかし、穴から出る直前、あるいは出たすぐ後はクマにとって「魔のとき」である。狩人が虎視眈々と狙っているときだからである。

　そのころにクマ狩りをするのは、万病の霊薬といわれるクマの胆が、それも最良のものが取れる時期だからである。

　クマの胆とは胆汁を貯蔵する胆嚢《たんのう》のことである。クマの胆に限らず胆嚢は胃腸に食物がはいってくると胆汁を分泌して消化を助ける役目をする。食物がはいってこないと分泌しない。胆汁はたまるだけである。これまで記してきたようにクマは五ヵ月あまり腹に何もいれない。だから胆は胆汁で大きくなっている。そのもっとも大きいところを獲ろうというのである。

「米一俵　胆一匁《もんめ》　金一匁」

　秋山郷では昔からそういってきた。一匁は三・七五グラム。それが米一俵六〇キロと同じだというのである。現在の米の小売を仮りに一〇キロ五〇〇〇円とすると一俵三万円となる。しかし現実にはクマの胆の方が高い。いま秋山郷で良いクマの胆は一匁四万五〇〇〇円する。

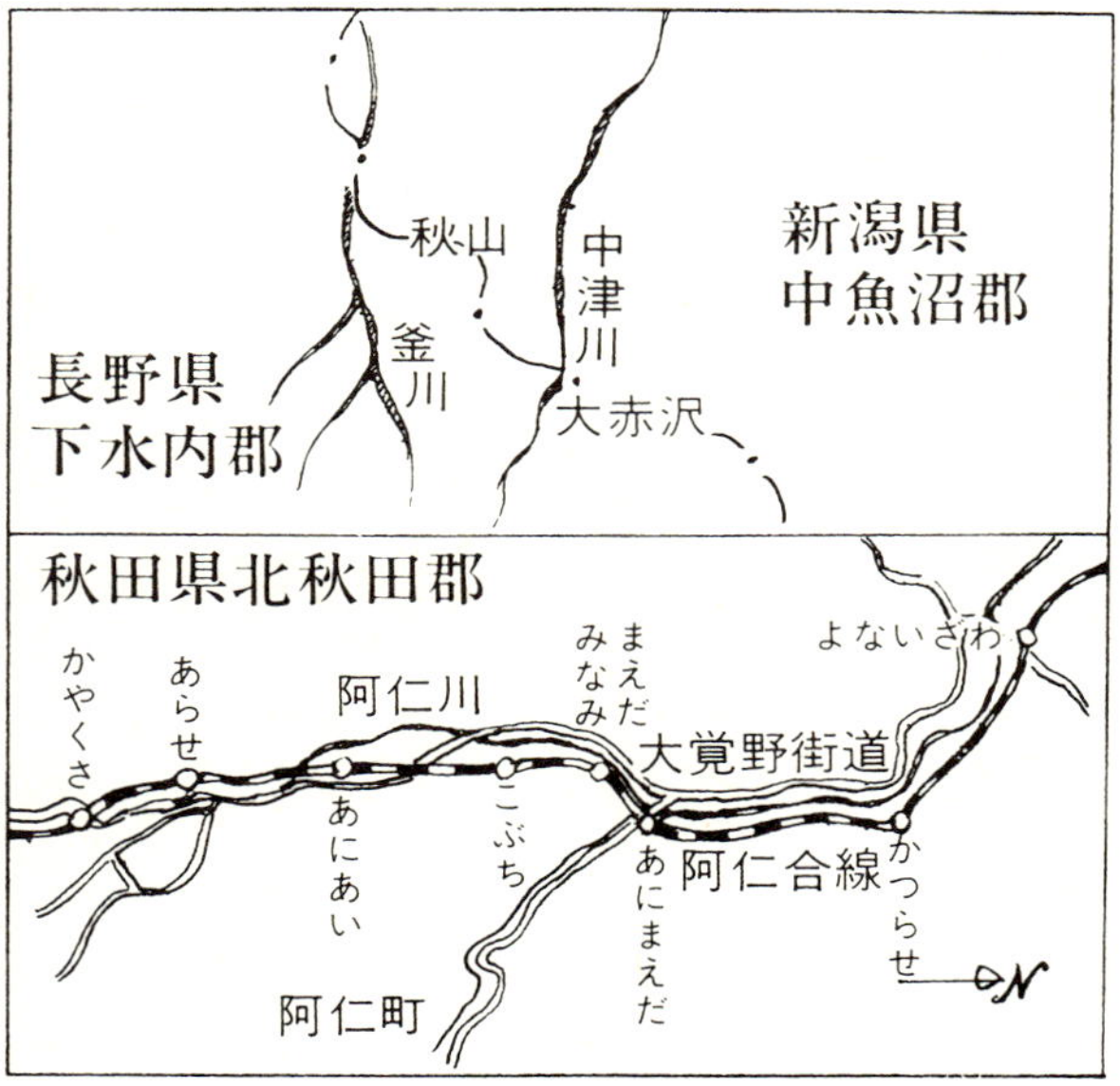

それが秋田では一万円だという。そのことを山田長治氏にいうと怒った。

「そんな安いのはクマの胆じゃない。つくり胆だ」

怒りはそれだけではおさまらなかった。次第に秋田の連中のやることは、となっていった。

それを聞きながら、私はおかしかった。秋山郷の狩人と秋田の狩人は先祖がつながっているからである。秋田の山立《やまだち》（いまはマタギというが昔はマタギ、さらに古くは山立といった）が秋山郷にやってきて住みつき秋山郷の人々に狩を教えた。その筋の家が大赤沢にいまもある。だから山田長治氏の怒りも血を同じくする者の遠慮のなさだったのかもしれない。それに、秋田のものは本当に安いのかもしれない。

山田長治氏のいったつくり胆とは贋物のクマの胆のことである。そのつくり方は寛政十一年（一七九九）発行の『日本山海名産圖會』にもでている。贋物だからむろんききめはないし、その製法をここに記す必要もなかろう。本物と贋物の見分け方は、本物は水に落とすとくるくるとまわるという。しかしそれはクマにかぎらず、けものの肉を焼いた天井の煤を水に落としても同じだと圖會に記している。秋山郷では本物は湯に入れるとパッと湯全体の色が変わるが、贋物は落としたところだけ変わるという。

ただ本物の胆でも種類によってその効き目は一様ではない。向山雅重著『続信濃民俗記』（慶友社）には前島吉之助談を次のようにまとめている。

〔熊の胆は三いろにわける。黒胆は液《みず》まで黒い。金胆《きんい》は最上等、液まで金色で、この方が薬として効く。目方はちょっと軽い。金胆はなかの液までてかてかしている。干し上げたものを切っても金のような色。干し上げ十匁もあったことがあるが、金胆の方が干し上げが軽い。黒胆と金胆の間のものを半金胆といっている〕

ここでいっている液《みず》とは解体して取上げたばかりの胆である。ビニール袋に水を入れたような状態にあるわけで、それを型に入れて干す。干し上がると液の約五分の一になる。

そうしたクマの胆はクマの体の大きさにかならずしも比例しないらしい。解体してみるまでわからないという。これまで、山田長治氏の取った最高は液で九八匁だという。その干し上がりは五分の一で一九・六匁となるから、現在の一匁四万五〇〇〇円で計算すると八八万二〇〇〇円となる。かなりの値のようだが、狩りは何人かで行く。だから五人ならいうまでもなく五分の一だけの収入となる。それにいつもそれだけのものが取れるとはかぎらない。頭数だって一年に二、三頭だから、冬期は

高価な熊の胆。下の半円形の胆は切り口約5センチメートル、これだけで数十万円はする。

熊狩りで生活費を、というのはちょっと無理である。

もっともそれは秋山郷の場合で、秋田県の西根正氏の尊父などは胆と皮を持って売りながら日本各地（かつての北方領土も含め）を旅した人だという。

宮城県加美郡宮崎町で、クマの胆売りがよく泊ったという家に立寄ったことがある。ただ昔のことで詳しい話は聞けなかった。でも私には気になることだったので、秋田県阿仁町の知り合いを頼ってクマの胆売りを探してもらった。だがクマの胆売りの話を聞くのはできないようだった。その理由をここで明らかにすることはできないが、そうして売り歩く人がいたことで、秋田県の山立の集落はわりに豊かな生活をしていたと聞いた。

苦し、だが効く

私の母は心臓の弱い人だった。少し動悸がおかしいと思うとよく注射をした。小学生の私にうたせた。

その注射液が何だったのか、いまとなってはもうわからない。しかしもう一つの母の薬〈救心〉はよく知っている。小さなそれこそ鼻糞をまるめたような薬で、こんなものがどうして効くんだろうと子供心にも思った。それでもその救心を飲んで母が元気になるのは嬉しかった。

ごく最近になって、その母の薬〈救心〉の主成分がクマの胆だったことを知った。それも朝日新聞だった。昭和五十七年（一九八二）六月二十九日付のうっかりすると見落としてしまいそうな小さな記事である。見出しは「成分違うと輸入を禁止」となっている。次はその全文である。

二十八日付香港の中国系紙文匯報によると、中国人に人気のある日本製の心臓病治療薬「救心」がクマの胆（胆のう）の代りに、実は豚の胆を使っていることが中国広州市薬品検査所の調べでわかり、広東省当局はこのほど「救心」の輸入禁止と製品引き取りによる代金返済を日本側に求めることを決め、関係者に通告した。

「救心」はクマの胆を使っているとのふれ込みから、香港や中国で爆発的人気を呼び、心臓病の持病を持つ老人たちの間に評判が高い。

熊人を助く

越後塩沢（現新潟県南魚沼郡塩沢町）の文人、鈴木牧之《ぼくし》（一七七〇～一八四二）の『北《ほく》越《えっ》雪《せっ》譜《ぷ》』に「熊人を助《たすく》」という話がある。次はその要約である。

九右ェ門という小間居《こまい》の農夫が二月（旧暦）の初めに薪をとろうと山に行った。たくさん伐つて雪車《そり》に積み、雪車歌を歌いながら帰ってくると、一束の薪が転げて谷の途中まで落ちてしまった。たとえ一束でも惜しいと拾いに行き、さてと一声かけて元のところへもどろうとしたとき、雪が割れて谷底へ墜《お》ちてしまった。

多分、気絶していたのだろう。気がついてあたりを見渡たすと谷間のゆきどまりのようなところで、寒さはいいようのないほどである。ああここで凍死かと呆然としながらふとかたわらを見ると岩窟がある。中には雪もなく暖かそうだ。しかし握飯もどこかに行ってしまったから暖かくても腹はもたない。飢死か、それでも雪を食っていれば五日や十日は大丈夫だろう、その間に雪車歌が聞えてくるに違いない。そのとき大声を上げて助けてもらえばいい。とにかくお伊勢さま、善光寺さまにお願い申そうと念仏を唱え、大神宮へ祈りを捧げている間に日は落ちていった。そこでもう少し奥にはいって横になろうと手探りをしてみると温かなものにふれる。はてと思いながらもう一度手を伸ばしてみるとそれはまぎれもなく熊らしい。

驚いたのはいうまでもない。胸が裂けるかと思うほどだった。だが逃げようにも行き先がない。もうこれまでと覚悟をきめて、もし情けあるなら助けてくれと熊をなでると熊は起きたようである。しばらくすると尻で押すようにするので熊の居た跡に座ってみると温かい。まるでこたつのようだった。それで体は温まったが腹はどうにもならない。そこでなお助けたまえと悲しそうにいうと、熊は手を上げて口におしあてる。なめてみるとすこし苦いが甘くもある。それをしきりになめている間に心もさわやかになり、のどもうるおつた。その間に熊は鼻息を鳴らしながら寝入った。そこでこれは助けてくれるのだと安心して、熊と背を並べてみたが、なかなか眠れない。それでもいつか寝入ったらしい。

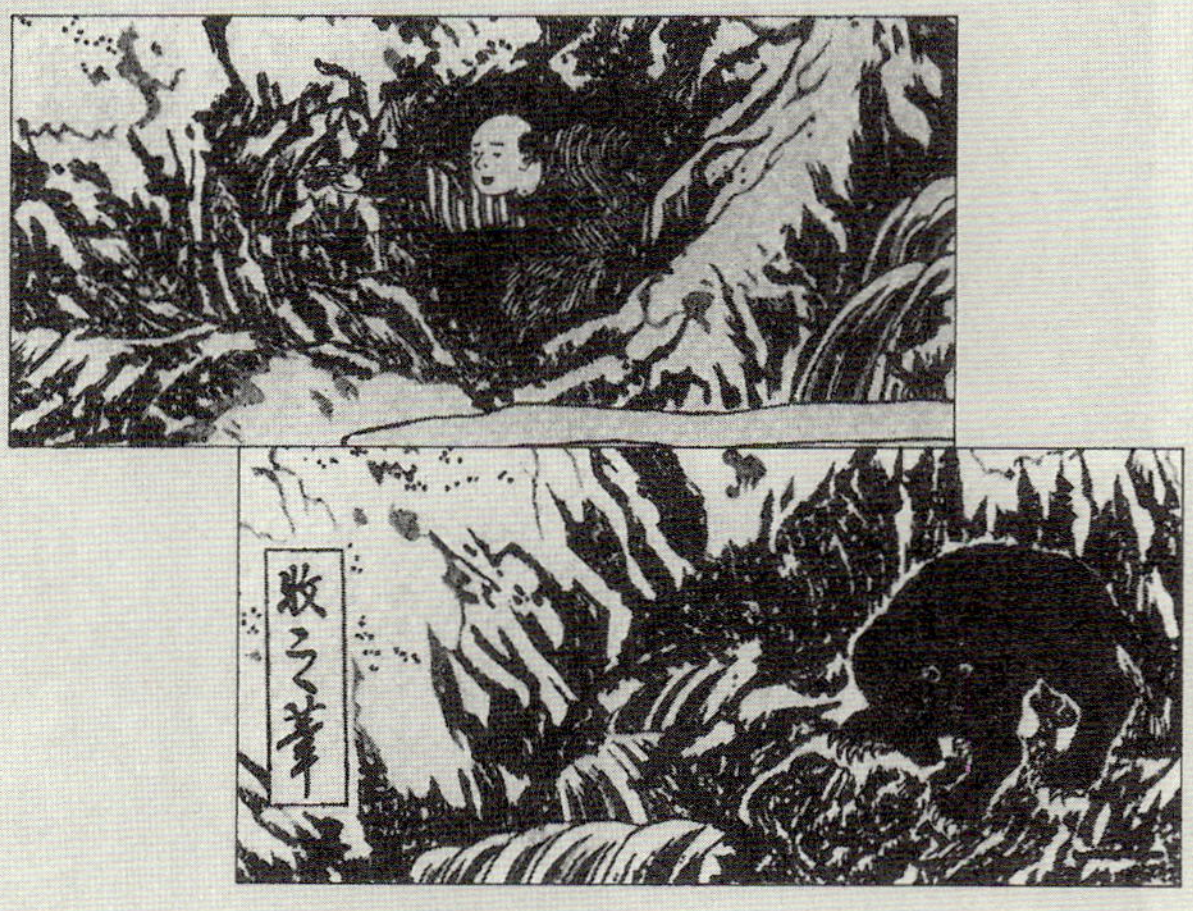

熊の動きで目をさますと穴の口の方が明るくなっている。そこでもう一度道はないかと探してみたが、雪でおおわれてわからない。あきらめて再び岩窟にもどって、熊と一緒に暮すことにする。やがて熊は飼犬のように農夫になれ、農夫もまた可愛く思うようになる。

そうこうしているある日、岩窟の口でシラミをとっていると、熊が袖口をくわえてしきりに引っぱる。そのまま引っぱられて行くと、人の足跡のあるところに出た。

そこまでくると熊は走り去って行った。そこでその去り行く方向を遥拝し、これまさしくお伊勢さま、善光寺さまのおかげと遥拝しながら嬉しさのあまり足踏みをした。

自分の家に帰ってみると、近所の人々が集まって念仏を申している。そこへはいって行くと、両親を初めにみんなが幽霊かと驚きさわいだ。そのはずである。月代《さかやき》は蓑のようにのび、顔は狐のようにやせている。その日は谷に墜ちてからちょうど四九日目であった。九右ェ門二〇歳のときの体験で、八〇歳になつて牧之に話し聞かせたものである。

熊が冬ごもりをしているはずの秋山郷（長野県栄村と新潟県津南町に属する地域）の山

これに対し、救心製薬（本社、東京都杉並区）は「三、四年前にクマの胆から豚や牛の胆に代えたが、中国文の説明を直すのを忘れてしまった。いま代理店と表示を改めるよう協議中だ。日本ではすでにそのむねを表示、厚生省の許可をえて売っている」といっている。

この記事は私にとって興味深かった。一つは母がクマの胆の恩恵を被っていたのだ、という発見である。そしてその効き目である。それを飲むと母は確かに元気になった。ところで、それが豚や牛の胆になって、どれだけ効くのかという興味も同時にわいたが、その効能についてはよくわからない。

「良薬は口に苦し」のたとえ通り、クマの胆も跳び上がるほど苦いらしい。その苦さをがまんして口に入れておくと、二日酔の苦しみから逃れられるという。でもそれはもったいない飲み方である。

秋山郷の旅館のおばさんは、大手術の後こっそりとクマの胆を飲みつづけた。むろん病院から薬は出ているし、それを飲まずにクマの胆を飲んでいると知れると、医者に嫌われる。ところが同じ日に手術した人より一ヵ月も早く退院できた。いま、顔を見るかぎりとても大手術をした人とは思えない。ツヤツヤした肌をしている。

秋山郷はいまは冬期も車が通れるが、ほんの少し前までは雪が積ると陸の孤島となった。町への道は総てとざされ、死者がでても冬は坊さんを呼べなかった。そのため黒駒太子の軸をあずかる人がとりあえず引導をわたし、雪が解けてからあらためて葬式をした。同じように病人が出ても医者には見てもらえない。いきおいクマの胆にたよった。事実そのクマの胆のおかげで多くの人が助かっているらしい。貧しい者は庄屋などからわけてもらったりしたという。

山田長治氏の話の中に、クマを撃ち損じた狩人の話があった。撃たなければならない機会に撃たず、逆襲されそうになってあわてて撃ったために急所をはずした。そのため狩人はクマに追われ、絶体絶命の崖の渕の木につかまっているところを爪でひとっかきされ、頭の皮をはがされてしまった。不幸中の幸いだったのは、そこでクマが足を踏みはずし、崖下に転落したことである。

それから仲間がその狩人を助け出し、はがされた頭皮に熊の油を塗って形を整え、クマの胆を飲ませた。それで結構治ってしまったという。秋山郷の狩人は、いまも秋山郷の人々のクマの胆の注文だけで、手いっぱいだといった。

穴にいるクマを獲る

初めに記した熊送りは、二風谷に住む萱野茂氏の指導で行なわれた。萱野茂氏はアイヌ文化の記録と後世への継承に努力している人である。

その萱野茂氏にこっぴどく叱られたことがあった。アイヌのチセ（民家）造りのときである。外まわりはもちろん、内部ももうほとんどでき上がって、寝所にクマの毛皮を敷くことになった。一緒に作業をしていた一人が何枚かの毛皮を持ってきて、一枚ずつ敷き始めたところで私はシャッターを押した。パッとストロボの光が走ったところできつい声が飛んできた。

「そんなとこ写したらだめだべ」

一瞬、私は何で叱られたのかわからなかった。

「その毛皮さ頭がついてるべ。アイヌのものにはそったな毛皮は絶対にねェべ」

要するにアイヌはクマをきちんと神の国に送る。その送る儀式は簡単であれ大掛りであれとにかく頭部は切りはなす。だからアイヌのクマの毛皮には頭がない。もし頭のついた毛皮があるとすれば、それは儀式を行なわなかった証拠で、アイヌの恥だという。だからそんな頭のついた毛皮を写してはいけない、というのであった。

そうした体験があったために、ずっと後になってちょっと憤慨したことがある。ある出版社のアイヌ民話の本の表紙に、アイヌが頭のついた毛皮に座っている絵が描かれていた。これはアイヌを知らない人の描いた絵だな、と腹が立ったのである。

しかし、毛皮を売買しようと思うと、頭のついていないものは買いたたかれて安くなる。その点、交易の上でどうだったのだろう。いや、アイヌと蝦夷地に侵入した武士との交易は、はたして交易といえたかどうか、という疑問もあるらしい。そのあたりは私にとってこれからの問題である。

クマの毛皮にはノミやシラミがつかない。だから寝所などの敷物としてはいい。ただ高価なものだから、誰もが手に入れられたわけではない。しかし狩人にとっては胆とともによい金になる部分だった。だから皮剥ぎは慎重にした。獲るときあちこち傷めないようにした。

といっても、クマを獲るのに毛皮のことだけを注意しているわけではない。結果として傷めなければよいわけで、一番気をつけるのはやはり狩人に傷がつかない、すなわち襲われないようにすることだろう。

　そのクマ獲りの方法について『日本山海名産圖會』には四通りの方法を記し、三つの図を添えている。

　一つは「堕弩捕㆓熊㆒」《おしにてくまをとる》方法である。右の図上を見るとわかるように、竹を組んだ上に大きな石を置き、その下にクマの好きな鹿の肉の燻《ふす》べたものや木の実などの餌をまいておく。クマがその餌を獲ろうとすると仕掛けがはずれて圧殺される。これを伊予（愛媛県）では「天井釣」あるいは「おそ」、阿波（徳島県）では「おす」というと記している。信濃（長野県）では「熊押《くまおす》」といった。現在、この方法は禁じられている。人が懸るおそれがあるからである。

　一つは「以㆑斧撃㆓熊手㆒」《おのをもってくまのてをうつ》というものである。駿河（静岡県）の方法で、図中のように穴から出てきたクマの手を斧で打落してしまうのである。圖會には次のような説明がある。

〔熊は手に力多き物なれば、是に勢つきて終に獲る。かくて膽（きも）を取り、皮を出すこと奥州に多し、津軽にては脚の肉を食うて貴人の膳にも是を加ふ〕

　この方法はいまは伝承も残っていないのではないかと思う。

上から、「堕弩捕熊」「以斧撃熊手」「捕洞中熊」

一つは陥し穴で、これについての図はない。説明ではこの方法は狩人が剛勇且《かつ》手練早業でなければ危いとしている。穴から這い上がることがあるからで、そのときは「帰せ」と一声するか「月の輪」と叫ぶと恐るる体《てい》を見せるので、その瞬間に突くといいと記している。臨機応変でなければならないというのだろう。

クマの陥し穴は、その跡が秋山郷に現存する。山桜のころにその穴を探しまわったが見つけられなかった。この陥し穴でクマを獲る狩人はもういないだろう。

一つは「捕二洞中熊一《とうちゅうのくまをとる》」というものである。図下のように冬ごもりの穴の入口をふさいでおいて、入口まで出てきたクマを突くものである。それなら穴の奥にいるクマをどうやって入口まで導くかというと、小枝を穴の中にどんどん入れてやるのである。悲しいことにクマは押し返すということを知らない。だからはいってきた小枝をどんどん奥に入れてしまう。結果、奥にいる場所がなくなり、入口の方に出てくるということになる。

〔美濃の国にては竹鎗、因幡に鎗、肥後には鉄鉋、北国にてはなたきといへる薙刀のごとき物にて或は突ころす。何れも月の輪の少上を急所とす。又石見国の山中には昔多く炭焼し古穴に住めり。是を捕に鎗鉄鉋にて頓《すみやか》にうちては膽甚小さくとて飽まで苦しめ憤怒せて打取なる〕

この圖會の方法はいずれも冬ごもりの穴にいるクマを獲るものである。

鉄砲で獲るクマ

圖會に「鉄砲で獲る」というのがないのをいぶかる人がいるかもしれない。狩猟というと「ズドーン」と鉄砲を撃つものと思っている人には当然のことである。

しかし鉄砲は最後の止めを刺すための道具でしかない。狩猟技術の一部分である。それは狩猟技術の中では最も容易なものである。鉄砲を撃つのには勇気というものはさほど必要ない。圖會のものは止めを刺す以前のこと、すなわちクマをおびき出す技術が描かれているのである。勇気のいる技術である。

その圖會の四つの方法のうち、最後の洞中に獲る方法はいまも行なわれている。ただ図のような太い丸太で入口をふさぐことはないようである。適当な木枝で矢来《やらい》を組んで入口に立てるだけである。鉄砲の威力が大きくなっているから、それほど慎重にしなくてもよいのである。投げ込まれた小枝で知らず知らずのうちに出てきてしまったクマが、矢来でもたついているところを「ズドン」と撃つのである。

それでもときには逃がしてしまうことがあるらしい。鉄砲をかまえた者がほんの一瞬目をそらしたすき、さっと出てしまう。そのときのクマの動作は普段の動きからは想像もできないほどの素早さだという。ノッシノッシと歩くクマ、しかもまだ体調も十分ではないころだから、クマを知っている狩人でもその早さには驚くらしい。逃げられて森の中ではいられたら探すのも大変だし、気を付けないと逆に不意打ちを食うことだってある。猟犬に探させるという手もあるが、狩人によっては犬を使わない。秋山郷の山田長治氏も、犬は一度も使ったことがないといった。

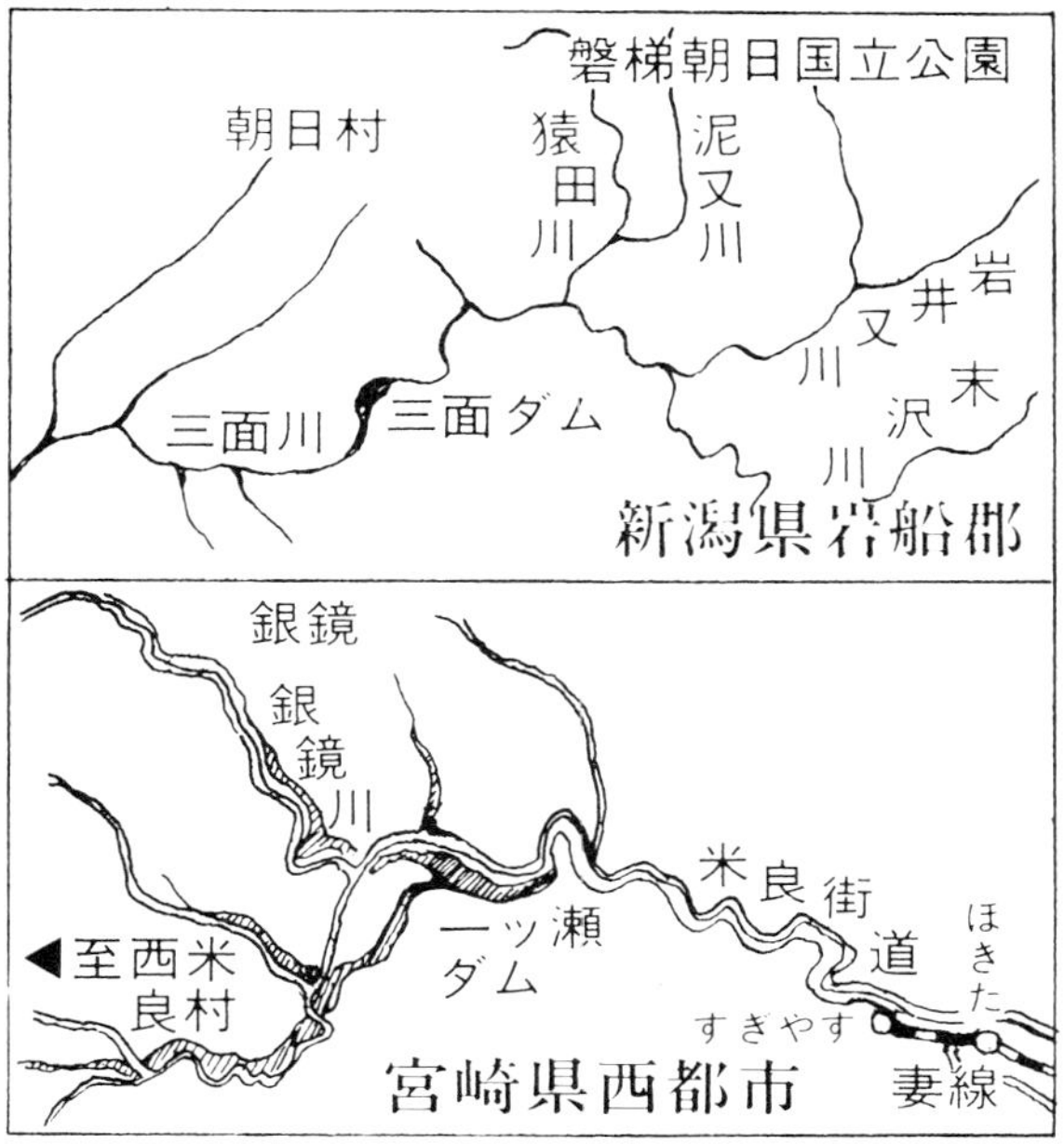

この洞中にクマを獲るのは多くカタユキのころ、三月から四月上旬にかけてのことである。北国にも春の兆しが見え、暖かな陽が積り積った雪を解かし始める。しかし夜の冷え込みはまだまだから、解けた雪は朝までにカチカチに固まってしまう。大人の一人や二人、飛んでも跳ねてもぬかるものではない。そうした雪の状態をカタユキという。

　カタユキになると午前一〇時ぐらいまではどんなところへでも渡り歩いて行ける。どんなところでもというのは、雪のない季節には雑木があってとても真直ぐには歩けないようなところ、ふわ雪のときにはとても渡れなかった一本橋も歩けるようになる。山も谷も縦横無尽ということになり、冬ごもりの穴を探すのにはまことに便利な状態になるのである。

もっともそうした穴にいるクマを獲るのを邪道とするところもあったようだ。

　新潟県岩船郡朝日村三面《みおもて》も古くから狩人の集落として知られてきたところである。そこでの熊狩りの方法には、デジシトリ、タテシ、オソキリの三つがあった。

　デジシトリとは「出熊獲り」のことで、三面ではこのデジシトリを伝統としてきた。それに対してタテシは穴にいるクマを獲るもの、オソキリは圖會に見たような圧殺の方法である。この後者二つは個人で行なうものとされてきた。個人といってもかならずしも単独という意味ではない。デジシトリは五、六人から一二、三人と大勢なのに対して、タテシは三人ほどで行なうものである。

　これは三面かどうかはわからないが、そのうちのタテシを邪道とするところが近隣の集落にあったらしい。その理由は定かでない。それは信仰上のことなのか、共同体の中での疎外感から出たものなのか、あるいは寝込みをおそうというような狩人にあるまじきこと、といったことからいわれたことなのか、とにかくその理由を知りたいと思わないでもない。

　ところで、デジシトリとはいうごとく穴から出てしまったクマを獲るものである。四月下旬、ブナの若芽が淡緑に色づくころの狩りである。山にはまだ雪が残っているが、クマは長い冬ごもりをおえて、さて、と自分の体調を整えようとしている時期である。

　このデジシトリは一般には巻き狩りといわれる方法で獲る。幾人かの狩人がクマのいる山にはいって大きく取り囲む形で一人ずつ配置につく。それは谷をはさんであっちの尾根に一人、こっちの尾根に一人ということだから、全員が配置につくまでにはちょっと時間がかかる。位置につくと笛で合図を送り、全員がつくと頭《かしら》というべき人が勢子《せこ》に始めよと笛を鳴らす。すると勢子は大声を上げる。クマはその声で上へ上へと逃げていく。カモシカは下に逃げるが、クマは上へ逃げる。その逃げてきたクマを待ちかまえていた狩人が撃つのである。しかし広い山の中だから、いつも狩人の前に現われるとはかぎらない。クマだって人の気配のする方向には行かない。

そうして追い上げても、いまは追い詰めるということはないようだ。鉄砲の性能がよくなっているから少しぐらい遠くても命中する。ハンターがハンターでいられるのも、いわばそうした性能のよい鉄砲があるからで、とても昔の狩人のような肝はない。

その肝とはクマを追い詰める、逆にいうとクマに近づく勇気である。火縄銃にしても、それより少しは性能のよかった村田銃にしても、とにかくぎりぎりまで近寄って撃たなければならなかった。

熊の的で鉄砲の腕を競い、それを絵馬にして山の神を祀る十二神社に奉納した。群馬県新治村赤谷（現みなかみ町）

槍を自ら胸に刺す

それより先、槍の時代にはそれこそ一騎討ちの感があったろう。クマと狩人の対決である。

その槍のことでは圖會の説明文のところであるいは気付かれたかもしれない。「美濃の国にては竹鎗、因幡には鎗…」という「竹鎗」である。鋼鉄製の槍でさえ簡単には刺さりそうもないクマの体に、どうして竹鎗で太刀打できたのだろうということである。

実際、人が槍で突こうとしてもとてもクマの体には刺さるものではないという。毛で包まれた皮は鉄板のように固く、その下の脂肪は厚い。それを貫いて心臓まで槍先を到達させるには大変な力がいる。しかもクマは動いているのだから、力いっぱい突き出してもその力は半減してしまう。

ところが悲しいといおうか嬉しいといおうか、クマはそれをクマ自身でやってくれる。

初めに記したようにクマは人を襲うとき後脚で立ち上がる。全身を思い切り伸ばした状態で、まるで、「さあ撃て」いわんばかりである。火縄銃も村田銃もそのときに引金を引いたという。槍もそのときぐっと突き出した。するとクマは立ち上がった両手でその槍をさっとつかんでしまう。その瞬間、安定がくずれて前に倒れる。それでクマはクマ自身の体重で槍先をズブズブッと心臓まで刺してしまうのである。

この話は秋山郷の山田長治氏に聞いた。この方法だと竹槍でも十分使えるように思える。

これは槍のことではないがついでに記すると、アイヌが熊狩りに使う弓矢の矢尻は竹製で、射る角度によって心臓まで十分とどく。たとえとどかなくても、その矢尻にはトリカブトの毒が塗ってあるから、クマは暴れまわっているうちにころりといってしまう。その矢毒は青森以南の狩人も使ったかどうかということはわからない。

このようにクマが立ち上がるのは本能で、大きく見せて威圧しようとするのだろう。ところで、狩人はクマのこうした行為をクマ自身が獲ってくれといっていると思っている。

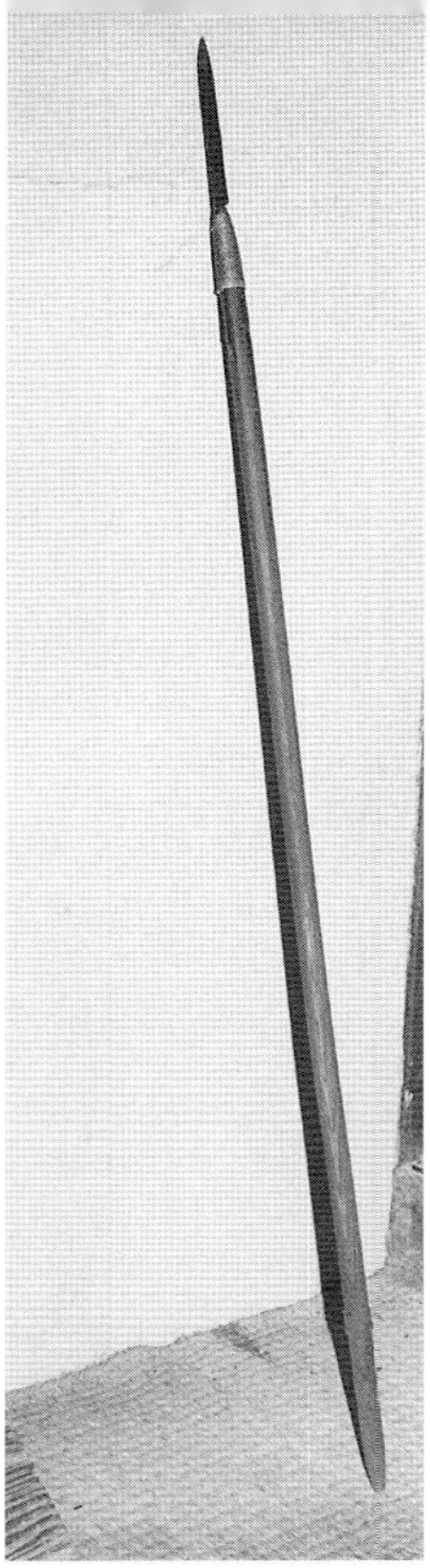

秋山郷で熊狩りに使った槍

そうした考えは日本だけではない。北半球の熊狩りをする民族に共通している。それは、一つの民族の考えがあちこちに伝えられたというより、多分に自然発生的なものらしい。それ以外にも民族間に共通の狩猟伝承はいくつかある。たとえばクマを獲ったり肉を食ったりするとき、「殺したのは自分ではない、他の者だ」などということである。殺しを他に転嫁するわけで、それは西日本に見られるクマの祟りを恐れて呪文を唱えるのと同じようなことである（『狩猟伝承研究後篇』前出）。

クマを語るとき直接「クマ」といってはならないとか、クマの悪口をいってはならないとかいうことも同じらしい。前者では北海道の狩人は山にはいるとクマを「オヤジ」というのもその一例だし、秋田の狩人がクマを「イタズ」という。この山での言葉を山言葉といい、逆に里で使うことを強く禁じている。その山言葉は数多いが秋田の例を二、三挙げてみると、子供は「イラカヒダキ」、飯は「クワナカ」、クマの心臓は「サンベ」で、これはアイヌ語と同じである。こうした山言葉は地域によって同じではない。三面では飯を「クサ」、心臓を「ホナ」という。

そうした言葉で一つ気になることがある。秋山郷の狩人が使う「リュウ」という言葉である。

このリュウは岩穴をさすが、ただの岩穴ではない。クマの巻き狩りは家を出てから四、五日、長くなると一〇日を超えることもまれではない。リュウはそうしたときの仮の宿となる岩穴である。穴がただ深いというだけでなく、見通しのよくきく場所にあるのが望ましい。狩人はまだ雪のこないうちにそのリュウに食料を運んで、いつでも利用できるようにしておく。

　このリュウは狩りの場にあるわけだが、気になるといったのは、宮崎県西都市銀鏡《しろみ》にある「龍房山《りゅうぶさやま》」の「龍」と重なるということである。そこ銀鏡は初めに記したように、イノシシの頭を神籬《ひもろぎ》の下に供えて神楽をするところである。龍房山はその銀鏡に鎮座する銀鏡神社の神山である。山をけがすことを人々は恐れているが、そこが昔からイノシシやシカの狩り場だったことは間違いない。山腹には岩穴も多い。そうしたことから「龍」は「リュウ」に重なるような気がしてならないのである。

　秋山郷ではリュウのほか「ノデン」に泊まることもある。いうごとく「野天」で、その場合は雪のないところを選ぶ。時間があれば小屋まで足を運ぶ。小屋には、「シブサワ小屋」、「リュウザワ小屋」、「十二沢小屋」などがあった。それらの小屋にも食物を運んでおいた。

　秋山郷の場合、そうした小屋などでの席順が決っていたかどうかは聞きもらした。三面の場合は席順がきっちりと決まっていた。

　フジカといわれる指導者を上座に、ナガラ・オオマタギ・ホウジョウ・シノボ・コマタギといわれる階級順にいろりのまわりに座った。むろんこれは狩りのときだけのものである。その一つ一つの役についての説明はここではしないが、フジカは狩りの指導者であると同時に山と神との間に立つ人、神の代理人という感さえあった。狩りのときにはこのフジカのいうことは絶対だった。特に「スノヤマ」といわれたアオシシ（カモシカ。現在、狩猟は禁じられている）狩りのときには厳格だった。

　千葉徳爾氏（前掲書）によると、それはスノヤマは天候も雪の状態もきわめて不安定な一月～二月に行なう狩りだったことに理由があるという。フジカはその不安定な山の状態を的確に把握し、仲間を危険におとしいれないようにしなければならなかった。そのためにフジカは毎日、豊猟と仲間の安全を祈って水垢離《みずごり》をとった。寒中にそれをするのは大変なことである。その大変なことをするがゆえにフジカは絶対的な権力を持っていた。

　それにくらべるとデジシトリはそれほどでもなかった。デジシトリのころには雪もほとんど消え、天候も安定している。危険の少なくなった山で狩りができた。

　一般に熊狩りは厳格な掟のもとで行なわれていると思われている。しかし、狩りのときにはクマよりもアオシシの方が厳しかったことは秋田でも同じだった。ところが、獲ってからの儀式はクマのみがきちんとあり、アオシシにはまったくない。ただここでいうクマに対する儀式とはアイヌの熊送りのような大掛かりなものではない。霊を送るということに変わりはないが、ささやかなものである。その理由は定かでない。それでも日本人（あるいは北半球の民族というべきか）は昔からクマに対して畏れとともに敬虔な気持もいだいていた、ということだけはいえそうである。

　ここではクマの話を通じて日本人のよく使う首を切るということの一端にふれたのだが、そのまとめについては次のシカでしてみたいと思っている。

＊『あるくみるきく』でシカについては書くことができなかった。

檜木内で、宮本常一はこのような茅葺屋根の農家を何枚か撮っている。昭和50年代の前半あたりまで、秋田県の内陸部には、昔からのこうしたたたずまいがまだ残っていたという証である。手前の田はわずかだが段差がある。

宮本常一が撮った
写真は語る
秋田県西木《にしき》村上檜木内《かみひのきない》（現仙北市）

秋田県横手市の駅前に、昭和五十三年（一九七八）まで木造三階建ての旅館があった。その三階から流れる宣伝放送は横手弁で、横手を生まれ故郷とする私（須藤）は、駅頭でその横手弁の放送を耳にすると、あぁ、また帰ってきたと思った。

どのようないきさつがあったのか、戦後、部屋貸しをしていたこの旅館の一室を、澁澤敬三も借りていたという。宮本常一はその部屋を利用して、横手を歩いたことがあると、話してくれたことがある。大方の話は忘れてしまったが、ひとつだけ、路傍の小祠に手を合わせてから扉を開けて、紙に書いて納めた願いごとを読んだ話である。

「夫婦の夜がうまくいきますように」

というようなものが多かったな、ということだった。

宮本常一は横手に、昭和二十一年（一九四六）から同二十三年にかけて何度か下車しているが、小祠をまわったのはいつだったのか、わからない。

秋田では、アチックミューゼアムでのつながりから武藤鉄城に会い、二人でよく角館町に住む民俗学の富木友治を訪ねている。そこから角館町の北にある檜木内村に

檜木内戸沢の門脇家の縁側に並んだ熊の剥製。宮本常一はこの剥製の前で門脇夫妻の写真も撮っているが、この剥製の熊を獲った狩人のことは何も記していない。戸沢は阿仁町とひとつづきのマタギの里だから、こうした剥製があっても不思議ではないが。

も足を伸ばしているので、昭和五〇年（一九七五）九月の檜木内行きは、決して唐突なものでなかった。ただ、この檜木内行きが、一ヶ月半ほどのアフリカの旅から帰国してわずか二日目というのは、ほかの人にはできないことのような気がする。

目的は「農山漁家生活改善技術資料収集調査」で、二人の同行者がいた。成果については日記にみられない。掲載しなかったが、八月盆を終えて半月の、盆供養のあともまだ残っている墓地の写真も撮っている。檜木内の盆の墓にはさまざまな菓子や果物が供えられる。墓参りは自家だけではなく、両隣の墓にも供えものをして手を合わせる。そして酒を飲み交わす。やがて盆供養の獅子舞がやってきて舞うので、にぎやかな墓地になる。

玄関の鴨居に、燕の巣から少し離れて熊の頭骨を掲げる。魔除けだろうか。

墓地をバスの窓から撮っている。かすかに八月盆の墓参りの跡がある。宮本常一は墓碑にも歴史や民俗があるとしたから、おそらく時間があったら墓地をまわって丹念に墓碑を見たことだろう。

写真提供・周防大島文化交流センター

手前の水のある田は「通し苗代」。稲の種を蒔いて苗を育てる田で、田植えはしない。戦後、保温折衷苗代が普及すると、こうした通し苗代はなくなるが、ここではまだこの苗代で苗を育てていたのだろうか。

早朝の斜光を受けてマタギたちは猟場へ向かう。

阿仁マタギ

—国境を越えた狩人たち—

文・写真・図　田口洋美

一章　阿仁マタギ

霧に巻かれて

クマの姿を見たい。

僕は、胸の鼓動と呼吸、そして足の運びとが一定のスローなリズムを刻み続けるように意識しながら、マタギのリズムを体で感じようとしていた。

秋田県北秋田郡阿仁《あに》町打当《うっとう》の山であった。

四月末、クマ狩り三日目のこの日、僕は九人のマタギと共に山へ入った。クラ場を巻いて、それぞれが配置につこうとしたとき、尾根を越えた一頭のクマの足跡が見つかったのだ。

クマはわずか一〇分か二〇分ほど前に越えていったものらしく、朝降ったばかりの新雪の上にくっきりと爪跡を残していた。歩幅や足跡の大きさから見てそう大きくはなく、三、四歳の若グマだという。マタギたちはこの足跡からクマの年齢だけでなく、いつ、どこの山へ向かったかまで読み取るのである。足跡は小走りで尾根を越え、緩やかなブナ林の斜面を下っていた。巻きにかかったときに気づかれたのかもしれなかった。

足跡を見ながら小声で協議していたマタギたちは、何人かずつに別れてクマが歩きそうな山に散開し、情報を集めることにした。

林道から沢沿いに入り、尾根へと登りはじめた時には青空ものぞき、新雪をサクッサクッと踏む足の感触を楽しんでさえいたのだが、僕が一人のマタギの後について尾根沿いに奥へ向かう頃には、空は暗くなり小雪が舞いはじめていた。

マタギは黙々と足を運び、僕は五、六歩後からついていった。

雪はやがて濃い霧に変わり、僕たちを包んだ。時折、霧が風で流れて一瞬濃くなり、前を行くマタギの姿がボーッとかすんだ。同じようなブナの大木が、お化けのように次から次へと真っ白な空気の中から現れては背後へと消えていった。似たような地形のくり返しで、マタギと一緒でなければ迷う山であった。空気は凍り、斜面を登ってくるときに流れた汗は今や体温を奪ってゆくだけだ。

歩きはじめてから五時間。時々振り返っては僕を気づかっていたマタギは足を止め、

「何も見えねぇ。迷ってすまった。何処だか分からねぐなった」

と言い、回りの様子を見てくるのでこの場で待てと言葉をのこして、一人濃い霧の中へ消えていった。

僕は近くのブナの大木の根方にできた雪穴にもぐり込み、マタギの帰りを待ちつづけた。寒さに体が震え、鼻水が流れた。

やがて、やや濃くなった霧の中を戻ってきたマタギは、やっと自分たちのいる場所が分かったと言い、遅い昼食になった。

「クマは今頃この山のどっかを歩いてるべしゃ。今の時間だばどっか木の下にでも潜ってるがも知れねぇ。クマはこういう天気のとき動くもんなんだよ。自分の姿を見られるのを嫌うがらな。マタギは自然の中で生きてきたどもしゃ。んだどもマタギは人間だ、家もあれば今だば車もあるべしゃ。やっぱりクマみてぇな獣がらすれば劣るもんなんだよ。マタギも文明の中に生きてるんだがらな。自然の中で生きてるクマのごどは分からねぇごどの方がよけいだべしゃ」

と、マタギは鼻をすすりながら握り飯を食べ、クマがいかに優れた獣であるかを語った。

夕刻遅く、僕たちは霧の中から抜け出して林道へ下った。霧の中をクマを追うこと九時間。三カ所で尾根を横切った足跡を確認した。クマは三つの大きな尾根と二本の大きな沢を越えていた。

クマは遠かった。

阿仁の村へ

日本国内にはかつて狩猟を生業の一部としてきた、または現在も狩猟を行なっている村々が幾つかある。

僕が実際にこうした村を目のあたりにしたのは、昭和五十六年（一九八一）に初めて訪れた新潟県岩船郡朝日村三面《みおもて》が最初であり、三面と同じように村人の多くが狩りの経験を持ち、古くから伝えられてきた狩りの仕来りや習俗を残す村々が中部地方や東北地方の山間部に点在していることを知った。俗にマタギ集落とよばれるこれらの村々に僕は強い興味を覚えたのだ。

三面がダム建設に伴って全戸の移転が決まった昭和六十年（一九八五）、長野県下水内《しもみのうち》郡栄村にあるマタギ集落の一つ信濃秋山郷を訪ねた。そのとき、秋山郷でクマ狩りが盛んに行なわれるようになったことに、秋田マタギが深く関わっていることを知った。

江戸後期、秋田から上信越の山岳地

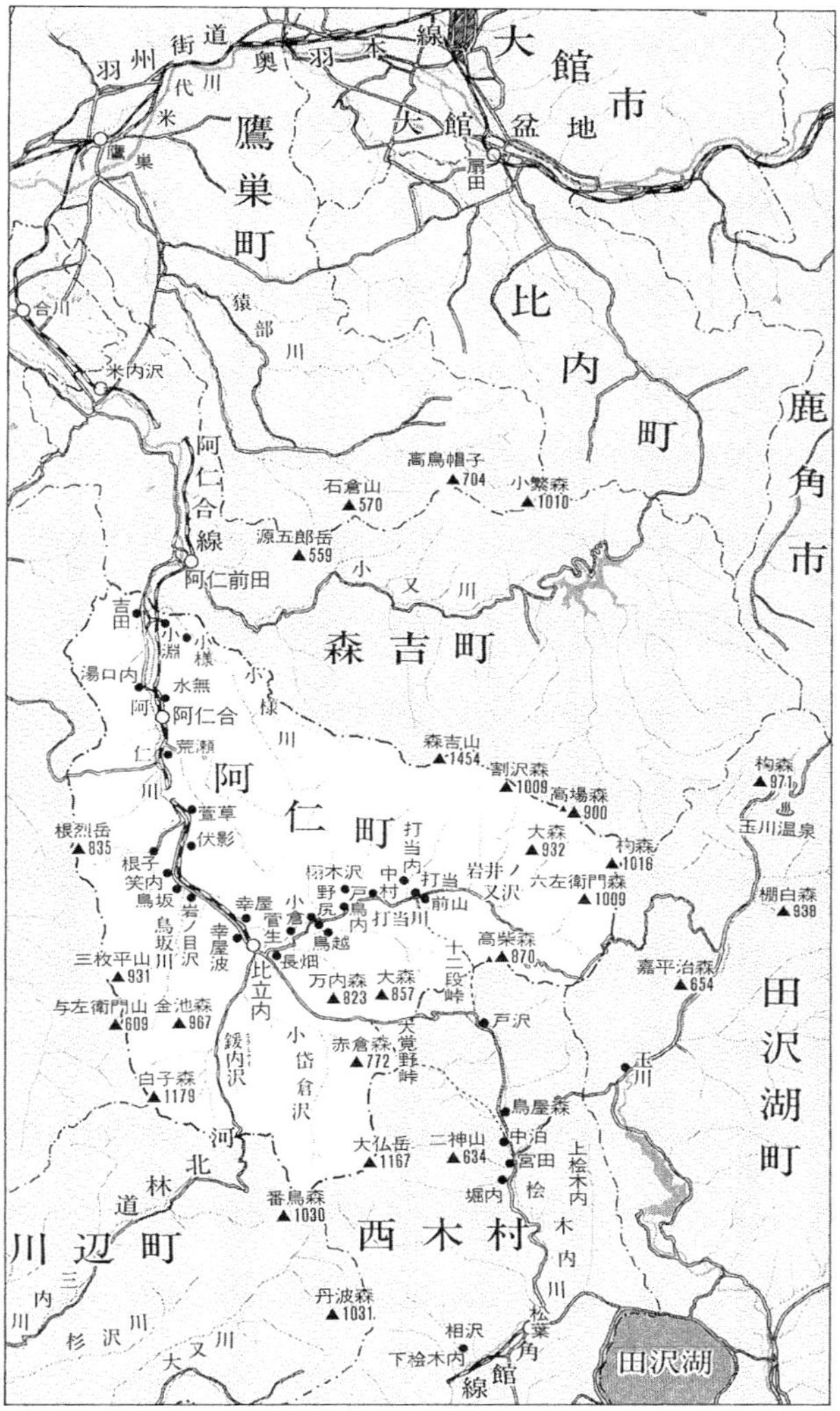

阿仁町略図

マタギ発祥地といわれる根子阿仁町。ここから会津、上越国境、遠くは加賀の白山までも旅マタギが出ていた。特に新潟県の湯沢や八海山には、根子出身のマタギがクマ狩りを伝えたといわれる。

帯に出稼ぎ猟に来た親子二人の旅マタギが秋山郷に住みついた。秋山郷の猟師組の土台を築くことになったこの秋田マタギは、秋田県北秋田郡阿仁町打当《うっとう》（現北秋田市）の出身であると聞いたのである。

秋田の阿仁といえば古くからクマ狩りの盛んなところであり、マタギの名を全国に広めたいわば本家のような土地である。

僕はかねてから一度はマタギの本家といわれ秋田を訪ねなければと思っていた。それは秋山郷だけでなく、これまで訪ねた幾つかの村で秋田マタギに関する話を耳にしていたからだった。

例えば三面やその周辺の朝日連峰西麓に点在する村では、秋田マタギが猟場を荒らすので困ったという話や、自分たちの先祖は秋田マタギと深い関係があったという話、さらには、山形県西置賜《にしおきたま》郡小国町長者原《ちょうじゃはら》という飯《いい》豊《で》連峰北麓にある村では、明治の半ばに秋田マタギが自分たちの山へ来て数日の間にカモシカを四〇頭も獲っていったといい、そのとき秋田マタギは火縄銃に代わって最新式単発銃の村田銃をもたらしたのだとも聞いた。

また、秋山郷に入ったマタギの故郷である打当からそう遠くない根子《ねっこ》に伝わる話として、マタギ研究の先人である武藤鉄城氏が『秋田マタギ聞書き』〔昭和四十六年慶友社刊〕の中で、

「又鬼《またぎ》のことでは、マタギは日光から新潟の三面、信州の飯田、秋田の根子と分かれて来たものといわれている」

と書かれているのを読み、根子と三面が同じマタギの系

譜を持つらしいことを知り、これを詳しく聞いてみたいという思いもあった。

僕にとって忘れることのできない三面と秋山郷という二つの村が、秋田の阿仁で繋がるかもしれない。そうした予感に僕は胸をときめかせた。

それにしても、交通手段もない時代に新潟や山形・長野などという遠方の山々にまで猟に来ていたという秋田マタギとはいったい何者だろうか。彼らの生活とはいったいどのようなものであったろうか。どうして他国の山々にまで出稼ぎ猟に出なければならなかったのだろうか。それが知りたい。実際に阿仁へと向かったのは昨年の春（昭和六十二年四月末）のことであり、それ以来たびたび阿仁を訪ねたのである。

※

阿仁は秋田県の内陸部米代川を遡った山中にある。僕が多く利用する阿仁へ入るルートは、奥羽本線で米代川河畔の鷹巣《たかのす》駅から、鷹巣と阿仁町の比立内《ひたちない》とをおよそ二時間半で結ぶ単線の阿仁合線（秋田内陸鉄道北線）に乗り継ぐ方法だ。

阿仁合線は米代川の支流阿仁川に沿って南へと向かい、田園地帯の広がる合川《あいかわ》町からしだいに谷へと分け入って行く。沿線の山々は意外なほど丸く緩やかであるが、森吉町まで入るとさすがに山は立ってくる。この森吉町から阿仁町にかけては秋田県を代表する林業地帯であり、江戸時代から秋田杉の産地でもあった。そのためかこの一帯から数多くの杣人《そまびと》や木挽きなどが出たのである。林業の不景気が叫ばれて久しい現在でも、沿線の植林地は村々の背後から奥の山まで幾重にも広がり、間伐や枝打ちなどの手入れが行届いていて、さすが林業国秋田の歴史を感じさせる。

阿仁川の河岸段丘上に細長く開けた阿仁町の中心、阿仁合の町は阿仁鉱山の中心の町として開かれ、歴史も古い。阿仁鉱山は延慶二年（一三〇九）の金山発見にはじまり、昭和四十五年（一九七〇）の閉山でその歴史を閉じる。鉱山の閉山から十数年たった阿仁合の町は、人通りも少なく、数軒並んで残るかつての商家らしい家々が、華やかなりしころの名残りをとどめているにすぎない。

阿仁の周囲は全て山である。

東に美しく笠を伏せたように裾野を広げる森吉山（一四五四）や椈森《ぶなもり》（一〇一六）は八幡平《はちまんたい》（一六一四）、秋田駒ヶ岳（一六三七）などの奥羽山系の脊梁部に連なり、南は大仏岳（一一六七）や番鳥森《ばんどりもり》（一〇三〇）などの出羽山地、西は白子《しらこ》森（一一七九）から太平山（一一七一）に至る太平山地と、馬蹄形に一〇〇〇メートル級の山々に囲まれ、北側だけが阿仁川の谷によって開かれている。阿仁川はこうした周囲の山々から流れ出る沢水や支流を集めて北へ向かい、米代川と合流して日本海に注いでいる。

阿仁をとりまく山は確かに奥まで植林され、かつての鉱山跡などが残り、かなり開かれてはいるものの、ブナやナラなどの落葉広葉樹を主とする自然林や、カラマツやダケカンバなどの二次林が広がっている。

そこは獣たちには絶好のすみかになっており、日本ツキノワグマ・日本カモシカ・本土タヌキ・本土テン・本

●阿仁マタギの狩猟形態●

猟の種類	人員	猟名	猟期	対象となる動物	料理名
ウサギ猟	集団	マキ狩り	1月〜2月	ウサギ	ウサギ汁 ワタカヤキ 骨パタキ
	個人 小集団	ウサギ狩り（忍び猟）			
		ワラダ猟			
	個人	罠猟 ウッチョウ	春3月〜4月秋9月〜12月		
		罠猟 ワッカ			
カモシカ猟	小集団 集団	アオシシ狩り	1月〜2月	日本カモシカ	アオシシカヤキ ヨドミカヤキ
	個人 小集団	罠猟 春ヒラ	春3月〜6月 秋9月〜12月		
		罠猟 秋ヒラ			
		罠猟 ワッカ			
クマ猟	個人 小集団	穴グマ獲り	3月〜4月上旬	日本ツキノワグマ	クマカヤキ ナガセ汁 ウチカヤキ モチグシ
	集団	春クマ狩り	4月下旬〜5月上旬		
	個人 集団	秋クマ狩り（忍び猟）	11月中旬〜12月中旬		
	個人 小集団	罠猟 春ヒラ	5月〜6月		
		罠猟 秋ヒラ	9月〜12日		
		罠猟 ワッカ	5月〜6月・9月〜12月		
バンドリ猟	個人	バンドリ獲り	10月〜12月	ムササビ	カヤキ（汁）
その他の猟	個人〜集団	忍び猟	11月15日〜2月15日	本土タヌキ 本土テン 本土イタチ 日本ザル 日本アナグマ 日本リス 本土ギツネ	カヤキ（汁） ワタカヤキ
		罠猟 ウッチョウ			
		罠猟 ハコウッチョウ			
		罠猟 ワッカ			
		罠猟 トラバサミなど			
鳥猟	個人 小集団	忍び猟	11月15日〜2月15日	カモ ガン ヤマドリ ヤマバト カケスなど	カヤキ（汁） 焼き鳥
		罠猟 ヒクグシ ゴモジ イキゴモジ ワッカ トラバサミなど			
		網猟 カスミ網			
		ヤマドリ追い	12月	ヤマドリ	

□は現在行なわれていない猟

土ギツネ・日本アナグマ・ノウサギ・ムササビ・イタチなどの他に、めずらしいのはモモンガやヤマネ・オコジョまでいる。ただ、かつてはいたという日本ザルの姿は現在見ることができない。

阿仁川やその支流の河岸段丘上に大小さまざまに点在する阿仁の村名には、一見しただけでは読めないものもある。阿仁川下流から小淵《こぶち》、阿仁合、荒瀬、萱草《かやくさ》、根子《ねっこ》、笑内《おかしない》、鳥坂、岩ノ目沢、幸屋渡《こうやわたり》、幸屋、比立内などがある。阿仁川は比立内で比立内川と打当川とに分かれる。比立内川の上流には村はなく隣町の河辺町に伸びる河北林道が走っている。打当川に沿っては長畑《ながはたけ》、牛滝、菅《す》生《ごう》、小倉、野尻、戸鳥内《ととりない》、中村、打当内、打当などがあり、打当川の支流や枝沢に鳥越、栩木沢《とちのきざわ》などがある。これらの村は、萱草から下流の阿仁合を中心とした阿仁合地区（旧阿仁合町）と、根子から上流の比立内を中心とした大阿仁地区（旧大阿仁村）に大きく分かれ、鷹巣と大曲を結ぶ国道一〇五号線や幾本かの県道や林道によって結ばれているのである。

特に大阿仁地区には、根子、比立内、打当を代表とする古くからのマタギ集落がある。

かつてのマタギ集落は、カノヤキと呼ばれる焼畑を中心とした農業と林業、そして豊富な山の獣や川魚を追う狩猟と川漁、さらには獣の内臓や脂、骨を薬品として加工し行商する売薬やさまざまな出稼ぎによって生活を立ててきた。現在は会社勤めをしながらの兼業農家が主体であり、果樹栽培やイワナなどの川魚の養殖をする人もある。

現在阿仁町の猟友会員は約一三〇名。通常の猟期には秋田県内どこへでも猟に歩くことができるが、特別許可

スキー場のできた森吉山。伐採されたブナはパルプ材になり、また少し獣の棲息地域が狭くなった。

による春のクマ狩りの場合には猟区が大きく阿仁合猟友区と大阿仁猟友区の二つに別れている。これは阿仁町が昭和三十年（一九五五）に阿仁合町と大阿仁村が合併してできた町であり、かつての行政区がそのままクマ狩りの猟友区に引き継がれているのだという。七〇名あまりの現役のマタギがいる大阿仁地区はさらに大きく打当地区と比立内地区に別れており、各地区の中に十二、三人ごとのクマ狩りの班があるが、マタギ発祥の地と伝えられ、かつてマタギが最も多かった根子は今や四名と、大阿仁地区の中では一番少なくなっている。

もっとも、現在の阿仁にはマタギが専業という人は一人もおらず、農業・林業・公務員・会社員などの仕事の合い間に狩りをしているのである。

阿仁マタギの古老たちはきまって、

「今の若い衆はレジャーでやってるのしゃ。娯楽だ。昔のマタギのように職業でマタギはできねぇ」

というが、いざクマを獲ってみると大きさによってかなり違ってはくるが、平均一頭あたり五〇万前後にはなる。打当で旅荘を経営する（故）鈴木明治さん（昭和十年生）はこう話していた。

「ここでは田圃を持っているといっても、大半の人方は田を専業としてやってはいけないですから、どうしても兼業になりますよ。村を見れば分かるように、耕地面積の割に家数が多いでしょう。子供たちの教育でも中学校出れば、近くの場合ですと米内沢とか鷹巣の高校に行くんですけども、少し成績のいい子ですと秋田、能代、大館へ出て下宿生活ですから、金がかかって大変なんで

すよ。だけどここでの現金収入は少ないですから結局出稼ぎに出るということなんですよ」

　こうした問題もあって、昔ほどではないにしろ、狩りはまだ生活に必要なのである。

　さらにクマによる人身被害や農作物被害など、人間生活におよぼす害も見逃せないことだ。

　秋田県では通常の狩猟期間（現在の狩猟法である「鳥獣保護および狩猟に関する法律」で定められた十一月十五日～翌年二月十五日までの期間）とは別に、人里に出没するクマについては、特別許可による有害鳥獣駆除を行なっている。また、毎年生息調査により、年間繁殖数の二分の一以内については、人身事故や農林産物の被害防止のため、事前調整（予防捕獲）を行なっている。これは捕獲数、区域、期間を定め、クマが越冬穴から出てくる山菜採りシーズン前に実施する。そして狩猟期間内、晩秋に行なわれる秋グマ狩りがあり、阿仁町全体では年間平均三〇頭前後（今年の春の捕獲数は九頭）のクマを獲っているのである。

　さて、僕はこうした阿仁の数多くの村々の中から打当、比立内、根子の三つの集落をめぐりながら阿仁マタギの世界を見てゆくことにした。

穴のクマを獲る

　阿仁マタギ、と一言でいうと多少語弊がある。厳密にいうなら阿仁のマタギは各集落によって猟場も異なり、狩りの仕来たりやその方法も少しずつ違っている。それは互いの集落が歩んできた歴史的な相違もあるが、かつてはお互いを良きライバルとして競い合ってきたことに由来するのだと聞いた。それ故に誇り高いマタギは集落名を頭に冠する。打当《うっとう》マタギ、根子《ねっこ》マタギ、比立内《ひたちない》マタギといった具合に。

　僕が最初に話を聞いたのは打当マタギのシカリ鈴木松治さん（大正九年生）であった。シカリというのは、各マタギ組（現在は班）の統率者である。シカリは猟の実績もあり、山にも明るく、しかも人望のある優れたマタギで、年齢は五〇歳を超えたベテランなのである。

　松治さんは「頭撃ちの松」という異名を持つ阿仁を代表する現役のマタギのシカリで、阿仁でこの人を知らない人はいない。

　松治さんがこれまで仕留めたクマは約七〇頭。中でも穴にこもったクマを撃たせたらこの人の右に出る者はいないといわれ、仕留めたクマの多くは一発で頭を撃ち抜いているため「頭撃ちの松」と呼ばれるようになったのだという。

　こうした前評判を聞いて、僕はさぞかし無口な豪傑であろうと思っていた。しかし、実際に目の前に現れた松治さんは実に優しそうな温和な人で、とても人当たりのいい人でもあった。その松治さんが「頭撃ちの松」という異名を確かなものにした逸話がおもしろい。

　昭和三十七年（一九六二）十二月、松治さんが四二歳と、マタギとして一番脂がのった頃のことだ。

「いやー、あの頃だば若がったがらあんな無茶できたのしゃ。今だばするごどならねぇ。生活がかかってだもんだがらなっ。もう夢中であったすな」と、テレ笑いをうかべながら語ってくれた。

十二月の阿仁の山々は根雪が積もり、クマもほとんど穴ごもりした頃である。

栩木沢の高堰《たかせき》喜代志さんから大グマを見つけたという連絡を受けて、当時の打当のシカリ鈴木辰五郎さんと三人で、クマがいるという栩木沢奥の山へ入った。そこは一〇〇メートル以上も垂直に切り立った岩場であった。その岩場の頂上から二〇メートルほど下がったところに、人間なら二、三人が入れるくらいの穴があり、その中にクマが入っていたのだ。三人は二手に分かれ、辰五郎さんは岩場の下からクマが逃げた場合に備え、松治さんと喜代志さんは沢伝いに岩場の上に出た。穴の様子をうかがいながら、どうやって仕留めるかを二人で思案した末に、松治さんが細引きのロープを腰にくくり、ロッククライミングの要領で穴まで下りて撃つというものだった。

尾根に発達した雪庇に残るタヌキとイタチ（写真中央）とウサギ（写真右端下）の足跡。獣はこの尾根を幾度となく上り下りしていた。

「おっかねぇなんてごど考えでる余裕もねがったのしゃ。無我夢中であったものな。細引きロープの片方を立木に縛って喜代志さんに下ろしてもらったす。ロープを左手で掴んで右手さ鉄砲持って、岩場をソロソロと下りていったばや、クマが怒ってなぁ、すごい声で叫ぶのしゃ。いやっ、そのどぎはさすがにオラもおっかねがったな。急いで喜代志さんに引っ張り上げでもらった。そしてよし今度はと思ってまた下さ下がった。こんなごど何度も繰り返して一時間もやったべ。そしたらクマも疲れで穴の外に出てこなぐなったのしゃ。それでロープに掴まって穴の中のぞいだばな、なんとクマは穴の中で唸ってだ。よし今だばやれるってそう思って片手で銃を構えで一発撃った。いやそしたらオラの体は宙吊りなってすまった。そしてまた穴の中のぞいたばクマがパタパタすてるものなっ。それでもう一発撃った。それで終いだ」

この時松治さんが撃った弾は二発ともクマの頭を撃ち抜いていた。

クマは冬眠する直前であったこともあり、二四〇キロの大物であったという。以来松治さんは「頭撃ちの松」「宙吊りの松」という異名を持つようになった。

松治さんによると、クマは普通冬至前後に穴へ入るという。クマが入る穴には、タカス（大木の中が空洞になっていて入口が木の上にある）、ネダカス（タカスと似ているが入口が木の根にある）、アオリ（倒木の根が土や岩を持ち上げて出来た穴）、イワアナ（岩場に自然に出来た穴）、ツチアナ（地面に出来た穴）、フカブリ（土をかぶった木の穴で根が土を持ち上げた状態の穴）など、その形状の違いからさまざまな呼び方があるのだという。比立内マタギはこの他にバフとかバファナと呼ぶ穴を分けている。バフというのは急にせり出したような穴に大木が生え、根の下が穴になっているものをいう。

「昔は、十一月入ればもう奥の山はもう根雪になってるがらな。そろそろクマが穴に入る時分だがら、その穴さ入ったクマ獲りに歩いだもんなのしゃ。秋も深まってくればな、そのクマがまだ遊んでるクマなのか、そろそろ穴に入るクマなのがってごどを、足跡だけで判断しねばならねぇわけすな。

クマっていうのは木かじったり、引っ掻いたり跡をつけるもんだがら、その跡をマタギはカガリっていったもんだけどもしゃ。昔のマタギ方はただクマがかじったり、引っ掻いたりした跡だけではクマは違いっていったもんだ。

クマのつけた跡にはアミノメっていうのがあるのしゃ。アミノメっていうのは木の根がら二尺ぐれぇ上のとごろにつけでるもんなんだども、クマがいったんかじって起こした木の皮を今度はその上がら左右の手の爪で引っ掻いてるんだ。だがら爪の跡が網の目みてぇになるすべ。そういう跡あれば半径一〇〇メートルぐらいのとごろの穴さクマが入ってるといったもんなんだ。アミノメのカガリあればな、もう目の前にクマが入ってる穴があるって。だけどもしゃ、オレの経験がら考えるとそういうごどはねがったのしゃ。アミノメのカガリはあるけどもクマはいねがったすな。

まぁ、十一月十二月時分、穴に入ったクマ獲るんだば足跡追うのが一番だな。クマの足跡みつけだば、どんどん足跡追って詰めていぐわけだ。そしてクマが穴に入るぞってときには、必ず沢とか川の中に入るもんなのしゃ。そして自分の足跡をくらますもんなんだ。せば、クマは沢の上行ったが下行ったが、とにかく何処からがまた岸さ上がってるわけだがらなっ。それ見て歩ぐ。大体足跡くらました後は真っ直ぐに穴さ入ってるもんなんだ。

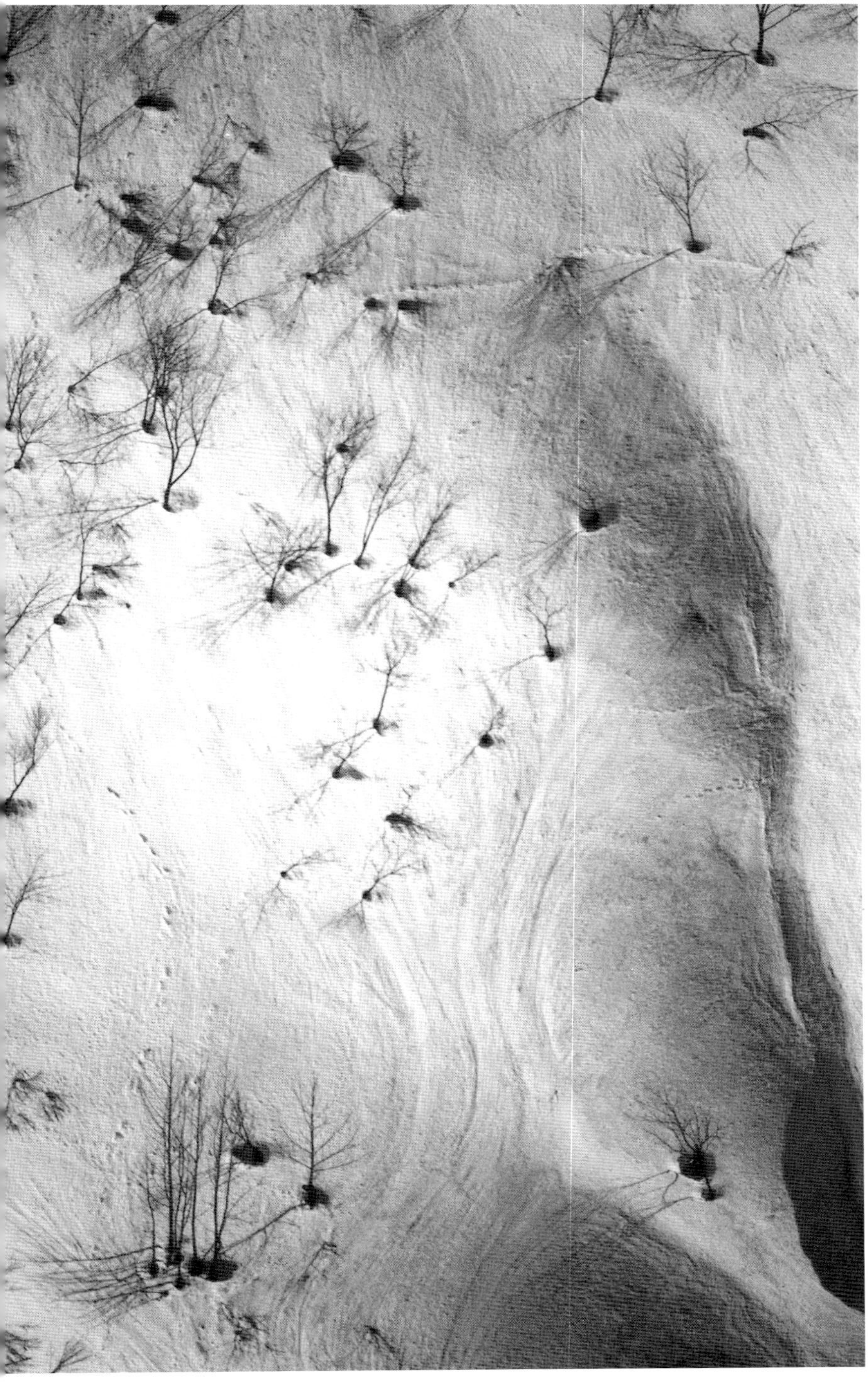

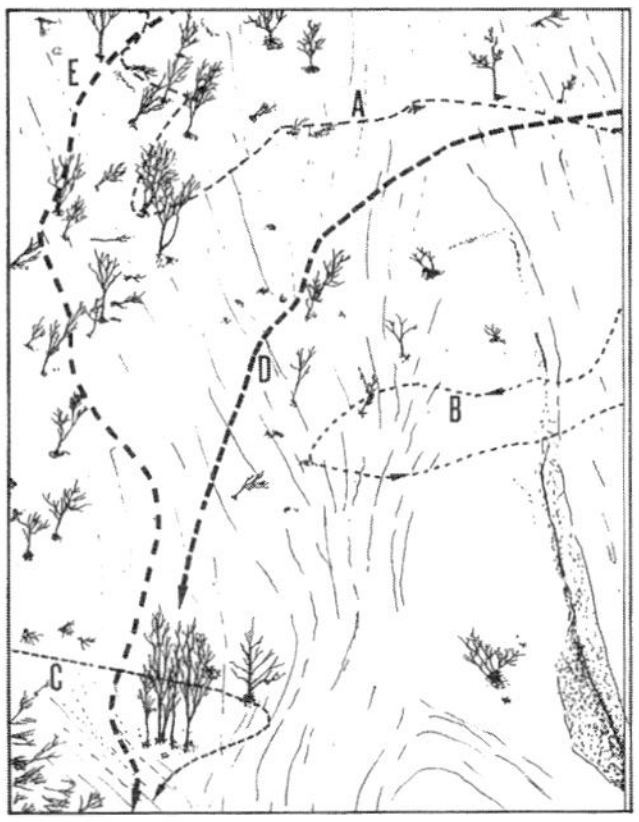

四月下旬、森吉山七合目付近の雪庇の発達した斜面を対岸から撮影したものである。斜面の雪は既に溶け始めており日当たりも良いために、みごとな雪紋が浮かび上がっている。A、B、Cは小動物の足跡でありイタチ、テン、タヌキなどである。Aは斜面を横に渡って尾根へ向かい、何度か往復しているため足跡というより道になるほど雪が掘れている。Bは斜面を下ってきて雪庇の上の方から斜面を横に渡り途中からUターンして戻っている。Cは斜面を横に渡ってから沢の方へ下っている。D、Eは大型獣の足跡で共に斜面を下っておりDがクマ、Eがカモシカである。クマの足跡は斜面の半ばまで直線的についており、途中から左右の手足が並んでいるところから、途中から急いで駆け下ったことが分かる。また、カモシカも斜面をゆっくりと下ってきたが、急斜面に出ると数メートル飛びながら下っている。獣は自分が登ることが出来ないところは下らない。Aの場合は警戒心が強く真っ白な雪面を歩くにも木々に沿って歩いている。この中でEとBが同じころの足跡であり、もしかするとBの獣はカモシカが下りてきたのでUターンしたのかも知れない。山にはこうした獣の足跡が沢山残る斜面が何カ所かあり、猟場としても重要である。

クマは穴に入るっていうどきは、穴のまわりを三〇〇メートルぐらい離れでぐるぐると二、三回まわってるものなっ。そして川入ったり、大木の上からポンと飛んでみたりして足跡くらましてがら穴に入ってるんだ。オレの経験ではほとんどのクマがそういうごどすてだものな。だがらとにかぐ足跡見つけで、詰めていげばクマの動きが分かってくるがら、アーこれは近ぐ穴に入るクマだとか、もう入ったなとか、まだ遊んでるクマだとか判断できるようになるのしゃ」

狩りは理屈ではない。忍耐力に裏付けられた経験的データと感性が問題なのだ。

「クマが穴にはいっていればなっ。たとえばイワアナでもタカスでも音たててやるのしゃ。タカスだと木の幹をただいたりな。音たてて今度は穴の正面にまわって銃構えて待ってるのしゃ。するとクマ出てくるべ。クマっていうのはいきなり飛び出してこねぇもんなんだ。ゆっくり穴の入口の方さ出てきて、外の様子見るんだ。それ正面から見てればな、穴の中でクマが穴の口さゆっくり出てくるのが目が光って分かるがら、そごを狙って撃つのしゃ。クマはゆっくり首を出して、まわり見るがら、それで人間に自分が見つけられだと気付けば、今度はグワーッと叫んで飛んでくるがらな、その前に撃つわけだ。獲物を撃つのは呼吸が大切なのしゃ」

実際に撃つ場合は、普通のマタギなら一〇メートル前後ぐらいの距離からだが、松治さんの場合には近づいたときは二メートル。いちばん近いのは銃の筒先をクマの頭に乗せて撃ったという。穴の入口の上に腰を下ろして待ち、穴の口から頭を出したクマを股の間に見て、そろっと銃の筒先をクマの頭の上に下ろして撃ったのだという。なんとも凄まじい話である。

狙って一番確実なのは頭、ついでアバラ三枚（肋骨の三本目あたりでちょうど脇の下）や胸部の月の輪である。

「クマ狙うどぎはしゃ、クマそのものを狙って撃っても当だらねぇんだ。そうやって撃った弾はきまってクマの上を越えていぐ。あせれば駄目だ。どんなに遠くても、クマの毛一本狙う気持ちで撃たねば当たらねぇのしゃ。横がら狙う場合はアバラ三枚狙う。そういうどぎは鉄砲をクマの足元からゆっくり上げて、アバラ三枚にピタッとあったどぎに撃つのしゃ。クマだって生きるのに必死だがらな。オレも昔は生活してぐのに必死であったすものな。だがらクマ撃つどぎは一発で苦しい思いさせねぇように仕留めるのが山神様への礼儀だすべ。マタギはクマと一対一の勝負だがらな」

かつてマタギで生計の大半を稼ぎ出していた人たちは、クマの入る穴のある場所を何十カ所と知っており、絶対他人には教えなかったという。穴はマタギにとっての財産でもあったのである。

秋の、穴に入りたてのクマは一年の中で最も肥えており、脂ものって食用には最高の味であり、越冬に備えた毛皮は毛がふさふさとしてよい値で売れた。

穴に入ったクマを獲るのは、越冬を終えて穴から出ようとする時期の三月下旬から四月半ばにも行なわれた。

比立内マタギで親子二代シカリを務める松橋茂治（明治四十四年生）、時幸さん（昭和九年生）にかつて穴に入ったクマを獲った話を聞いた。

晩秋のある日、時幸さんが大物のクマが入った穴を見つけた。当時まだ若かった時幸さんはすぐにもクマを獲ろうと茂治さんに知らせたのだが、茂治さんは春まで待てと言った。穴に入ったばかりのクマは、たらふく餌を食べたばかりなので胆《い》が小さい。これが越冬する間に、飲まず食わずで過ごすので胆が大きくなるのだ。胆とは胆嚢《たんのう》のことであり、中身は消化液（胆汁）なのである。だから茂治さんは、春にクマが穴から出る寸前に獲るというのだ。その方がクマの胆が大きく、商品価値も高くなっていいからだ。まるで畑の作物でもとりに行くかのような感覚である。

「昔のマタギというものは、秋のクマ獲ってすな。冬になればこんだアオ（日本カモシカ）を獲ったもんですよ。寒中の一番寒い頃はすな、アオ獲って三月時分になればこんだ穴のクマ獲って、四月クマが穴から出てくればまた春グマ狩りになるわけだすな」

二章 クマ狩り同行記

阿仁の春

阿仁の春は遅い。村々の雪解けは例年四月中旬である。しかし春は駆け足でやってくる。春の日差しが大地から雪解けの湿気を吸い上げてゆき、土と緑の匂いにむせかえるようになる。大地はまるで身震いでもするかのようにその肌から生命を絞り出し、芽生えた生命は天を目指して伸びをする。

子供のある家の庭先には鯉幟《こいのぼり》が泳ぐ。新緑と抜けるような青空と奥山の残雪。僕が雪国を訪ねる中で一番好きな季節だ。出稼ぎに出ていた若い男たちが帰り、村は活気を取り戻す。おばさんたちが色鮮やかな頬被りをして野良へと飛び出してゆく。

春の到来に獣たちもはしゃぎ回る。残雪の上には獣たちが戯れ走り、飛び跳ねた足跡が無数に散らばっている。深山の岩場でじっと木の芽や皮を齧《かじ》り続けひもじい思いをしていたカモシカの親子が、みずみずしい若葉にありつけるのもこの春なのだ。

そしてクマも……。

※

僕がクマ狩りに同行すべく阿仁を再び訪ねたのは、村が賑わい華やぐ春の盛り、四月二十日のことであった。秋山郷で十六日、十七日の二日間クマ狩りに同行してから打当に来たのである。春のクマ狩りも桜前線のように北上する。秋山郷でクマ狩りがはじまるのは例年四月十日ごろであり、秋田は四月二十日ごろと十日ほどのずれがある。

僕は当初、打当と比立内のそれぞれのマタギについて歩こうと考えていた。しかし今回はやはり二カ所をかけもちでは無理と判断し、四月二十三日から五月二日までの間の八日間、打当マタギと共に山を歩いたのである。

打当にはいった日の夜、鈴木松治さんを訪ねた。

「この間、四日ばがし山歩いでみだどもしゃ、まだ少し早いようだけども二、三日すればよかべ」

と松治さんはいい、今年の山は例年と違って難しいかもしれないという。というのは今年の山は日当たりの良い南側斜面の雪解けが早いのに対して、北側斜面の雪は一向に消えそうにないというのだ。もともと雪解けは北側斜面が遅いのだが、今年は特に遅い。雪は日光の熱でも解けるが、一番雪を解かすのは風であり、その風が今年は余り吹かない。

また、この春には別に気がかりなことがあったのだ。それはクマの動きの変化である。

「獣というものはすなっ。自分の姿を見られるのがおっかねぇんだな。春のクマも自分の姿見られるの嫌がって、枝の繁った自然林を好むすものな。真っ白い雪の中に黒い自分の姿をさらすのは目立つから嫌がるんすな。だからどうしても自然林のあるところを渡って行ぐな。

今、森吉山のスキー場作るために工事してるすものな。これでまた、自然林伐採されですまうために森吉山のクマの動きはかなり変わってくるべとオレは思ってるすな。これは、オレの予想だけども、これまで森吉山のクマは七合目辺りの自然林をぐるりと回るような格好で動いていたんだけども、この自然林は八幡平までつづいてるすものな。これが今度のスキー場できれば、前岳の西側の自然林が途切れる格好になるがらな、前岳の方さへは回らないでヒバクラ岳を越えるような形になるすべ」

後日知ったことだが、実際にクマは松治さんのいっていた通りスキー場には近づかず、大きく迂回する動きを見せたのである。

「今のクマは昔のクマとは動きが違ってきてるんだよな。人間も随分奥の山まで入ってるがらな。登山だの山菜採りだのな。それに毎日のようにハッパかけたり、チェーンソウだのブルドーザーなんかのやがましい音聞いてるがらな。少々の音たてても逃げなぐなったし、山の木はどんどん伐採されでしまってクマが落ち着いている場所がねぐなってるんだ。ながには胃潰瘍になるクマだっているんだがらな。これまでの経験にはねぇような動き方するんだ、今のクマはな。だがらクマの動きが読めねぇようになった」

ともかくこの日、僕のクマ狩りへの同行が決まった。でも、僕は内心不安でいっぱいであった。狩りに最後まで着いてゆけるだろうか。打当マタギについてゆけるだろうか。

春の山は恐ろしい。尾根に発達したマブ（雪庇《せっぴ》）のところどころが割れて、パックリと口をあけ、いつ雪崩となって落ちてくるか分からない。それにこの時期の雪はカタユキと呼ばれ、人が歩いても埋まらないほど表面が固く凍った雪なのである。春先は日中の太陽熱で雪面が溶けるが、朝夕の冷え込みは厳しく溶けた雪が再び凍る。カタユキはカンジキなしでも歩ける反面、急な斜面ではとても滑りやすい。

さらに阿仁ではサネユキと呼んでいるザラメ状の雪がある。サネユキもカタユキ同様に日中の照りと朝夕の冷え込みでできるが、凍り方がザラメ状でサクサクとしており、足が埋まって体力を消耗するのだ。

そうした雪の上にハデと呼ばれる春先の新雪が積もると、よけいに歩くのが疲れる。ましてカタユキの上にハデが積もった斜面は滑りやすい。

しかしこの雪があるから狩りができる。雪があることで視界がきく。木々はまだ葉を広げず、下草の茂みは雪の下に埋まっているからだ。白い斜面で獣が動けばすぐに分かる。さらに雪があることで普段だと通れない場所も容易に通ることができる。川や沢の上流部は両岸から雪が押して橋のようになったところができる。

僕は翌日から一人で山を歩いて体づくりをはじめた。三面で狩りに同行して雪渓で滑落した苦い経験から、少しずつ体を雪山に慣らしてゆくことを覚えたのだ。汗を流し、煙草の本数を減らして体の中の余分なものを絞り出し、これまで狩人たちに教えられてきた春山の歩き方を思い返しながら、山をウロウロ歩き回る。もう二度とケガはしたくない。

クマを追う日々

二十三日、クマ狩りがはじまった。

初日のこの日、朝七時半にシカリである松治さんの家に、八人のマタギたちが集合して打ち合わせをはじめた。

このとき僕ははじめて松治さんの狩り姿を見た。これまで度々訪ねる僕を優しく迎えてくれていた松治さんとはまるで別人のようであった。座敷でお茶を飲みながら話を聞くだけでは分からないものだ。やはり山は人を変えるのかもしれない。背中に犬の毛皮をつけ、腰にナガサ（マタギの猟用刀）を下げ、銃を持った松治さんは厳しさと威厳をひめており、うかつに話かけるのがはばかられるように思えた。僕の前にいるのは「頭撃ちの松」と呼ばれる熟練したシカリなのだ。

若いマタギたちは庭で雑談をしている。銃は普通の猟銃やライフルである。この日集まった八人のマタギのうち四人がライフルを持っていた。

松治さん宅の土間で松治さんと比立内マタギの松橋一美さん、戸鳥内マタギの佐藤章次郎さんらが相談し、中ノ又川上流の両様《りょうざま》森のクラ場（猟場）を巻くことに決まった。

打当のクマ狩りに比立内マタギの一美さんが加わるのは例年のことだ。クマ狩りは気の合った人と組むのが一番だからだ。一美さんは「独りマタギの一美」と呼ばれ、秋グマの時期はほとんど人と組まずに単独でマタギをする。銃の腕前はピカ一で、阿仁で一美さんの右に出る人はいない。一回の猟で三頭のクマを仕留めたことが何度もあるという。松治さんは一美さんを称して「クマが一美のとこさ行ったらハーもう帰りのしたぐするんだ。過去のマタギの中にも一美ほど銃の上手いマタギはいねがびょん」という。

「まづ、あべでぁ《行こう》」と、松治さんが腰をあげると、マ

猟場にはいる直前に最終の打合せをする。貫禄なのかシカリだけ腰をおろしている。

タギたちは数台の車に分乗して林道を奥へと向かった。谷沿いを走る林道横にはまだ一メートル余りの雪があり、山々は残雪に覆われていた。空は薄曇りで鉛色。車で走ること二〇分。目指すクラ場の両様森の真下に着いた。

眼前に聳え立つ両様森の姿を見て、僕は思わず溜め息をついた。一山全体が大きな岩の固まりのような山であった。そしてなんと山頂付近の針葉樹の繁るあたりは白雲が流れ、雪が舞ってさえいたのである。

車を下りると松治さんはすぐマタギたちを集め、それぞれの持ち場をきめた。

「マチッパは五人でよかべ。若え者三人はセコだ。それでよがびょ。セコでいぐ衆は気をつけでいげよ。おっかねぇところさへはいぐなよ。無理しねぇで危ねぇところさいったら遠回りしていげ。クマだば何時でも獲れるがらな。ほしたらいぐべし」

マタギたちはそれぞれの持ち場へ散っていった。

シカリはマタギの個性を考えることはもちろん、各人の過去の実績や力量、運やつきまで念頭において、当日の人数や猟場の地形と状態とをあわせて、前日の夜にはほぼ配置を決めておくのだという。

僕は初日ということもあって途中まで同行し、クラ場がよく見える対岸の斜面に回った。全体の動きを見ておきたかったのだ。

この日の狩りはクロマキのアゲマキ（ノボリマキともいう）という方法がとられた。

阿仁マタギのクマ狩りの方法は大きく二つに分けるこ

打当のシカリの鈴木松治氏。巻狩りの様子を見ながらマチッパやセコに動きを指示する。

とができる。一つは巻き狩りであり、一つは忍びとよばれるものだ。

巻き狩りは、セコがクマを追い出してマチッパに撃たせるもので、集団で行なう。最も一般的な方法である。

これに対して忍びというのは単独や少人数で行なうもので、クマの近くまで風下から忍んで狙い撃つ方法だが、これは春グマ狩りでは余り行なわれない。というのは春グマ狩りはあくまで特別許可によるもので、五人以上の集団で行なうように定められているからである。このため忍びによる猟は狩猟法に定められた猟期内、特に秋のクマ狩りに行なわれることが多い。もっとも、現在ではスコープのついたライフルを使用して一〇〇メートルから二〇〇メートル離れたところから撃つようになり、風向きなども関係がなくなったという。

さらに巻き狩りはデマキとクロマキとがある。クロマキというのは獲物の姿を確認せずに巻く方法である。これはそのクラ場が過去に多く獲れている場合、つまり毎年のようにクマが決まってその場所に来るというようなところで行なわれることが多い。しかし実際は、クラ場の周囲を歩いてトアト（足跡）を見て回わり、確かにク

●クマの巻き方図●

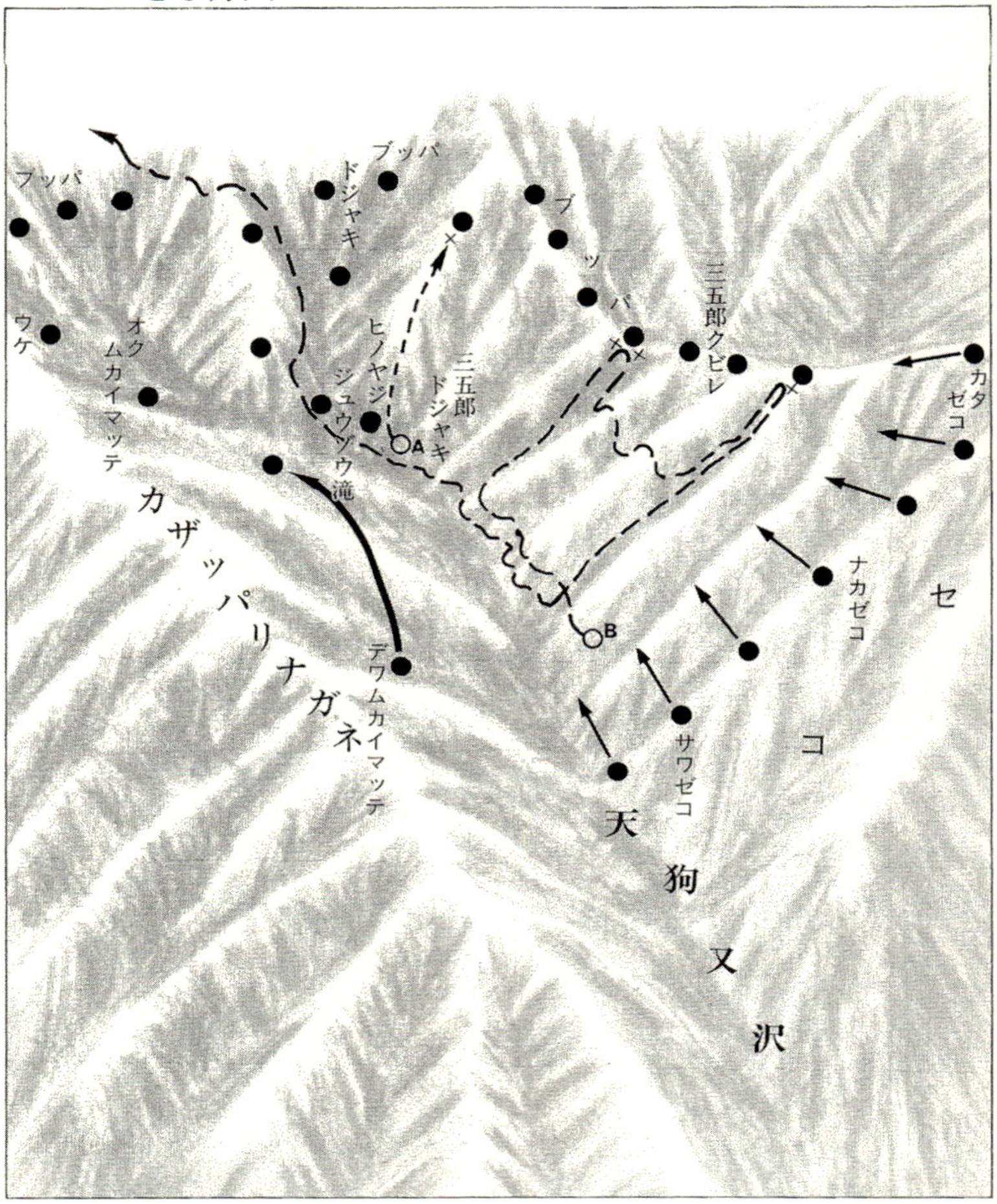

図は昭和60年４月に行なわれた、比立内の猟場「天狗又沢」でのノボリマキの様子をクマの動きとあわせて描いたものである。過去に何十頭というクマを仕留めている天狗又沢は絶好のクラ場で、大掛かりな巻き狩りが行なわれる。普通このクラを巻くには28人ものマタギが参加する。金池森から沢へ下りてくる尾根に７人のセコが付き、斜面を横に渡りながら、クマを上流側のブッパの方へ追い上げてゆく。18人のブッパはクマが逃げる要所要所に付く。ウケというのはクマが最終的に逃げて行くだろう所に待つ。デワムカイマッテはクマを追う対岸の斜面からクマの動きとセコの動きを見て、クマがブッパの所へ向かうようにセコに指示を出しながら上流へと移動して行く。オクムカイマッテはクマがセコに追われて逃げて行く方向をブッパに指示し、またセコにも指示する。このクラではデワムカイマッテからオクムカイマッテへのリレーがとても重要になる。
この時クラに入っていたクマは２頭。１頭（Ａ）は沢近くから姿を見せ、真っ直ぐにヒノヤジのブッパをかわして上にあがった所で１発で仕留められた。もう１頭（Ｂ）は金池森下の斜面から姿を現しいったん斜面を真っ直ぐに上ったのだが、２発撃たれて下へ逃げ、下流側の尾根を越えようとしたがここでも１発撃たれて、一気に沢へと下り、沢に沿って上流へ駆けてジュウゾウ滝のブッパを振り切った。いずれのクマもいったんは真っ直ぐ尾根の弛んだ所（ダルミ）を目指して登り、逃げようとした。このダルミがクマの道の一つのポイントなのである。

マがその猟場の中に入っていることを確認したうえで行なうのである。

また、前日の狩りで逃がしたクマが、何処のクラ場に逃げ込んだのか分かる場合には、トアトを確認しないで巻くこともある。これは過去の経験からクマの移動ルートを知っているからである。

デマキというのはクマの姿を確認して行なう巻き狩りである。

巻き方には、猟場の地形やクマのいる位置、マタギの数などによって三つあり、どの方法をとるかはシカリによって決定される。

最も一般的なのはアゲマキで、これはクマを尾根の上に追い上げてゆくものでノボリマキともいう。クマは追われると尾根に向かって逃げる性質があるので、一番クマの習性にかなった方法である。クマはいったん尾根に上がり、そこから斜面を下ったり尾根から尾根へと大きく移動する。また斜面を登るクマは足が遅く狙いやすくもある。

この他にサゲマキという方法がある。これは僕は実際に見たことがないので、どういう状況で行なわれるのか詳しくは分からない。ただクマを斜面から沢へ追い落としてゆく方法で、そのためオトシマキとも呼ばれる。

もう一つのクマを斜面に沿って横に追うヨコマキは、打当で実際に見ることができた。打当からそう遠くない黒様《くろさま》森のクラ場の一つに、このヨコマキで巻く場所がある。クラ場の中にクマも避けるような岩場があるため、セコは斜面に対して横に追い、クマが岩場を迂回して尾根へと回り込もうとするところにマチッパがつくというものであった。

松橋時幸さんは

「秋のクマ狩りの場合ですと、山の上の方は雪が積もっていることがありますからね、クマもなかなか上にあがらないんですよ。そうした場合には尾根の上から沢口の方に追いおろすわけです。またこういう場合はヨコマキもしますね。ヨコマキといってもですね、クマを斜面に対して横に追ってもね、最終的には尾根の上で待つことになりますからアゲマキのような格好になるんです。秋の場合はやっぱり雪の関係でサゲマキやヨコマキをやることがままあるんです」と教えてくれた。

クマも人間と同じように自分の歩きやすい場所を選ぶ。マタギたちはクマの歩く道を事前によみ、雪庇やその場の地形を利用して獲るのである。

さて、両様森のクラ場に散っていったマタギたちがそれぞれの持ち場に到着したのは一時間半後であった。両様森の頂上付近の針葉樹の影や柴の中にマチッパが隠れ、沢沿いに散っていったセコたちの声が響き始めた。僕の立つ対岸の斜面からは一人のマチッパが見えるだけで他のマタギの姿は見えない。双眼鏡で山をつぶさに見てもマチッパは動かないのでなかなか分からないのである。セコのホーィホイという声が両様森の谷にこだまし、緊張感がたかまる。

やがて沢の雪渓を渡ってゆく一人のセコが一瞬見えた。セコの横は切りたった一枚岩がのしかかるように聳え、セコはアリのように小さかった。見ているだけで背筋が寒くなる。レンガ色に染まった柴の中から何時クマが飛び出してくるか分からない。獲れるだろうか。クマは出てくるだろうか。まんじりともせず僕は両様森のクラ場を見つめ続けた。

結局、このクマ狩りの初日は午前中に両様森を巻き、午後もう一つのクラ場を巻いたがクマの姿さえ見ることはできなかった。

初日に空振りで意気ごみを外された僕をさとすような口調で松治さんはいう。

「クマっていうのはすなっ。穴から一番早く出るのは若いクマなのしゃ。一にウゲづき（前年に産まれたオスを連れているクマ）、二に二セ三ぜ、三にナミモノ、四にオオモノっていってな、一番最後に出てくるのがワカゴ持ち（その年の冬に産まれた二頭の子を連れたクマ）のクマなのしゃ。ワカゴ持ちが出てくるころはハーもう山は繋って青くなってるがらな。だがら山歩けばな最初に見るクマの足跡っていうのは大体小さい二、三歳のやつなんだ。クマは穴がら出ればこんだ体を動かしてまぁウォーミングアップするんだな。それがら餌を求めて山動くわけなのしゃ。それが餌のある場所っていったって限られた場所だがら、同じクラに何頭も入ってるごどあるんだ。マダギはじめて一つのクラさ一〇頭も入ってだごどあるものな。クマの足跡というのはすな、まず一頭一頭違うもんだがらな、足跡みれば昨日のクマと同じかどうかっていう識別できるがらな。年取ったクマの足だばかならず手首の外側にコブができてるもんだがらな、コブがあればまず若いクマではねぇのしゃ。それに足跡も歩いたすぐ後に見つければ大きさははっきりするんだ。足跡が雪にどんくれぇ沈んでるかでおおよその体重わかるすべ。それに前足と後ろ足の間隔でおおよその体長もわがる。ところが時間経つど雪が溶けで足跡は実際よりも大きくなるがらな。足跡の回りの雪が解けるがらな全体が丸ぐなるんだ。それでクマが歩いでがらどのくれぇ時間たったか解け具合で判断できるすべ。これは本当に経験で何頭もの足跡見て分かるようになるのしゃ」

僕が今回のクマ狩りではじめてクマの足跡を見たのは、濃い霧に巻かれた三日目、二十五日のことであった。足跡があったのは打当の村からかなり離れた大森と呼ばれる山の山頂にほど近い尾根であった。握り拳大の小さな足跡が斜面を駆け上がり、尾根が緩やかに下がったところを越えていた。

「クマってのはこういう尾根のダルミを越えていくもんなんだよ。クマにも歩く場所があって、まぁクマの歩く道路っていうのがあるんだよ」

クマが歩く道はおおよそ一〇メートルから二〇メートルぐらいの幅で山をまるで帯のように走っているという。クマの通り道はきまって尾根のダルミ（尾根の窪んだところで、弛んだところという意味）を越えているものので、そういう場所にマチッパが立つのだと教えてくれた。マチッパがこうした条件の場所に立てば、普通のクマならマチッパを中心に直径一〇メートルぐらいの円を描いた範囲内に入ってくる。またどんなに変わったクマでも五〇メートル以内には必ず入ってくるのだともいう。

クマが採食する場所はまちまちであっても、クラ場か

●打当におけるクマ狩りの領域●

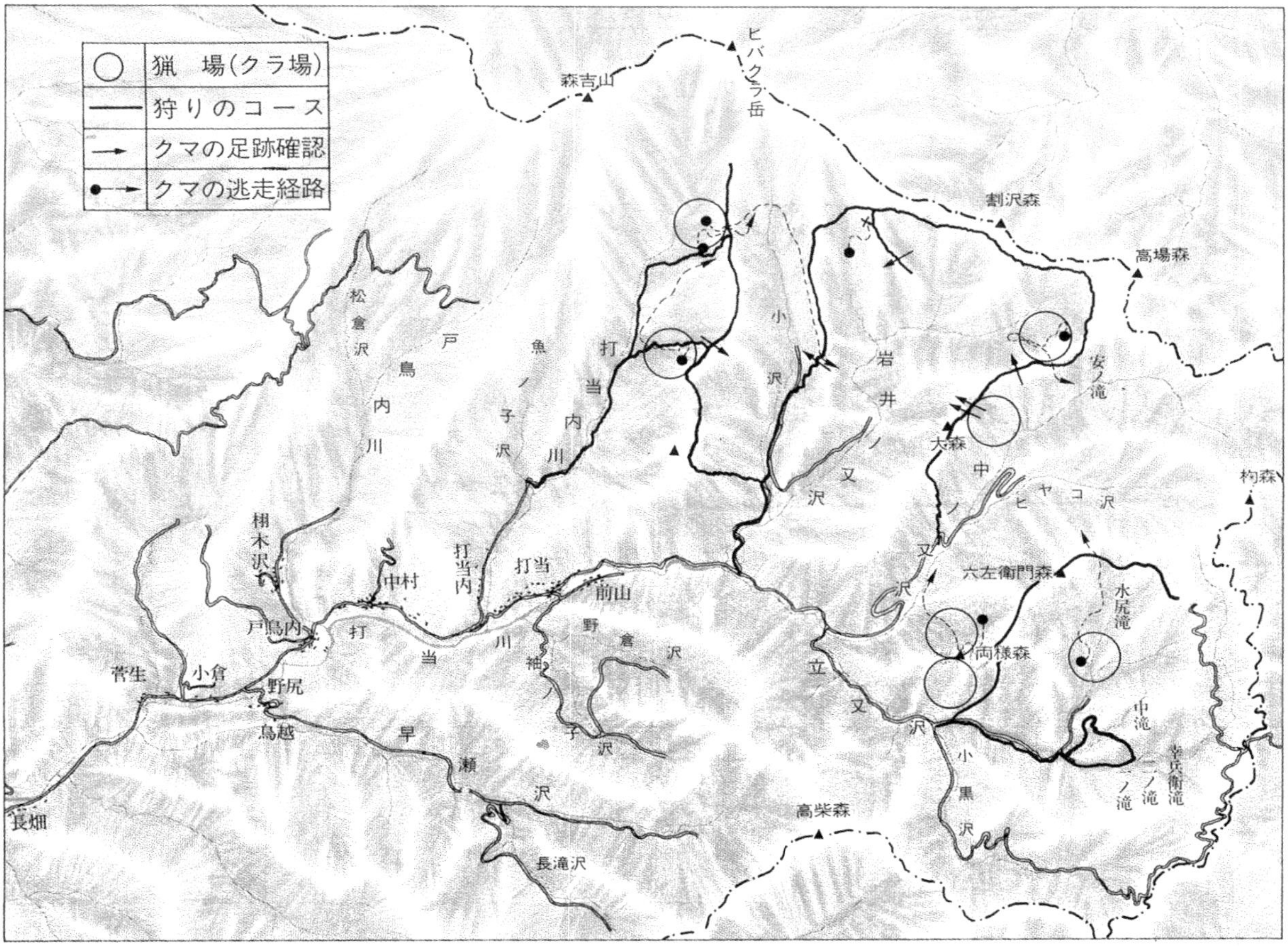

図は今年4月打当マタギのクマ狩りに同行したコースを描いたものである。現在の領域は保護区や特別保護区、休猟区などの関係でいちじるしく狭くなっている。クマ狩りで歩くコースはほとんど尾根道を利用しているが、クラ場の地形などから沢沿いを歩くこともある。また、図中に記されたクマの逃走コースから、クマの歩く道をおおよそ摑むことが出来る。クマは急な岩場や雪庇がせりだしているようなところを避け、歩きやすい斜面と尾根が下がって越えやすい場所を選んでいる。さらにクマは人間に追われた場合には、たとえいったん沢に下りて逃げても執拗なまでに尾根に上がっていることが分かる。

ら追われれば、必ずクマの道に戻ってその道に沿って逃げる。一頭一頭はそれぞれに個性があるが、この道だけはどんなクマでも例外なく歩くのだという。

「クマも人間と同じで短気なやつもいるし、呑気でどっか変わったのもいるわけだけどもしゃ。最終的に歩く場所はきまってるのしゃ。その場所がそのクラ場によって何カ所かあるわけだ。そこさマチッパ配るんだ。クマ獲りっていうのはしゃ。何十人で巻いても最終的に撃つのは一人だがらな。だがらマチッパに立つ人は自分の所に何処からクマがきてもいいいように、いい場所みつけで待たねばねぇのしゃ。そしてじっと動かねぇで度胸きめて待つわけだ。一時間でも二時間でもじっとして待つんだ。動けばクマはサッと逃げでしまうがらな」

と松治さんは語る。

一方マチッパにクマを追い上げてゆくセコは、

「セコだば誰でも勤まるもん

でねぇ。セコは難しいのしゃ。セコばきちんと勤める人はマチッパも上手くやれる。セコばやってればクマ追っかけているうちにクマの歩ぐ道を覚える。クマというのが何処にいてどういうところば歩いで逃げるが自然に学べる。それにセコだばマチッパの二倍歩かねばなんねぇ。だがら足も強ぐなる。どんな難所でもどこをどうして越えればいいが自然に山がら教わる。山を本当に知らねばセコばできねぇ。

いいセコだば自分の撃たせたいマチッパのどごさクマぼってやれなければいげねぇ。それがセコの仕事なのしゃ」

と古老の一人は教えてくれた。

翌二十六日、クマを目前にした。その日は、僕もマチッパと同行して両様森の山頂に立った。山頂にほど近い斜面まで登ってきたとき、同行したマタギが口笛をヒューと鳴らして斜面を指し示す。見るとクマの足跡がクラ場の中へと点々と伸びていた。マタギは無言のままニコッと笑い「今日は獲るぞっ」という格好をした。僕も無言のままうなずき微笑み返す。今日は獲れるかもしれないという期待と緊張で、顔の皮が幾分固くなる。やはりその足跡も握り拳大の若いクマのものであった。

僕が従ったマチッパの鈴木進さんは、

「どんなこどあってもオラがいいっていうまで動がねぇようにしてくれや」

と言い、持ち場に着いてライフルの薬室に弾をゆっくりつめた。

僕は進さんの後方一〇メートルばかりのブナの木の根方で、カメラに望遠レンズを付けて待った。

セコの追い上げる声が響きはじめると、進さんはピタリと体の動きを止めた。

セコの声がしだいに上に登ってくる。四〇分ほど過ぎたとき、僕の横でカサッという木の葉の跳ねる音がした。ゆっくりブナの木に体を持たせかけながら横をのぞく。するとわずか五、六メートル先の柴と雪の間に黒々とした丸い固まりがあった。気配を察した進さんが振り向きざまにライフルを構えた。するとその黒い固まりはガサッという音と共に踵を返して、柴の中に消えた。ほんの一瞬の出来事であったが、踵を返す瞬間、キラッと光る目を見た。てっきりセコが追い上げてくる斜面から現れるものとばかり思っていた。まさかクマが後ろから、しかもこんなに近くに来るなど想像もしていなかった。なんということだ。

結局この日は三頭のクマを逃がした。連日猟がないため、さすがの松治さんも幾分困惑しているようであった。

「こんなに獲れねぇというのもオラの経験にはねぇすな。クマというのは山神様からの授かり物だがらな。まだ精進がたりねぇんだべしゃ。クマ獲りもそういつもいいごどばかりではおもしろぐねぇのしゃ。こうして何度も逃がしてな、クマがらまた一つ教わって、山さ何度も通ってやっと獲れるがらおもしれぇし、獲物授かればありがてぇのしゃ。マダギというのはしゃ。獲物を獲ったどぎの話はおもしろいし自慢できるがらいいがも知れねぇどもや。逃がしたどぎのこどもきちんと反省して学ばねばねぇのしゃ。獲ったどぎのこどばがりを覚えで

比立内、白子森の猟場。右・鳥坂沢、左・大深沢。この二つの沢をかつてはブッパ20人、セコ9～10人という多人数で一気に巻いたという。

な、逃がしたどぎのこどを忘れるようではマタギになれねぇのしゃ」

マタギたちは猟を終えて村へ帰る途中、岩井《いわい》ノ又《また》川にある熊神社に参った。お神酒をあげ灯明を灯し、猟の無事と獲物が授かるように祈った。

この日から毎日のようにクマの姿を見るようになった。日一日とクマに近づいていくという感じであった。

そしてついに獲物を授かったのである。

山神様の授かり物

五月一日。クマが獲れた。

「勝負！　勝負！」阿仁のマタギはクマを仕留めると勝負声を上げる。この勝負声がクマを仕留めたという合図なのだ。

しかし僕はこの勝負声を聞くことは出来なかった。

一七人というこれまでにない多くのマタギが参加した五月一日は、本隊の一二名と別動隊五名とに分かれて、打当の村から最も遠い岩井ノ又川の奥のクラ場に入った。僕は本隊に同行し、クマを仕留めたのは別動隊の方であった。

本隊が巻いたクラ場にも一頭のクマが入っていたのだが、僕のいた斜面の対岸を渡り、艶のある毛を波打たせながら尾根を越えて逃げてしまった。別動隊からトランシーバーで連絡が入ったのは、そのしばらく後のことだった。本隊のマタギたちは歓喜し、松治さんも、

「まず、いがった」

と久し振りに笑顔を見せた。

クマを村に下ろすための応援として、別動隊に合流することになった三人と共に、僕は尾根を大きく迂回してクマが獲れた場所へと向かった。
ブナの大木の横に倒れていたのはオスグマで、立ち上がればかなり大きいに違いない。
発見したときは二人で追いはじめたのだが、クマの足にはとても追いつけず、一人がクマの先回りをしてやっと追いつき、五〇メートル離れたところから撃ったという。このマタギが使った銃は普通の猟銃であった。いかにクマが大きいとはいえ、相手は走っているのであり、追いかけてきたマタギも息が上がっていたに違いない。

ところが弾は胸部に一発、頭部に一発当たっていた。

「このクマっこはかなり歳いってるべ。一〇歳過ぎてるべしゃ」

のぞきこむとクマの歯は黄ばみ、前歯が二本折れており、虫歯も二本あった。

「ここ、ここ見てみればいい」と、持ち上げて見せてくれたのは、クマの掌についた苔状のものであった。

「クマはよ、冬の間飲まず食わずでこの掌をペロペロやって飢えをしのいでるんだ。だけども穴から出て春の雪の上歩けばよ、これとれてしまうんだ。だからこれついでるってことは穴から出て間もねぇってことだ」

仕留めたクマを柴ゾリに乗せて村へ運ぶ。

打当ではよほど獲物が大きかったり、村から遠い場合でない限り、クマを丸のまま山から下ろす。

村から一〇キロも離れた岩井ノ又の最上流部から下ろすのは大変な作業であった。クマの首と手足に細引きロープを結び、雪の上を曳いて行くのである。平坦なところなら楽だろうが、沢を越え、雪庇を曳きずり上げ、雪の消えかけた尾根を延々と曳いた。途中休み休みしながらやっと林道の上までくると、雪に埋まった植林地の斜面を一気に林道まで滑り落とした。そのまま林道を曳きずっていくと毛皮が傷むために、シバを何本も束ねたシバゾリを作り、その上にクマを乗せて行くのだ。小物ならば丸太に吊るして村まで運ぶのだという。

山神様に感謝をこめて

松治さん宅の前庭の残雪の上で、ケボカイ（ケボケともいい解体のこと）がはじまったのは、日が落ちてからであった。クマを見に集まってきた村人たちは、

「いやーいいクマっこだ。やっと授かったナー、よがったナー」

と、マタギたちに労いの言葉をかける。集まってきた子供たちがマタギたちを見つめるまなざしは熱かった。

ケボカイはまずクマの皮を剥ぐことから始まった。これを阿仁では「皮ダチ」という。

松治さんはコヨリ（マキリともいう小刀）でクマの下顎から性器までを一気に裂き、次に四肢を手足首から胸部と性器へ向けて裂いた。皮ダチいかんでクマの毛皮の大きさが決まってしまうのだから、手慣れたマタギでなければ難しい作業だ。

次いで他のマタギたちも加わり二〇分ほどで全体を剥いでしまった。ナガサを使う人もいたが、そのあまりの刃捌《さば》きの上手さに驚いてしまう。皮の下は真っ白な脂肪だが、この脂肪を皮にあまりつけないで、なおかつ皮に傷をつけないように剥がなければならない。

皮を剥ぐとケボカイの儀式となった。まずクマを北向きに仰向けに寝かせた。そして松治さんが剥いだ毛皮を頭と足を逆さにして持って唱え言をした。

この唱え言について松治さんは、

「これからも沢山獲物を授けてくださいということだな」

というだけで、何を唱えているのか教えてはくれなかった。

唱え言は、山でクマを獲ったとき以外口に出してはならないものなのだ。これは、僕の解釈なのだが、マタギは山の物は全て山神様のものだと考えてきた。その山神様のものである獣を獲り、命を奪うためには、どうしてもあるプロセスを経なければならない。それがマタギの法と呼ばれる掟を守ることであり、日常語とは異なった山言葉を用いることで、一つの行をするのである。その行をしてはじめて山神様から獲物を授かることができるのだ。授かった獲物の魂は成仏させなくてはならない。命ある獣の祟りが人間に及ばないように願い、魂を山神様のもとへ帰すための術、これが唱え言なのだ。唱え言にはまた山神様への感謝と、これからも獲物を授かるようにというマタギの願いが込められてもいる。この術は

ケボカイの儀式。クマの魂が山神様のもとへ帰ることをマタギたちは祈る。

今日でも人に教えたりするものではないといわれ、唱えるときにも、人に聞こえるか聞こえないか分からないくらいの声で、自分の胸の中で思うくらいの気持ちで行なうのである。このケボカイの術を知っているのがシカリなのだ。

　術はシカリが次のシカリへ、師匠が弟子の中でこの人と思う人にだけ伝授するのである。そのために誰から伝授されたかによって方法が違ってくるのである。

　またこのことについて松橋茂治さんは、

「昔寺の和尚さんがら獣獲ったときは呪文を唱えろといわれたすものな。それでクマとアオ（カモシカ）獲ったときにはすなっ『南無財宝無量寿岳仏』というのを七回、『光明真言』を三回唱えてそれがら最後に『コレヨリノチノ世ニ生マレテ良イ音ヲキケ』と唱えたすな。この唱えというのはなにも獣獲ったときに限らねぇですよ。山さいって危険なところに入るとおっかねぇっていうときは、沢口なんかでまず十字を切って『アブラウンケンソワカ』と唱えて入ったすものなっ。この呪文唱えれば魔物がこれねぇんすな。他にも沢山呪文というものはあったですよ」

という。

　唱え言が終わると解体作業は一気に進んだ。

　まず、胴体から首、そして四肢を切り離し、いよいよ胆《い》を取り出す。胴体の胸部から腹部を真っ直ぐ縦に裂き、内臓を取り出すとその中に胆があった。胆は肝臓の下についており、やや緑がかった茶色をしていた。これをコヨリで切り取り、口をナイロンの糸で固く縛った。今回の胆は相当大きな方であった。

「昔だばな、胆の口は麻糸で縛ったもんだ。今はナイロン糸つかってるけどな。胆を乾燥させるのは薪ストーブのところさ下げておくのしゃ。昔だば囲炉裏だったけどもな。まず干しあげるのに二十日以上かかるもんだ。生の胆で三〇匁（約一一〇グラム）あったものでも干し上がればいいとこ八匁ぐらいだびょ。生で一〇ある品物が三まで下がるもんなんだ。大きい物で仕上がり一七、八匁、普通の品物だば七、八匁っていうところだべしゃ。今のクマの胆の相場っていうのは、一匁あたり五万ぐらいだべ。二〇匁なんていう胆だば一〇〇万円にもなるすべ」

と、松治さんはいう。また毛皮は、現在七尺のクマで鞣《なめし》料まで含めて二〇万円は下らない。それも地元の値段で、他所へ出れば三〇万から四〇万円にはなるだろう。

クマ肉の分配。「マタギ勘定」といって、不満が出ないように平等に分ける。

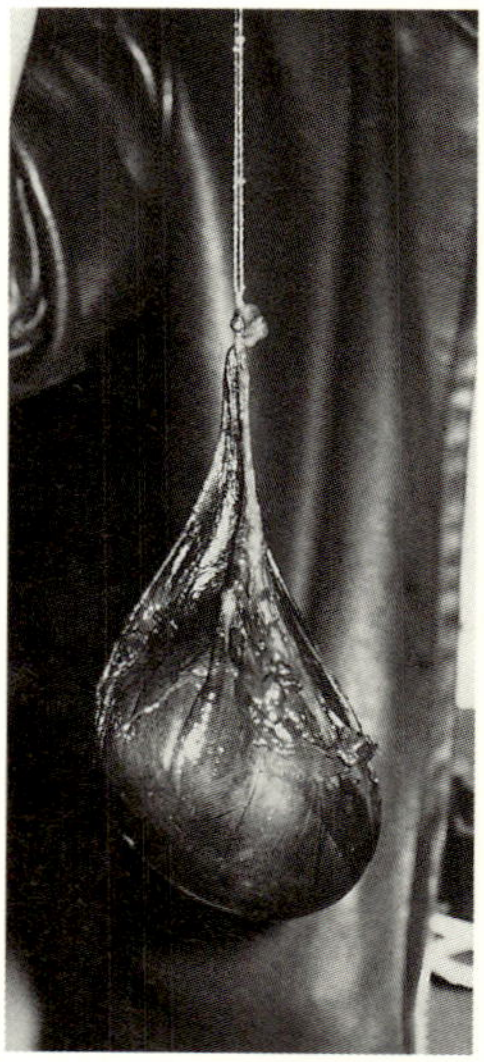

取出したばかりの熊の胆

かつては一年に三頭も獲れば、他に何もしなくても生活できたというほどにクマは良い収入源であった。現在でも胆が大きく毛皮も良ければ五、六〇万にはなる。しかし実際は一頭のクマを何人ものマタギで獲るのであるから、一人当たりの配当は少なくなる。

クマは胆や毛皮の他に骨、肉、内臓と捨てるところはない。

胆が取り出された後は骨から肉を離す。マタギたちはどんな小さな肉片も無駄にせず、きれいにとっていった。

マタギの配分は「マタギ勘定」と呼ばれる独特の分配法で行なわれる。肉はナガセ（背肉と背骨）、アバラ（アバラ肉）、エダニク（手足の肉）、ヨロウ（股の肉）、シコズキ（腰の肉）などがあり、これらの肉それぞれの重さと内臓の重さを合計し、その中から祭り用に保存しておくものや、この日に皆で食べる肉を差し引いて参加した人数分で割る。その際、各人にそれぞれの部分の肉がゆき渡るように分配するのだ。人数分の山に積まれて番号がふられた肉を打当川上流の家から順番に取っていく。他所者の僕にも肉が分配されたのには驚きであった。

毛皮や背骨以外の骨・舌・心臓と性器・肺は、猟に参加したマタギたちの入札によってセリ落とされ、入札で

猟を終えて村に帰る途中、庚申様の前で、この日の反省とつぎの猟の打合せをする。

得た金額と後日売買される胆の売値を足し、その中から弾代などの必要経費を差し引いて、参加者に平等に分けられる。なんとも細かい計算を繰り返して分配されるのである。マタギはどうしても個人の自由が束縛される。だが、それは常に皆等しくあらねばならないという考え方が基本にあるからなのだ。

ちなみに、この日の入札価格は毛皮（頭骨付）＝六万円、骨＝五五〇〇円、舌＝一五〇〇円、性器と心臓＝三五〇〇円、肺＝五〇〇〇円であった。

分配をしている間に庭の隅で、「モチグシ（持ち串）」が焼かれた。モチグシというのは山神様に猟を感謝して供えるもので、トリキシバ（カンジキシバともいいクロモジのこと）で作った串にクロキモ（肝臓）とサンベ（心臓）そして左首の肉を刺して焼くものだ。

最初に獲れたクマの場合は、それぞれの肉を三切れずつ切って三本の串に一切れずつ刺して火に炙って焼く。このとき串を持った手を持ち替えないで焼くのである。二頭目になると、倍の六切れになり串も六本、三頭目はまた倍の一二切れで一二本の串になる。そして四頭目になれば、また元の三切れと三本の串に戻る。十二というのは山神様の数だから超えてはならないといわれているのだ。

このモチグシを山神様に供えるときにも、かつてはシカリが唱え言をしたというが今はしない。武藤鉄城氏によれば、根子の例として「一二持串一二戻して、アド一二本タタかせ給えや　アブランケン、ソワカ」と唱えたとある。

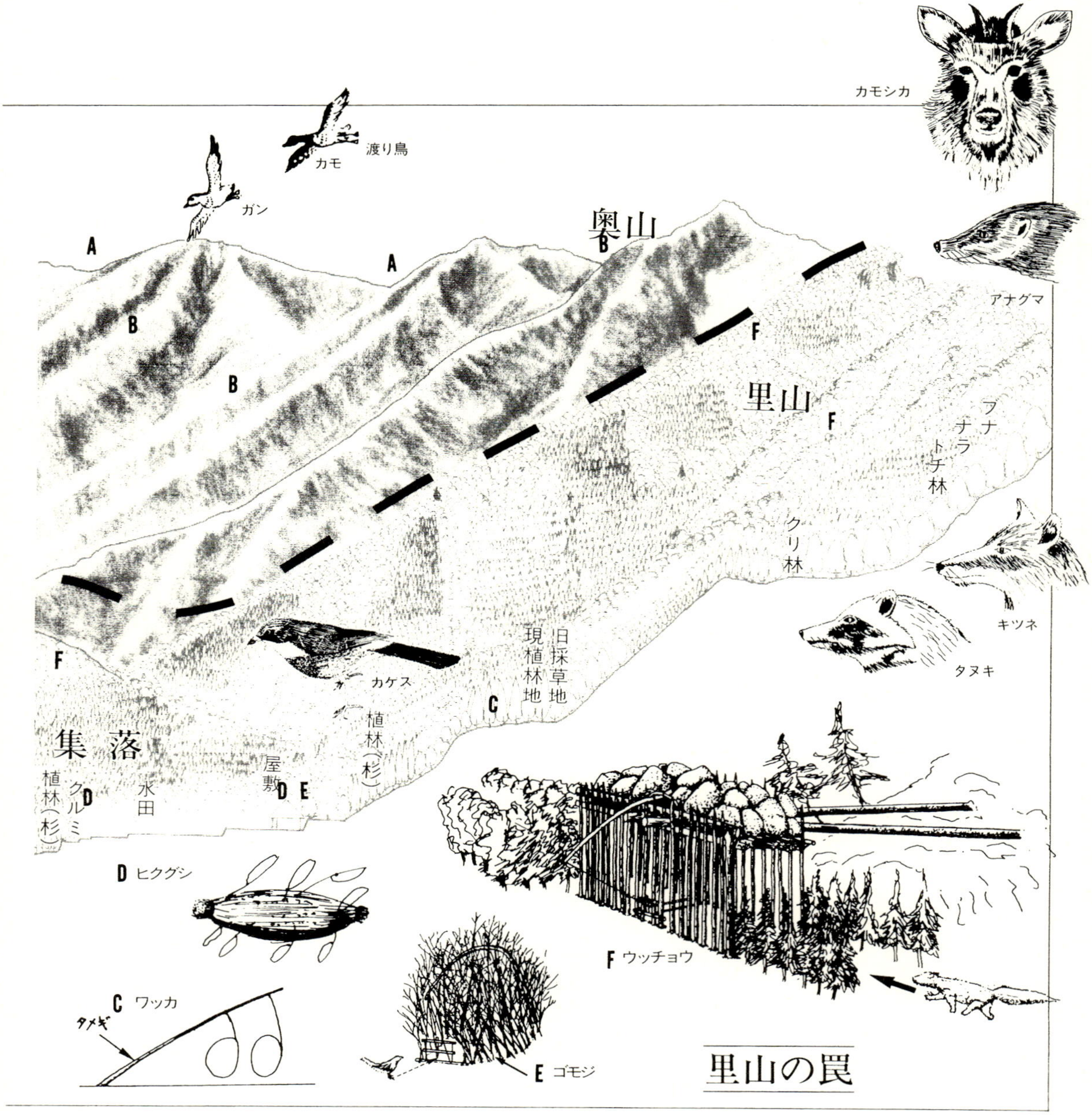

ゴモジは柴のバネを利用した鳥用の罠で主に耕地内に掛けられていた。こうした鳥獣から耕地を守る罠猟はディフェンシブ・ハンティング（防御的狩猟）と考えることができる。

これに対して奥山に仕掛けられた代表的な罠にヒラオトシがある。ヒラオトシというのは獣道に仕掛けられる吊り天井式の罠で、獣がこの構造物の中に入ると天井が落ちて圧殺される仕組みになっていた。このヒラオトシはクマヒラというクマ用のものとアオビラというカモシカ用のものの２つに分けられる。いずれも構造は同じであるが、前者は大きいものになると２間四方もあり、後者は大きくても１間四方のものであった。いずれのヒラも肉や毛皮を目的として行なわれた罠猟で、オフェンシブ・ハンティング（攻撃的狩猟）と考えることができる。

さらにディフェンシブな面とオフェンシブな面の双方を兼ねていたものにウッチョウがある。ウッチョウという罠はウサギやイタチ、タヌキ、テン、アナグマ、キツネなどを狙うもので、耕地の周辺から奥山に至る間に掛けられていた。ウッチョウもヒラオトシと同様に獣道に掛けられた吊り天井式の罠で約３尺から５尺四方のもので、耕地に侵入する獣を事前に駆除し、かつ毛皮や肉などの利用価値の高い獣を獲るという性格をもっていた。

こうしたさまざまな性格をもつ罠を村の周囲に配置することで、周囲から押し寄せてくる自然の圧力に対抗し、村の領域を保ち続けることが出来たのである。

●罠猟と集落●

図は阿仁の集落をモデルに描いた罠猟と集落の関係の概略である。村人には村から歩いて1時間ぐらいの山を里山、それ以上遠くなると奥山という感覚があるという。この里山と奥山という感覚は罠猟にも反映されており、罠は集落から遠ざかるほど大掛かりなものになる傾向がある。これは里山に生息する獣が小型獣(ウサギ，タヌキ，イタチなど)を主体としているのに対して、奥山に生息する獣が大型獣(ツキノワグマ，カモシカなど)が主体になることに関係している。また、罠には焼畑地や畑、水田などを獣から守るために耕地周辺に掛けるものと、積極的に獲ることを目的に奥山に掛けられるものとがある。

焼畑をしていた時代、ウサギやカモシカは畑の豆類を荒らす常習犯であったし、鳥類ではカケスやカラス、ヤマバト、スズメ、シジュウカラなどもそうであった。そのため耕地の周辺や内部にはそれを捕える罠が幾種類も仕掛けられていた。ワッカやハサミ(トラバサミ)など獣用の罠は、焼畑地の周囲に垣根をめぐらし、ところどころを空けておき、獣が進入してくるところに仕掛けていた。ヒクグシという鳥用の罠は、藁づとの中にトウモロコシなどの穀物を入れておき、回りに馬の尻尾の毛で作ったワッカを幾つもつけておき、これを耕地や家の軒下などに吊るしておいた。

三章　国境を越えた狩人たち

秋山や三面との関係

　ところで、僕が阿仁《あに》に来た目的の一つであった三面《みおもて》と根子《ねっこ》との関係、そして秋山郷に入った二人のマタギのことについてだ。阿仁に通いはじめた当初から、秋山郷については松治さんや比立内《ひたちない》の茂治さん時幸さん親子にいろいろ訊ねてはみたが、よく分からない。そこで大阿仁地区の村々の菩提寺、比立内の五穀山耕田寺《ごこくさんこうでんじ》を訪ね、住職の佐々木賢龍さんと何度か過去帳を調べてみたのだが、未だに確証を得るに至っていない。ただ秋山郷の大赤沢（新潟県中魚沼郡津南町《つなん》）に残る「山立《やまだち》根本之巻」という巻物については、阿仁の長畑から出たものであることはほぼ間違いないことが分かった。この巻物の最後には「雨後北秋田郡阿仁長畑村　上杉松之助」と記してあるのだが、実際に長畑集落には上杉家の総本家があったのである。しかし、分かるのはそこまででしかなく、詳しいことはこれからの作業になる。

　三面が語られる伝承については、

「三面のごどはしゃ、ワラシの頃がら知ってるのしゃ。三面とこごの根子を開拓したのは同じ一族なんだって先輩方から聞いてたものしゃ。もう何百年も昔の話だものしゃ、三面の人方に話が伝わってるがどうが分からねぇどもしゃ。昔、平家と源氏が壇の浦で戦して、平家の一族は散りじりになったのしゃ。そして信州の飯田さ逃れて来て、そごがら一つは越後三面さ入り、もう一つはしゃ、下野の日光さ入った。そしてもう一つがこごの根子さ来たのしゃ。

　こごに来たのは一八人の落人であったと聞いてるのしゃ。お互い山の中さ潜んでマタギして暮らしてきたんだものしゃ。オラ一度でいいがら三面って村を見てみてぇと思ってるのしゃ」

と、根子マタギの古老村田佐吉さん（明治三十五年生）は語ってくれた。

　確かに三面にも草分けといわれる小池家が平家の落人であるという伝説があるが、根子の草分けとされている佐藤家とは姓が異なっている。いずれにしても、今から八〇〇年も昔のことであり、定かではない。ただ、僕がはじめて根子の景観を見たとき、まるで擂り鉢の底のようなところにある村が余りにも三面と似ていたので、マタギというものは似たような地形のところに村を開くものだなと思った。

旅マタギ

　三面や秋山郷の話をきっかけとして諸国との関係を聞いてゆくと、かつての旅マタギについて話が及ぶことが多かった。

●旧大阿仁村の猟場●

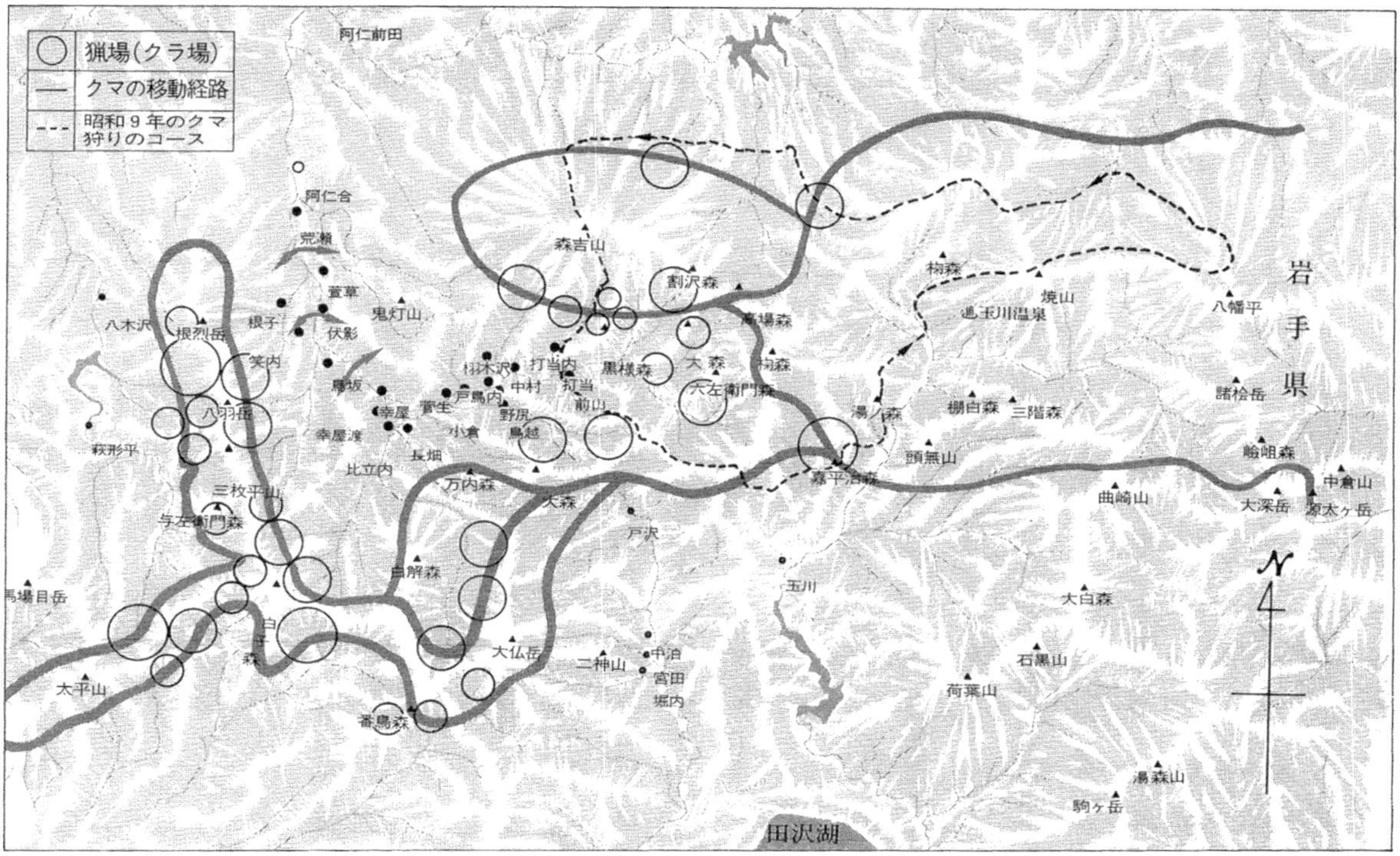

図は昭和20年頃の根子、比立内、打当の猟場とクマの移動経路を示したものである。森吉山周辺のクラ場が6，7合目付近に集中しており、ちょうどクマの移動経路と重なっていることが分かる。これは森吉山から八幡平に至る間のブナ林が海抜800メートル以上は伐採が禁じられてきたことと大きく係わっているようだ。クマはこのブナ林を餌を求めて移動しているのである。また、比立内や根子の山から森吉山へ阿仁川を渡って移動したり、逆に森吉山から対岸へ渡るクマもあり、クマがかなり広い範囲を移動していることが分かる。

打当の鈴木松治さんが昭和9年の春に10日間クマ狩りに歩いたコースは八幡平まで及んでいるが、八幡平方面にはいずれの集落からも猟に出ていたので打当の猟場と断定は出来ない。当時猟場が最も広かったのは比立内、次いで打当、根子の順であり、猟場の狭い所ほど外へ出る傾向が強かったようである。

旅マタギというのは、諸国を旅しながら猟をすることで、いわば出稼ぎ猟のことである。かつての阿仁マタギは、北は北海道・カラフトから、南は中部山岳地帯・奈良県吉野熊野山中にまで、旅マタギに出ていたといわれている。

「旅マタギというと、よく出てたのは根子とか打当ですね。比立内の場合には根子のように遠方まで旅マタギして歩いたというのは少ないですよ。確かに比立内は昔からマタギの数は多かったですけども、地元での猟が主ですね。行っても白神《しらかみ》山地ですとか、八幡平、同じ秋田の鳥海山あたりまでで、そう遠いところまでは出なかったですよ」

と比立内の松橋時幸さんは何気なくいう。阿仁マタギにとっては白神や鳥海は地元の山よりちょっと遠いという感覚なのだ。しかし白神は阿仁から直線距離で三〇キロ、鳥海は八〇キロも離れており、狩りをするとなれば少なくとも一週間から一〇日の行程になるはずである。平野部に生活する者にとってこうした感覚は理解できるものではない。現在でも猟に出れば一日に三〇キロから四〇キロはあたりまえに歩く。しかも平地ではなく山をだ。かつて阿仁マタギは、山を歩くことに人一倍長けていたマタギを山達様《やまだちさま》といったが、このマタギたちは一日六〇キロから八〇キロ歩いたといわれている。

僕は三面に通っていた頃からこだわっていたことがある。それは故宮本常一先生が著作『山の道』（昭和四十九年　八坂書房刊）で三面について、「一つの村が狩猟を中心に生活していくにはどれほどの領域を必要とするか、ということを教えられる典型的な山村である」と書かれている。当時の僕はどうして三面が典型的な山村なのか、どうしてそんなことが言えるのか、それが知りたくて、狩猟をする村を訪ねるたびに、狩人たちが地元の山をどれほど動いているのかを見ていくことにし、話を聞くときには地図を広げてかつての猟場や小屋場、狩りの道などを書き込み、実際にその猟場を見て歩くという作業を続けてきたのだが、阿仁の場合この作業からあることが見えてきた。

それはマタギの数に比べてあまりにも猟場が狭いということだ。

旧大阿仁村の総面積は約三万ヘクタールである。比較するには時代の差が激しいけれども、そこに寛政十二年（一八〇〇）に三八六戸、昭和四年（一九二九）では四四七戸もの家があった。また、昭和初期に打当が二三戸のころに、マタギは戸数と同じくらいいたと聞いた。中には一家に三人ものマタギがいた例もあるのだ。そして阿仁全体では一〇〇人近くものマタギがいたのである。

これに対して三面の総面積も同じく約三万ヘクタールであるのに、戸数は昭和五年で三一戸であった。当時の三面の山人（マタギ）は二十数名。また秋山郷の信濃秋山の総面積も阿仁や三面と同じ位であり、昭和五年では二〇〇戸あまりで、猟師は三〇名ぐらいであった。これはごく単純な比較であるが、同じ三万ヘクタールの山地にあって、阿仁の戸数とマタギの数が桁はずれに多かったことが分かる。確かに阿仁の場合は谷も広く、三面や秋山郷に比べて耕地も広い。また戸数の多さは阿仁鉱山の繁栄とも深い関係があるだろう。三つの地域を比較する場合、その山の野生動物の生息率や森林の状態なども関係するにしても、阿仁の戸数とマタギの多さは異常とさえ思えるのだ。また、同じ阿仁の中でも比立内の猟場が比較的広いのに対して根子や打当は狭い。この猟場の広さが旅マタギに出ることの多少に反映されているのではないか。

これは三面のように地元の山だけで行なう狩猟、採集を中心に生活を組み立ててきた村を基準にした場合である。この見方でいえば阿仁は、狩猟を中心に生活していくにはあまりにその領域が狭いために、外に獲物を求めなければならなかったということになる。

いずれにしても、大正時代にはすでに阿仁の山からカモシカやサルの姿は見られなくなっていたのだ。獲り尽くしてしまったのである。

「オラたちの時代のマタギというのは競争であったたすものな。それで生活していぐんだものしゃ。同じマタギ仲間同士でも競争でやったのしゃ。マタギ同士も競争だし部落同士も競争であったたすものな。だがら昔のマタギ

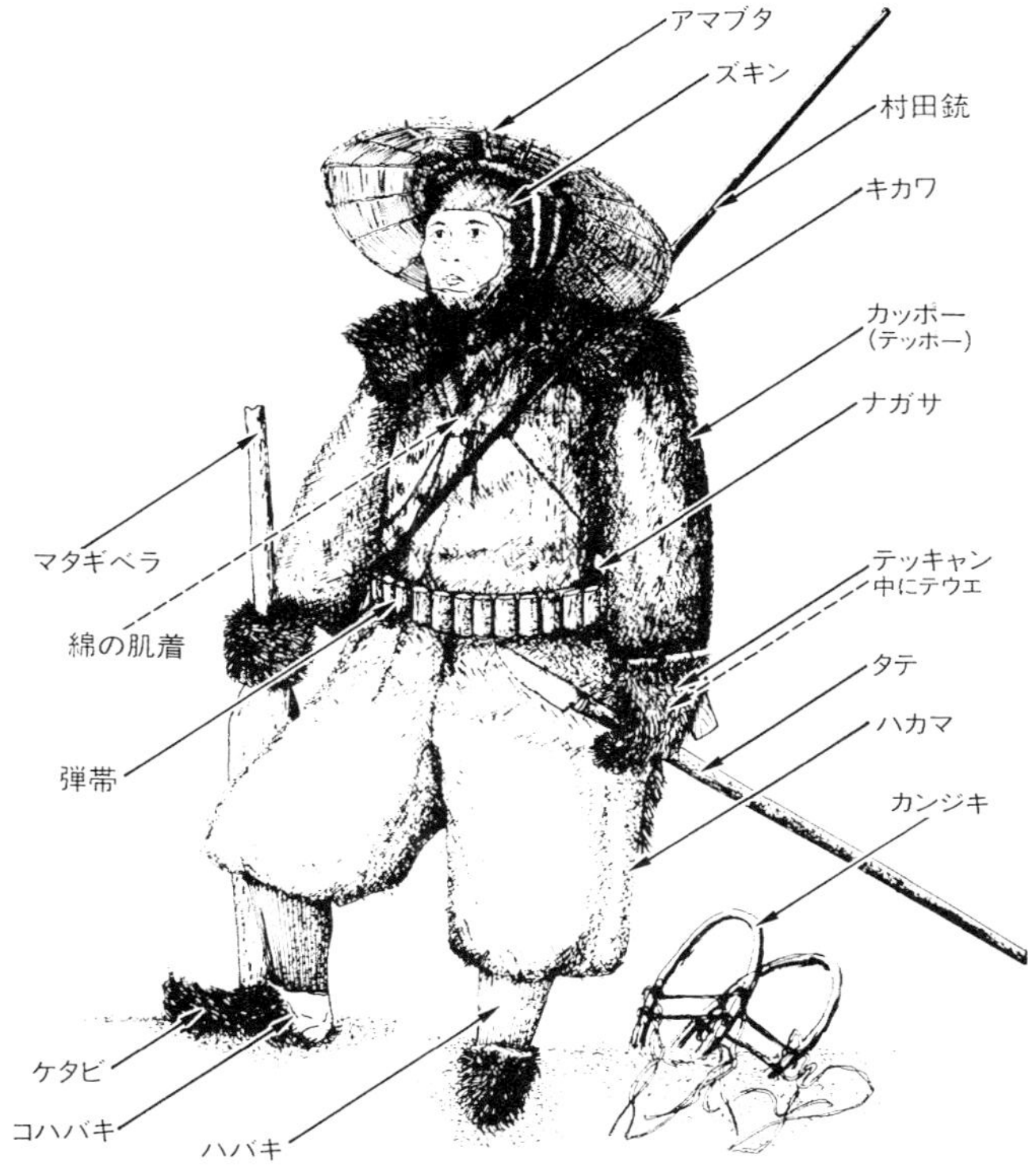

●マタギ装束図●

図は大正から昭和初期にかけて使用された、寒中のマタギ装束を復元したものである。

マタギの装束は、山を歩いた時、寒からず暑からずという状態を保つために、いたって薄着であることに特徴がある。衣服が汗で濡れると、動きを止めた時たちまちに体温が下がり危険だからだ。また、紐も普通に縛らず、一回縛るとねじって紐に挟んで中に折り込むようにした。これは紐の縛り目が濡れると凍りつき、そこに雪が団子のようについて、足に余分な負担がかかるからだ。また、それぞれの材料は軽くて保温性が高く、濡れても強いものが選ばれた。アマブタがスゲ、ハバキがガマ、カッポーが木綿や麻、ズキンが麻や絹、ハカマは麻を利用することが多かった。キガワには犬やカモシカの毛皮、テッキャンやケタビにもカモシカの毛皮が用いられた。ケタビは裸足で履くため中にウサギやムササビの腹皮を入れて歩いた。カモシカが捕獲禁止になってからはツマゴとかアジロという藁靴を用いるようになった。背中には木綿で作ったクラゲという飯入れや、稲の穂先部分を縒った縄で編んだツカルという篭状の袋を背負った。

タテ（槍）の柄やマタギベラ（コナガイ，コダタキともいう）、マッカヅエなどにはナラやイタヤなどの堅木が用いられた。カンジキは寒中はトナリカンジキと呼ばれる牛の皮を用いた輪カンジキを履き、春の固雪になると2本爪のついたツメカンジキやイタヤやハンノキを割って作ったワリカンジキを用いた。とても固い雪の場合には三ツ爪のカナカンジキを履くという具合に、雪質によってさまざまに使い分けた。

方はしゃ、こごは根子の山だ、あっこは打当の山だって猟場のこどはうるさくいったもんなのしゃ。昔のマタギだばアオ（カモシカ）ば撃ったのしゃ。アオ獲りたくて遠方の他県まで旅マタギして歩いたのしゃ。オレの最初の旅マタギは一六の歳、山形の月山さいったときであったすな。旅マタギでも猟場はあったもんすな。だがらどこそこのマタギはどこの山さ入って、だれそれの家が宿だってしゃべったすものな。旅マタギの猟場はしゃ、昔からもう根子マタギはどこだ、打当マタギはどこだってきまってたもんなのしゃ。夏場はマタギはだめだがらな、冬から春だな。冬も寒のうちは寒マタギっていってアオ獲って、春になればクママタギして稼いだもんであったすな。山形の月山に行ったときはアオ獲りに入ったんですよ。アオの毛皮が目的であったすな。当時（大正末期から昭和初期）アオの毛皮は大体が五、六円、高くて一〇円で売れたべな。白神山地さ行ったのもサルやアオ獲りに行ったようなものだべしゃ」

佐吉さんがようやく一人前のマタギになったころ、根子のマタギたちは北海道、青森・山形・福島・宮城・新潟・群馬・栃木・山梨の方まで旅マタギに出ていたという。佐吉さんの父親も従兄弟と二人で組になり、明治の半ばには北海道へ帆前船で渡ってヒグマを獲ったというほど盛んに旅マタギをした人であったが、明治四十二年の正月、福島県の磐梯《ばんだい》山でカモシカ猟の最中にワシ（表層雪崩）に巻き込まれて亡くなったという。

そして佐吉さん自身が旅マタギをして歩いたのは大正時代後半から戦中までで、秋田・青森の県境にある白神山地、福島県会津田島から只見・田子倉、そして山形県月山麓、蔵王山麓など、いずれも寒中の一月から三月にかけてであった。

明治中期から昭和二十年（一九四五）にかけてはマタギの全盛期といっていい時代であった。当時の日本は大陸へ進出していた。特に満州事変以降は大陸に渡る民間人も多くなり、寒冷地用の防寒具の需要が増えた。軍部は狩猟者に弾薬を支給してまで毛皮の確保につとめ、日本中の猟師が獲った毛皮は飛行機乗りの襟や帽子の耳あて、陸軍のコートや手袋になった。

また比立内の松橋茂治さんも白神山地へ旅マタギをした当時のことを、

「私らが白神さ行ったのは昭和十五、六年ごろのことであったすな。獲物は主にウサギとかバンドリ（ムササビ）、アオとかサルなんかを獲ったすな。青森の白神さいげばアオが沢山いるっていうごどは誰でも知ってたすな。

私らの時代は、あまり遠方まで出るという人方はもう少なくなってたすものな。昔の本当のマタギというものはね、遠い他国までいって猟をして歩いたすべ。長野県から岐阜県の方さまでいった人方は、歩いて山から山へと渡って、本当はアオ専門に獲ったすからなっ。それがアオ獲られなぐなったためにあまり人に語られながったわけですよ。もう四〇年も五〇年も昔のことですからね」

と話してくれた。

旅マタギではカモシカを最大の目的とし、カモシカの毛皮と肉などを商品としていたようなのだ。従来から秋田マタギはクマ猟を専門にしていたかのように伝えられることが多いが、どうもそれは違うようである。

カモシカは昭和九年に国の天然記念物に指定され、昭和三〇年には特別天然記念物となり、捕獲禁止となったが、それ以前は日本国中で獲られており大変な商品価値をもっていたのである。カモシカの毛皮は保温性も高く、林業者や特にシミ雪地帯といわれる新潟や山形・富山などの農家の人々にも喜ばれたのである。またその肉はとても味がよく体が温まるし、角はカツオやマグロなどの疑似針の一部としても利用された。

秋の収穫が終わり、冬の準備も一段落する十月から十一月、マタギたちは二、三人の組をつくって獲物を求める旅に出た。普通なら寒マタギだけで翌年の三月には阿仁へもどったが、五月上旬までクママタギをしてくる人もあった。中には一、二年も帰ってこない長期間におよぶマタギもいた。

当時は各集落ごとに五人組の組頭（集落ごとに世襲の親方がおり、その下にやはり世襲の組頭が束ねる五人組があって、これがマタギ組を構成していた）が、一六、七歳から六〇歳ぐらいまでの五人から一〇人で構成されるマタギ組をつくっていた。根子の例では七之丞組・善兵ヱ組・伊之助組などがあり、組の名はいずれも組頭の屋号である。組頭の下にシカリが一人おり、その下に組子（コマエ・コマタギともいった）がいるという形で、組頭がシカリを兼ねる場合もあった。

旅マタギにはマタギ組の全員が出るのではなく、組子のうち仲のいい者や兄弟や叔父甥、従兄弟同士など二、

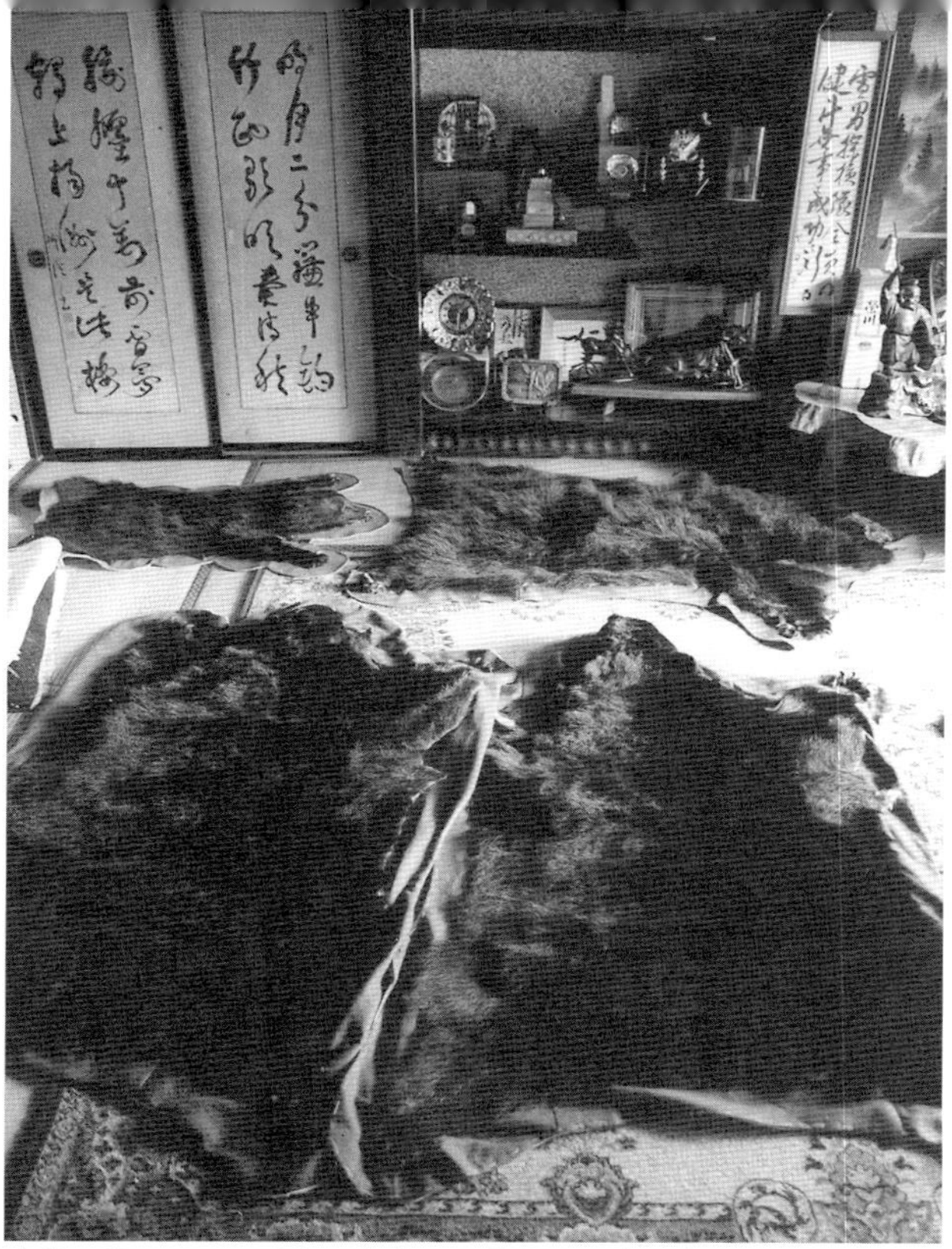

座敷に並ぶクマの毛皮。商品で、売薬の行商に歩く人たちが注文を取ってくる。

三人で小さな組を作って出たのである。打当では三〇人ほどのマタギがいたころ、一〇人ぐらいが旅マタギに出たという。

マタギ宿

「昔は遠方へいぐったってそう旅館などあるような所でねぇすものな。普通の民家に泊めてもらって、宿にさせてもらってやったすものな。だがら旅さ出る前に、何時ごろ行くので米と味噌これだけ頼む、と手紙出して連絡しておいたすな。それで宿がねぇどぎなんぞは山小屋建てて、そっから猟に出たすな。山に長い間入ってるどぎはしゃ、毛皮だの肉を背負ってって米や味噌と交換してもらったりしたもんだ。クマの胆売って金に代えたりしてやったですよ。もちろんそういうどぎは山がら下りて麓の村だの温泉場さ出るわけですよ」と佐吉さんはいう。かつての旅マタギは奥羽山脈を歩いて南下し、福島や新潟の猟場へ向かったのだが、佐吉さんの時代は既に鉄道もあり、猟場近くの駅まで行って宿をとったが、その宿を「マタギ宿」といった。

佐吉さんが宿として世話になったり肉や毛皮などを出したのは、白神山地では青森県西津軽郡岩崎村の奥の湯温泉、深浦町の村々、秋田県山本郡八森《はちもり》町大間越《おおまごし》。蔵王では山形県南陽市の赤湯温泉。月山では最上郡大蔵村の肘折温泉。帝釈《たいしゃく》山脈や尾瀬では福島県南会津郡田島町、只見町の村々、栃木県塩谷《しおや》郡藤原町の川治温泉。飯豊《いいで》連峰では福島県耶麻《やま》郡熱塩加納《あつしおかのう》村の熱塩温泉と、東北地方から北関東に及ぶ広い範囲であったが、佐吉さんの記憶からは具体的な家の名前などはすでに消えていた。

この他にマタギ宿としては宮城県白石市から七ケ宿《しちがしゅく》町を通り奥羽山脈の蔵王を越えて山形県の南陽市に至る国道一一三号線（二井宿《にいしゅく》街道）沿いの村や岩手県和賀郡沢内村、岩手郡雫石《しずくいし》町の村が有名である。また、秋山郷にほど近い新潟県南魚沼郡湯沢町の赤湯温泉や北魚沼郡湯之谷村、群馬県吾妻郡六合《くに》村などにもあったと聞いている。

マタギがこのようなさまざまな地域の民家や温泉と、どのようにして関係を持つにいたったかについては、何人もに尋ねてみたが結局要領をえなかった。

後日、マタギ宿を実際に訪ねようと、岩手県の雫石から沢内村を歩いてみた。雫石では猟友会長の高橋健二郎さんから大村というところの田茂木野《たもぎの》というところに、戦後間もないころまで阿仁のマタギを泊めていた屋号が佐五七という家があることを伺って訪ねてみたが、御主人はあいにく床に伏せておられて話を聞くことはできなかった。

　目的地の猟場近くに着くと、マタギ宿に入ったり、もしくは山中に小屋を建て、そこを拠点に猟をする。山中の小屋は自分たちで建てる場合もあるが、地元の炭焼き小屋や杣小屋などを借りることもあった。マタギ宿はあくまでベースキャンプであり、ここを拠点に遠い山中まで出かけて猟をするのである。この場合には野宿することが多かった。寒中の山での野宿は大変辛かったと古老たちはいう。山を歩き野宿するという日が三日も続くと、体が衰弱してとても危険な状態になるのだ。吹雪で身動きがとれず雪穴を掘って入ったこともあるという。

「旅マタギで歩くようなところは、地元にマタギがいねぇところを選んで入ってるすものな。いくら知らねぇ山だっていってもしゃ、地元には山案内してくれるような人はいねがったのしゃ。だから山はマタギのカンを頼りに歩いたのしゃ。

　それに旅マタギのときはしゃ、二、三人で歩くことが多がったすべ。だがら何十人もでクラを巻ぐごどならねぇがら、獲物の側まで忍んで行って撃ったのしゃ。

　昔のマタギは〝アオの寒立ち〟っていったもんだけどもしゃ。寒中の気候の厳しいころになると、アオは風が強く当たって岩の露出してるような、雪のあまりつかねぇようなところに、一カ月もいるんだものな。その場所の悪いところさへばりついているもんだ。特に若子もち（子連れ）のメスのアオはそういうところさじっとしていて、木の皮だの柴の芽だの、苔みたよなもの食べて頑張ってるもんなのしゃ。それアオの寒立ちっていったんだよ。そういうアオ獲る場合はしゃ、全部尾根の上から沢さ追い落としたもんなのしゃ」

　佐吉さんによると、こうしたカモシカの落とし巻きの場合は三人いればやれたという。

　カモシカは追われると沢へ下ろうとするが、雪に足が埋まって動きが鈍くなるため、足のきく岩場に沿って逃げる。そこを待ち伏せて撃つのである。また、鉄砲を使わずにマタギベラ（コダタキともいう）という雪かきベラで撲殺することもあった。カモシカは沢へ下ると、沢の中に空いている穴に飛び込む習性があるので、穴の中で身動きできなくなったのをマタギベラでたたいて獲るのである。

　犬がいれば、カモシカの邪魔をさせてノロノロしているところを撃てばよい。

　ウサギなどの巻き狩りを行なう場合は、地元の人や炭焼きや杣夫《そまふ》などの山仕事をしている人を頼んでセコ役になってもらった。また、大物を見つけたときなどは、近くにきている別の旅マタギに声をかけたり、地元のマタギがいる場合には彼らに加勢してもらうこともあった。加勢してくれた人々にもマタギ勘定で平等に分配した。

　獲物は、山で解体し、宿へ背負って帰った。毛皮はすでに干し、カモシカの肉などは時期が寒中であったので雪の中に埋めて保存したり、炭俵の中に生肉を入れて、

●阿仁マタギの川漁●

漁種	漁法		漁期	対象となる魚種	備考
釣り漁	棹釣り	餌釣り	初春〜晩秋	ウグイ，ヤマメなど	竿の先にテグスを結び、テグスの先に馬の尻尾の毛を結んで先端に針をつけた。餌にはドジョウやミミズを用いた
		毛針		イワナ	餌釣りと同じだが先端に毛針をつけた
	仕掛け針		通年	ヤマメ，ウグイなど	導縄から枝糸を数本出し、先端に針をつけ川に流しておいた。餌はカジカやドジョウ、ミミズなどを用いる
	引っ掛け		主に春	主にアユ	アユの友釣り。掛鉤につけた糸に、生きたおとりのアユをつないで水中に入れ、他のアユを誘い寄せて鉤にかけて釣る
筌漁	マス用ドオ		初夏〜晩秋	主にマス	直径50センチ、長さ120センチあまりの大きな筌を柴でつくり、河川や沢の瀬に固定しておいた
	小魚用ドオ		初夏〜晩秋	主にイワナ，ヤマメ	マス用ドオよりもひとまわり小さい筌で、河川や沢の瀬に固定しておいた
	ドジョウドオ		初夏〜晩秋	ドジョウ，タニシ	小さな筌で主に小川や水田の用水路に固定しておいた。このとき餌に御飯などを用いた
網漁	カジカ網		主に夏	主にヤマメ，ウグイ	サデ網のこと。渇水期に豪雨などで川が増水したとき、河岸に寄ってきた魚をすくい上げた
	投網		春〜秋	主にマス，ハヤなど	主にマスやハヤの産卵期に行なった
突き漁及び鉤漁	マス	マス突き	春〜夏	マス	河川に潜水してマスをヤスで突き採る方法。マス用のヤスは大きな3本ヤスで、柄の長さは150センチあまり
		マカゲ漁	秋		マスの産卵場に人間が隠れる柴垣を作り、産卵に来たマスを柴垣からヤスで突き採る
	イワナ突き		春〜夏	イワナ	河川に潜水してイワナをヤスで突き採る方法。イワナ用のヤスは5本ヤスで柄の長さは180センチあまりあった
	カジカ突き		夏	カジカ，ヤツメ	カジカやヤツメウナギをヤスで突き採る方法。柄は杉を用いて先端に4，5本の針をつけた
	マス鉤		春〜夏	マス	河川に潜水してマスの腹部を引っ掛けて採る方法。鉤には産卵場で川底を滑らせながら引っ掛けるものもあった
	イワナ鉤		春〜夏	イワナ	河川に潜水してイワナの腹部を引っ掛けて採る方法
	サケ用鉤		晩秋	サケ	河川に潜水してサケの腹部を引っ掛けて採る方法。鉤には産卵場で川底を滑らせながら引っ掛けるものもあった
その他の漁	イシウチ		夏	主にイワナ	岩や石の間に潜むイワナなどを採る方法。イワナの近くの岩や石に石を打ちつけ、失神したイワナを採る
	ジャガユキ		冬	ヤマメ，ウグイなど	冬、河川の岸にはった氷を崩しながら、魚を河岸の泥の中へ追い込む方法
	毒流し漁		初夏	イワナ，ウグイ	河川に毒を流して魚を痺れさせて採る方法で、毒にはサンショウやサワグルミの皮、トコロという蔓の根を用いた
	川干し漁		夏	ヤマメ，アユなど	渇水期の小河川や沢などを堰き止めて魚を採る方法
	手摑み漁		夏	主にイワナ	河川に潜水して岩の間などに潜むイワナに近づき、イワナの腹の下に手を入れ、一気に手摑みする方法

阿仁マタギは川漁の技術にも優れ、一年を通じて川漁を行なっていた。特に旅マタギ出た時などは、獣の猟がない夏期に川漁を盛んに行ない、温泉などに売り歩いていた。また、地元の川で採った魚は自家用だけでなく塩漬けや燻製にして、仙北地方や岩手県方面に行商して歩いた人もあった。中でも終戦の頃まで行なわれていた毒流し（アメナガシ）は村の行事であった。7月上旬、田の草取りの頃村中こぞって川へ出て毒流しをした。女子供が網やヤスを持って川へ出ると若衆が上流から毒を流し魚採りに興じたのである。この日は若衆が皆化粧をし派手な着物を着て、川の中で着物の裾をからげてはしゃぐ娘たちを川原から眺めてはからかい、女房に貰う相手をさがしたという。

旅先から家に鉄道で送ったこともあるという。ところが山を点々と移動して行く場合は、肉を軽く、しかも小さくするために燻製にした。穴に入ったクマを捕った場合も、胆や毛皮はすぐに干し、肉は燻製にして運んだ。

「寒マタギして歩くころだば一カ月も二カ月も山にいるんだものな、アオの肉燻製にして食べてたすな。燻製にするときはしゃ、薄く切った肉に木の皮を裂いた紐を通して、火のところさ下げておくのしゃ。あるていど乾いてきたら、また肉を薄く切ってしゃ、だんだん薄くしていぐだな。手間はかかって面倒だどもしゃ、これすれば背負って歩ぐのに楽だものな。燻製にした肉も美味いもんであったすな。煮れば元にもどって味も変わらねがったす。私らマタギが地元の人方のところへ肉持ってったりして、食料と交換してもらったりすると、かえって地元の人方というのは喜ぶものであったすな。カモシカの罠《わなか》掛け教えたりすな、肉なんかもめずらしくてすな。中には私らの話きいたり猟みたり、セコで手伝ってもらううちに自分でも鉄砲覚えて猟はじめる人方もあったすものな。温泉なんかだとやっぱり湯治に来てる人方は体悪ぐしてるすものな。私らマタギが行くと喜んでクマの胆でも肉でも買ってくれたすものな。肉を食えば精がつくすものな」

マタギと温泉の関係は秋山郷を歩いたときにも聞いたことだ。文政十一年（一八二八）に秋山を訪れた鈴木牧《ぼく》之《し》の『秋山紀行』にも、山中に泊りながら、上州草津温泉までの山中を魚をとりながら歩き、草津温泉に売るのを目的とした秋田マタギのことが書かれている。当時の温泉は、自炊しながらの長逗留であり、持参した食料の他はすべて買わなくてはならなかった。つまり温泉はマタギたちにとって、かっこうの市場であるとともに、周辺の村に暮らす人々との接点でもあったのである。

佐吉さんが旅マタギに出ていた当時、旅先で稼いだ金額はかなりのもので、一家族の一年の生活費が三〇〇円ぐらいですんだ時代に、五〇〇円にもなることがあったという。

しかし旅マタギはいいときばかりではなかった。旅先での食料の調達などにはある程度の資金が必要であり、組頭から借金をして出る場合もあった。思ったほどの獲物がなければそのまま借金が残ってしまう。旅マタギで失敗した人も何人かあったというが、或る意味ではバクチ性の強い仕事でもあった。そのために阿仁の村に残り、田畑を耕し夫の帰りを待つマタギの女房たちの苦労はひとしおであったに違いない。

出稼ぎの村

「昔のマタギはよっ、本当に命掛けでやったのしゃ。獲物獲れねば暮らしていけねぇすもの、ある意味では惨めでもあったものな。米と塩あれば何とか暮らしていげるすもの。その米がねがったんだ。ごごの村ではろくに穫れねがった。昔は随分他所がら米買ってきたもんであった。だがら御飯なんていったって腹いっぱい食べれながったすもの。マタギで山さ入っても鍋で御飯炊くべしゃ、その鍋の中の御飯さ線引いて、これおめぇの分、これオレの分、これ昼の分と分けて、そうやって食べたもんなのしゃ。マタギはよっ、大豆を煎ってそれを山でポリポリかじってひもじい思いをまぎらわして。おにぎりも一気に食べない、少しずつ食べるようにして一粒の米も無駄にしねぇで、そうして山歩いだすもの」

今、僕が歩く阿仁の村々には、みごとに耕地整理がされた水田が広がっている。反収八俵から多いところで一二俵という現在の水田。その水田の中に阿仁の人々の苦い歴史が刻みこまれていたことに気付かされたのだ。『秋田県北秋田郡大阿仁村発達史』（昭和二十九年大阿仁仏教会刊）の昭和二十七年（一九五二）の統計を見ると大阿仁村の水田の総面積三三五町歩、総収量三八八六石、つまり反収がわずかに四俵前後であった。

また、かつては水田の三分の一ぐらいはヒエを植えていたのだという。水田は谷の中にあり日当たりも悪く、特に田植え時期の雪解け水は冷たい。こうした悪条件の中で実際収穫される米はほんのわずかで、かえってヒエの方が多かったくらいだという。

水田面積や収量に比べて戸数と人口が多ければ、必然的に外へ出なければならない。

阿仁の村々から国境を越えて旅したのは、旅マタギだけではなかった。杣夫や売薬の行商、炭焼き人足、鉱夫など多くの出稼ぎも同様であった。

杣夫としての出稼ぎには、北はカラフトから南は岐阜の山々へまで出ていったし、クマの胆などを中心とする売薬も、その足跡は北海道から近畿地方にまでおよんでいたのである。

こうした様々な出稼ぎについて茂治さんはいう。

「昔の出稼ぎというのはすな。ほとんど一年中旅で出たきりであったすな。売薬なんかで歩いた人方は正月五日なればもう旅さ出たす。そして田植え時分に帰ってきて田植え終われればまた旅で、次に帰って来るのは盆であったすな。盆が過ぎればまた旅という、一年の大半を旅先ですごしてたですよ」

旅マタギでも長い人は数年旅に出たきりで、一年のうち秋から翌年の春までは山で漁をし、春から夏にかけては売薬や杣夫として、または川魚を獲って温泉に出して商売をしていたという。旅マタギはマタギだけをするわけではなかったのである。たとえば杣夫として岐阜の山に入っていた人々も、天気の良い日は杣夫として働き、天候が悪ければ里へ下りてクマの胆を売って歩いた。そしてまた山仕事が暇なときには岐阜の山でイノシシを獲った人もいたという。旅マタギでも杣夫でも、出稼ぎに出た先々で様々な職業を組み合わせて一年中働き、阿仁へ送金したのである。

こうした杣夫と旅マタギによってしだいにクマの胆などを買ってくれる得意先ができ、それを土台に売薬の行商が生まれたと想像できる。

前山の鈴木宮五郎さん（明治三十八年生）は、

「オラ、マタギもしたども腕のいいマタギではねがった。マタギでバカみたんだ。それ以来オレはクマの胆売って歩いたんだ。クマの胆は売れたなぁ。胃が悪いとが腹病んでる人なんて喜んで買ってくれだもんだ。買ってくれだ人はこれはいいと、また別の人紹介してくれでな、売れたもんだ。行商はクマの胆と塗り物だな。膳と椀も一緒に売って歩いたもんだ。正月前に売って歩いたんだ。会津とか秋田の川面《かわづら》なんかの品物の見本もって歩いて注文とってくるんだ」

という。

宮五郎さんが歩いたのは北海道では札幌・岩見沢・旭川・網走・北見など、関東では千葉・茨城・栃木・群馬などであった。

「この行商は三、四〇年もやった。それで生活したもんなんだ。オレは百姓だったけども、百姓だけでは暮らしていげねがったものな。行商で金取り仕事して何とか人並みに暮らし立ててきたんだ。行商して歩くのは一人だな。やっぱり辛いごどもあったけども皆よぐしてくれた。悪い人というのはいねぇもんであった」

一回の行商で持って歩くクマの胆は大体二、三頭分で三〇匁そこそこであったという。

阿仁の人々は様々な形で諸国を旅してきた。それはあくまで生活のためであったけれども、それだけではなかった。諸国にさまざまな種を落としてもいったのである。旅マタギは地元にマタギのいないところで猟をすることが多かったが、彼らの猟が一つの刺激になり、後にはその土地にもマタギがあらわれるようになったのである。白神山地の村や秋山郷はその顕著な例といえる。また、杣夫は秋田で開発された改良鋸や木材搬出用のソリを出稼ぎ先の村に伝えたともいう。

この出稼ぎの話の中で印象に残ったのは、出稼ぎで稼いだお金をどう使ったかということだ。故鈴木明治さんはこう話していた。

「稼いできた金を自分のためにだけ使った村と、子供の教育に金を使った村というのはやっぱり今になって大きな差が出てきましたすな。やっぱりどんなに世間を歩いてきても、結局はそれで稼いだ金とか知識というのを何に使ったかで村の将来というのは随分違ってくるようですよ。今になってみるとそういうごど感じるすな」

マタギの世界

あの山の向こうには、どんな土地があるのだろうか。どんな風景が広がっているのだろうか。今日のように多くの情報が氾濫する社会にあっては、すでに分かりきったことのように思われるが、それでもそこには幾分かのロマンがある。

「ワラシのころはしゃ、村のマタギ方みて憧れたすな。オラもいつか山さいってマタギしてみてぇと思ってたすものな。親父方が旅だの山から帰ってくるのを村外れまで出て迎えにいったすものな。土産なんてそうありもしねがったけどもしゃ、獲ってきた獲物見たくて、走って見にいったすな。だがら楽しみであったすな。家さ帰ってくれば若い衆も集まってきて北海道だの青森だの福島・新潟・栃木とか、行ったこともねぇ土地の話して聞かせるすものな。どこそこの山にはアオがいっぺぇいるとか、サル獲るんだばどこそこの山いけばいるとかしゃ。オラも早く大人になってマタギして歩きてぇって思ったすものな」

と佐吉さんは子供のころのことをいう。いかにマタギの村に生まれても、初めからマタギであるはずはなく、人

男たちがクマ狩りにでているとき、働き者の女たちは雪わりをしたり、春の田畑の準備をする。

の話を聞き、少しずつ体験を重ねてゆく中でマタギへと成長していったのである。阿仁のマタギは山のことは山に教えてもらい、獣のことは獣から、川のことは川から教えてもらえという。失敗を恐れず、失敗からこそ学ぶことが多く、それがマタギになるための何よりの勉強だという。

旅マタギは生活のためというけれども、やはりそこにはまだ見ぬ土地へのロマンがあり、冒険心があったのではないか。狩りを生活の主たる手段とするには、あまりに不安定であったはずであるが、それでも狭い谷間の田畑を女衆にまかせてまで旅に出たのは、よほど魅力があったからに違いない。

また、旅は様々な人々との出会いでもあった。

「福島県のしゃ、会津田島だの只見・田子倉の方の山さ入るというと椀の木地クリする人方（木地師）があったすものな。山の中さ小屋かけて仕事してるもんだものな。いつだったかその木地クリする人方の小屋さ世話になったこどもあったすな。あの辺りは地元にもマタギする人方いたものな。炭焼きする人方にも会って世話になったごどあったものな。オラ炭焼きの人方とウサギ獲ったごどもあったのしゃ。杣夫の人方もいだすな。杣夫の人方は山さ小屋かけて仕事してるべしゃ。杣夫の人方というのも獣獲るごど好きであったすな。オラ杣夫の人方セコにして巻き狩りやったごどもあったのしゃ。山歩いでればよ、いろんな人方いるもんだった。オラは見ながったどもしゃ、月山の方さいげば山伏もいるんだものな」

と佐吉さんはいう。

さらに他で聞いた中には漆掻き職人、薬草採り、鉱山師など山を移動しながら生活を立てていた人たちとかなり出会っていたのである。旅マタギで諸国の山々を歩きながら、マタギたちは様々な山の民と出会い、ときには彼らの小屋に世話になりながら深夜まで語り合うこともあったという。

根子マタギの山田仁嗣《にいつぐ》（昭和七年生）さんはいう。

森吉山のブナ林

「オレはハンターではねぇ、マタギなのしゃ。山を歩きながら人間のあるべき姿というのを考え続けてきたすな。自然の中にある人間の姿というのをオレは求め続けてきたすな。マタギはじめたばかりの頃、親父についてって秋田駒ヶ岳さ登ったごどあったすな。オラ日本ていう国は大きな国だと思ってたけども、なに山の上から眺めるっていうと小っこいものであったすな。せつねぇほどだ。マタギというものは山を歩いてすな、常に自然というものを見てきたすものなっ。誰に頼まれたわけでもねぇ、自分の生き方としてマタギをはじめたすからな」

山に生きる人々は、決して狭い谷の中だけに甘んじて生きていたのではなかったのだ。むしろ彼らは見知らぬ世界へ積極的に冒険を試みた人たちであり、山の頂きから世間を眺め日本の狭さを知っていた人たちでもあったに違いない。

また、狭いことを知っていたがゆえに、マタギは山で獲物を見たらかたっぱしから獲るということはしなかった。来年、再来年と猟ができるように考えながら、ウサギなら今年はここで何羽、あそこの沢で何羽と計画的に獲る獲物の数をマタギ同士で決めているのである。クマも子は撃ってはならなかった。もし母グマを撃った場合には子は村へ抱いてきたのである。そして一歳を過ぎたとき山へ帰した。個人の欲望に任せて獣を獲ることはマタギの法で最も戒められていることなのだ。

※

秋山郷に通いはじめた頃、三面と秋山郷の猟師から一度皆が会う機会を作ってくれないかという話が出ていた。そしてできれば阿仁マタギも呼んで酒宴を開いてみたいというのだ。僕はさっそく松治さんや時幸さん、一度三面に行きたいという佐吉さんにもこの話をしてみた。すると皆そういうことならいつでもいい、やろうということに話がきまった。かつて山を通して濃密な交流があったこの地域の人たちが一同に会して、山や獣のことを語り合うのである。僕はその日の来るのが楽しみでならない。その席から山に生きてきた男たちに共通する、山に生きる哲学が浮かび上がってくるに違いないと思うからだ。

編者あとがき

私が『あるくみるきく』に「けもの風土記１　猪」を執筆してから三十年を越えたが、この間に山もけものの形態も、狩人（猟師）の姿も変わった。熊も猪も以前は考えられなかった人里に悠然とおりてきて、ときには人を襲って新聞の三面記事を埋め、テレビは興奮したような画面を映し出している。

宮崎県椎葉村の名狩人と呼ばれた尾前善則氏は、八十歳を前に狩猟免許を返上し、仲間から「突然、なんで」と叱られたという。今の若い鉄砲打ちは、狩人でも猟師でもなく、ゲーム感覚で、単に獣を撃ち殺すだけのハンターになってしまった、というのが返上した理由のひとつだった。

「ウジに人の臭いが少しでもすると、すぐ引き返した猪が、何故、人里におりてくるのかわからない」と、尾前氏は真剣な顔でいった。

尾前善則家の長押に並ぶカマゲタ。獲った猪の下顎骨で、それぞれに獲った年月日が書いてある。博物館などにも寄贈しているので、獲った全部ではない。平成23年（2011）

けものが往来する山道を九州ではウジといい、罠はこのウジに仕掛ける。いうまでもなく仕掛けは人がするものだから、その臭いが残り、鼻の敏感な猪はその臭いをすぐ察知し、きたウジを引き返す。だから罠に猪がかかるようになるのは、ひと雨きてからか、風で臭いが飛んでしまってからである。

そんな猪が人里におりてくるのである。

尾前氏の居住地にある小学校では「焼畑体験授業」を行なっている。平成元年からつづいているもので、焼いた畑に児童は蕎麦《そば》を植える。そのあと父母たちは、畑に鹿や猪が侵入しないように畑全体にネットを張りめぐらす。以前はなかった作業である。鹿や猪の数が増えて、餌になるものをみつけたら、とにかく身の危険もかえりみず侵入するようになっているのだろう。

私がしばしば行っている宮崎県西都市銀鏡《しろみ》では、車道でしばしば仔鹿に出会うようになった。こちらをじっと見ていて、車が近づくと崖をくだって行く。猪が車の前を横断することもある。稲が実るころになると、ウリボウを連れた猪が、家の庭を通るのも珍しくなくなったという。田のまわりには、猪、鹿の侵入を防ぐ電気柵がめぐらしてあるが、草が伸びて電線に接触するとアースとなる。そのため電気柵の効果がなくなり、結果、糯米が猪にやられて全滅した、という話も聞くようになった。

須藤　功

著者・写真撮影者略歴（掲載順）

宮本常一（みやもと　つねいち）
一九〇七年、山口県周防大島の農家に生まれる。大阪府立天王寺師範学校卒。柳田國男の『旅と伝説』を手にしたことがきっかけとなり民俗学者への道を歩み始め、一九三九年に上京し、渋沢敬三の主宰するアチック・ミュージアムに入る。戦前、戦後の日本の農山漁村を訪ね歩き、民衆の歴史や文化を膨大な記録、著書にまとめるだけでなく、地域の未来を拓くため住民たちと膝を交えて語りあい、その振興策を説いた。一九六五年、武蔵野美術大学教授に就任。一九六六年、後進の育成のため近畿日本ツーリスト（株）・日本観光文化研究所を設立し、翌年より月刊雑誌「あるくみるきく」を発刊。一九八一年、東京都府中市にて死去。著書『忘れられた日本人』（岩波書店）、『日本の離島』（未來社）『宮本常一著作集』（未來社）など多数。

伊藤碩男（いとう　みつお）
一九三三年東京生まれ。一九五七年映像技術集団「葦プロダクション」を創設し、岩波映画などで照明技師として活躍。姫田忠義と共に「民族文化映像研究所」を創立し、記録映画の撮影・演出・編集を担当。日本観光文化研究所同人で、『あるくみるきく』の名付け親。現在はフリーランス。

小林　淳（こばやし　じゅん）
一九五二年神奈川県相模原市生まれ。武蔵野美術大学商業デザイン科卒。大学で宮本常一と出会い、三原市史民俗編や奥会津地方の民俗調査に参加。周防猿まわしの会の設立時には、猿の調教過程を記録し『あるくみるきく』に発表した。一九八二年にインドを経由し、アフリカを目指して旅立ち、現在に至る。

村崎義正（むらさき　よしまさ）
一九三三年山口県光市生まれ。一九七〇年、俳優小沢昭一に出会い一九六三年に途絶えていた猿まわし芸を復活させることを決意。民俗学者宮本常一や民俗文化映像研究所の姫田忠義、猿まわしの調査・研究をしていた詩人丸岡忠雄らの協力を得て、一九七七年「周防猿まわしの会」を結成、初代の会長に就任。元全国部落解放運動連合会山口県副委員長、元光市会議員。一九九九年没。著書に『怒りの砂―高洲解放運動の歩み』（部落問題研究所）『猿まわし復活』（部落問題研究所）『猿まわし上下ゆき』（筑摩書房）などがある。

須藤　功（すとう　いさを）
一九三八年秋田県横手市生まれ。川口市立県陽高校卒。民俗学写真家。一九六七年より日本観光文化研究所所員となり、全国各地歩き庶民の暮らしや祭り、民俗芸能等の研究、写真撮影に当たる。日本地名研究所より第八回「風土研究賞」を受賞。著書に『西浦のまつり』（未來社）『山の標的―猪と山人の生活誌』（未來社）『花祭りのむら』（福音館書店）『写真ものがたり　昭和の暮らし』全一〇巻（農文協）『大絵馬ものがたり』全五巻（農文協）など多数。

村崎修二（むらさき　しゅうじ）
一九四七年山口県光市生まれ。山口県立光高等学校卒業後、高校卒業後、東京の「舞台芸術学院」で演劇を学ぶ。一九七七年民俗学者宮本常一にすすめられ文化運動に転身。「猿舞座」所属。編著書に『花猿誕生』（清風堂書店）新聞掲載記事に『佐渡の春駒』『猿ごころ・旅ごころ』などがある。

形岡　瑛（かたおか　あきら）
一九四七年山口県周南市生まれ。静岡大学人文学部卒。一九七八年ころより「周防猿まわしの会」に参画し、一九八二年ころより村崎修二氏とともに「猿舞座」を結成。一九九九年より徳山市会議員（現、周南市会議員）。

田口洋美（たぐち　ひろみ）
一九五七年茨城県生まれ。東京大学大学院研究科博士課程修了。博士（環境学）。東北芸術工科大学芸術学部教授、同大学東北文化研究センター所長。民族文化映像研究所、グループ現代の映画製作スタッフ、日本観光文化研究所所員を経て、一九九六年狩猟文化研究所を設立。一九九〇年より「ブナ林と狩人の会・マタギサミット」を主宰、幹事を務める。主著・共著に『越後三面山人記』（農文協）、『マタギ―森と狩人の記録』、『マタギを追う旅』（慶友社）などがある。

監修者略歴

田村善次郎（たむら　ぜんじろう）

一九三四年、福岡県生まれ。一九五九年東京農業大学大学院農学研究科農業経済学専攻修士課程修了。一九八〇年武蔵野美術大学造形学部教授。武蔵野美術大学名誉教授。文化人類学・民俗学。

大学院時代より宮本常一氏の薫陶を受け、国内、海外のさまざまな民俗調査に従事。『宮本常一著作集』（未來社）の編集に当たる。著書に『ネパール周遊紀行』（武蔵野美術大学出版局）、『棚田の謎』（農文協）ほか。

宮本千晴（みやもと　ちはる）

一九三七年、宮本常一の長男として大阪府堺市鳳に生まれる。小・中・高校は常一の郷里周防大島で育つ。東京都立大学人文学部人文科学科卒。山岳部に在籍し、卒業後ネパールヒマラヤで探検の世界に目を開かれる。一九六六年より近畿日本ツーリスト・日本観光文化研究所（観文研）の事務局長兼『あるくみるきく』編集長として、所員の育成・指導に専念。

一九七九年江本嘉伸らと地平線会議設立。一九八二年観文研を辞して、向後元彦が取り組んでいた「（株）砂漠に緑を」に参加し、サウジアラビア・UAE・パキスタンなどをベースにマングローブについて学び、砂漠海岸での植林技術を開発する。一九九二年向後らとNGO「マングローブ植林行動計画」（ACTMANG）を設立し、サウジアラビアのマングローブ保護と修復、ベトナムの植林事業等に従事。現在も高齢登山を楽しむ。

あるくみるきく双書

宮本常一とあるいた昭和の日本 22 けもの風土記

2012年5月30日第1刷発行

監修者　田村善次郎・宮本千晴
編　者　須藤　功

発行所　社団法人　農山漁村文化協会
郵便番号　107－8668　東京都港区赤坂7丁目6番1号
電話　03（3585）1141（営業）　03（3585）1147（編集）
FAX　03（3585）3668
振替　00120（3）144478
URL　http://www.ruralnet.or.jp/

ISBN978－4－540－10222－6
〈検印廃止〉

印刷・製本　（株）東京印書館